CAMBRIDGE LIBRARY COLLECTION

Books of enduring scholarly value

Literary Studies

This series provides a high-quality selection of early printings of literary works, textual editions, anthologies and literary criticism which are of lasting scholarly interest. Ranging from Old English to Shakespeare to early twentieth-century work from around the world, these books offer a valuable resource for scholars in reception history, textual editing, and literary studies.

De Nugis Curialium

Walter Map was a twelfth-century courtier and royal servant. He was a prolific writer, but *De Nugis Curialium* ('Courtiers' Trifles') is the only surviving work confidently attributed to him. The book is a collection of short stories and anecdotes about the court, religion and history. Map's references demonstrate that he read widely, not only biblical and theological works, but also classical authors such as Horace, Virgil, Ovid and Juvenal. The only surviving manuscript of the work is a fourteenth-century copy once belonging to the monk John Wells of Ramsey Abbey. The Cambridge bibliographer M.R. James would have been attracted to the breadth of Map's referencing, and the author's light-hearted writing style which was intended to entertain. James's 1914 Oxford publication corrected the earlier work of Thomas Wright who published an edition for the Camden Society in 1850.

Cambridge University Press has long been a pioneer in the reissuing of out-of-print titles from its own backlist, producing digital reprints of books that are still sought after by scholars and students but could not be reprinted economically using traditional technology. The Cambridge Library Collection extends this activity to a wider range of books which are still of importance to researchers and professionals, either for the source material they contain, or as landmarks in the history of their academic discipline.

Drawing from the world-renowned collections in the Cambridge University Library, and guided by the advice of experts in each subject area, Cambridge University Press is using state-of-the-art scanning machines in its own Printing House to capture the content of each book selected for inclusion. The files are processed to give a consistently clear, crisp image, and the books finished to the high quality standard for which the Press is recognised around the world. The latest print-on-demand technology ensures that the books will remain available indefinitely, and that orders for single or multiple copies can quickly be supplied.

The Cambridge Library Collection will bring back to life books of enduring scholarly value (including out-of-copyright works originally issued by other publishers) across a wide range of disciplines in the humanities and social sciences and in science and technology.

De Nugis Curialium

Edited by Montague Rhodes James

CAMBRIDGE
UNIVERSITY PRESS

CAMBRIDGE UNIVERSITY PRESS

Cambridge, New York, Melbourne, Madrid, Cape Town, Singapore,
São Paolo, Delhi, Dubai, Tokyo

Published in the United States of America by Cambridge University Press, New York

www.cambridge.org
Information on this title: www.cambridge.org/9781108011709

This edition first published 1914
This digitally printed version 2010

ISBN 978-1-108-01170-9 Paperback

Anecdota Oxoniensia

TEXTS, DOCUMENTS, AND EXTRACTS

CHIEFLY FROM

MANUSCRIPTS IN THE BODLEIAN

AND OTHER

OXFORD LIBRARIES

MEDIAEVAL AND MODERN SERIES. PART XIV

WALTER MAP
DE NUGIS CURIALIUM

EDITED BY

MONTAGUE RHODES JAMES, Litt.D., F.B.A., F.S.A.

HON. LITT.D. DUBLIN, HON. LL.D. ST. ANDREWS
PROVOST OF KING'S COLLEGE, CAMBRIDGE

Oxford
AT THE CLARENDON PRESS
1914

OXFORD UNIVERSITY PRESS
LONDON   EDINBURGH   GLASGOW   NEW YORK
TORONTO   MELBOURNE   BOMBAY
HUMPHREY MILFORD M.A.
PUBLISHER TO THE UNIVERSITY

CONTENTS

ERRATUM

Page vii. *Delete* Probable order of entry and the figures underneath

August, 1914.   1354 *Map's De Nugis Curialium.*

Face p. iv

PREFACE

THE treatise *de Nugis Curialium* of Walter Map is preserved in a single manuscript [1] of the end of the fourteenth
century in the Bodleian Library, MS. Bodley 851. A detailed
description of the contents, which I owe to the great kindness of
Mr. R. L. Poole, Keeper of the Archives, will be given in due
course. It may be prefaced by a few remarks upon the provenance and externals of the volume.

It comes from Ramsey Abbey. On the verso of f. 6, facing
the beginning of the *de Nugis*, is a finely executed drawing in
delicate stippled work and pale colours of which the central part
consists of the word *Wellis* in large gothic letters formed out of
ribbons or scrolls and placed on a label. The top of the W is
prolonged to the left and inscribed *Iste liber constat ffratri
Iohanni de* (*Wellis*), and the concluding words *monacho
Rameseye* are written on the tops of the two *l*'s which are
similarly prolonged to *L* and *R*. On *L* is a rock on which sits
a lion, his back turned to *R*, and his head, twisted round,
looking to *R*. Round his neck is a chain which passes through
the uprights of the W and is secured in the centre of the *R*
portion of that letter. Out of a round hole in the rock a spring of
water gushes up and flows to *R*. On *R* in the water stands
St. Christopher bearing the Child Christ on his shoulders and

---

[1] Wright, in his earlier volume (*Poems of W. Mapes*, p. ix, note), speaks of another
MS. of the *de Nugis* as being at Merton College. I think there is a confusion
here with a copy of the *Policraticus*.

looking up at Him. The Child bears an orb with cross. The saint is bare legged and has a cap on his head with broad turned-up band; he holds an eel-spear which is threaded through the convolutions of the *s* of *Wellis* and passes down into the water.

Below the picture is pencilled the name Whyttynton.

I may add that neither of the fragmentary catalogues of the Ramsey Library which are printed in the *Chronicon Ramesiae* (Rolls Series) is of late enough date to contain any note of our manuscript.

It belongs no doubt to the last quarter of the fourteenth century. It is in double columns of forty-two and forty-one lines. The hand is not bad, but not of the easiest. In one or two places, most notably on f. 39 *b* (p. 125), the ink has become seriously blurred owing to the presence of a bad spot in the vellum. There are two main volumes, the second being the *Piers Plowman*, in which several scripts appear. The text of the *de Nugis* is not certainly, though it is for the most part, in one hand. The aspect of the first few pages is different from that of the main body of the text : on f. 33 *a* there is a marked irregularity in the script. The rubrics are in a different style from the text. The verses on f. 5, *Vernat eques*, and the *Comedia de Geta*, are by a single scribe.

A contemporary of the scribe[1] has gone over the text and has inserted in the margin some omitted words and also some various readings. The latter are introduced with an *al.*, for *alias* or *aliter*, or perhaps *aliud exemplar* (*v. s. q.*). They are most considerable in the *Dissuasio Valerii ad Ruffinum* (pp. 143 sqq.), which we know to have been current apart from the rest of the treatise. It is reasonable to suppose that in this case the variants came from other copies and were not mere conjectures;

---

[1] I think the corrector was the scribe of f. 74.

and the same, I am inclined to think, applies to the bulk of the others.

The scribe has on the whole not dealt badly with the rather difficult text which he had to copy. An inspection of my foot-notes will give a sufficient idea of his proneness to error.

A leaf of our manuscript is gone after f. 7 (see p. 5); and one was wanting in its archetype further on (see p. 102). Possibly, too, another was gone near the end (see p. 218).

The following is Mr. Poole's description of the manuscript:

MS. Bodl. 851. Quarto. 208 folios. Presented by Cuthbert Ridley M.A., in 1601, along with MSS. Bodley 94, 365, and 603.

f. 1 contains the various press-marks assigned to the MS. at different times. The following is the ascertained order of them, kindly furnished by Mr. H. H. E. Craster, sub-librarian:

Probable order of entry.	*Press-mark.*	*Date.*
1.]	M. 5. 4. Art.	1601.
6.]	Y. 1. 14. Th.	cir. 1614.
5.]	Arch. B. 95	cir. 1625.
3.]	Arch. B. 52	cir. 1680.
4.]	Arch. C. 29	cent. xviii 1st half
2.]	MS. Bodley 851	1761

The MS. is numbered 3041 in the Catalogi MSStorum Angliae et Hiberniae of 1697.

f. 1 v. [*In a sixteenth-century hand.*]

> Saepè sub incultis reperitur gemma lapillis,
> Saepe cadus vilis nobile nectar habet.
>> Author iste de seipso
>> sic loquitur capite. 5.
>> Distinctionis 4^{æ}. Nu-
>> garum curialium

In remotissima posteritate mihi faciet authoritatem antiquitas, quia tunc, ut nunc, vetustum cuprum praeferetur auro novello. &c. in eam sententiam. [See p. 158, ll. 17 sqq.]

f. 2. *A series of riddles. Inc.*:

> Si capud est currit / ventrem sibi iunge volabit
> Adde pedem comede / vel sine ventre bibe   ⟩ Muscatum

The last is

> Simplex prelatus fuit odo þe gode vocatus
> Pro bonitate modo manet in celestibus odo   ⊛

At the side of the page are some English lines beginning

> Be god & seint hillare
> an clerk was full sar'.

f. 2 v. *Verses, &c., Latin and French, hardly legible near the top.*

> *e.g.*   Pauperis et regis communis lex moriendi

These are continued on f. 3, which ends

> ¶ Pro meritis vite dedit illi laurea nomen.
> Detur ei vite laurea pro meritis.

ff. 3 v. *and* 4 *blank.*

f. 4 v. *Latin and English verses.*

Pedigree of affinity:

>   tritavus | tritavia

Ends   trinepos | trineptis.

ff. 5 *and* 5 v. *are filled with hexameters, apparently the Miles gloriosus of Matthew of Vendôme. Inc.* Vernat eques iam prima genis lanugo susurrat.

f. 6 *blank.*

f. 6 v. Iste liber Constat Fratri Iohanni de WELLIS Monacho Rameseye.

f. 7. *Inc. In libro magistri Gauteri Mahap* [*Wright, de Nugis, p.* 1.] *Above the line* .D. pª. *and in a modern hand* scripsit ista regnante Richardo 1°. ut ipse innuit. cap. 5°. Distinct. 5ª.

After f. 7 *a leaf is cut out. This was done before the present foliation was made. The work ends on f.* 72 v. *with* iudicabit iusticiam [Wright, p. 243]. *Then follows a rubricated table of contents ending on f.* 73 v.: *Explicit distinctio quinta libri Magistri Gauteri Mahap de nugis curialium.*

f. 73 v. *Causa Excidii Carthaginensium* [*in red*]. *Inc.* Narrat Flaccensius in hystoriis. *Des.* vt patet superius per ordinem. *After which there is a blank of more than three lines.*

f. 74 (*in the same quire*). *Inc.* Porro sobrios viros / iuniores fratres / principes cocorum consequenter intitulas. *Des.* non attendant (f. 74 v.).
Followed immediately, in a different hand, by Quis meo capiti dabit effundere?

> *Des.* f. 75 v. (*after two pages filled with other matter*) ut spretis infimis letemur superis reatus dona veniam. Explicit processus martiris Ricardi scroup Eboracensis archiepiscopi [= *Wright, Political Poems,* 2. 114-118].

Ff. 75 v., 76 *contain* Examinacio sacerdotum propter concubinas. *Inc.* Olentes presbiteros omnes excitantes, *with a line above* Nouus rumor Anglie *deleted.* [Cf. *Wright, Poems of Mapes,* p. 180.]

f. 77 *blank (some scribbling).*

f. 78. *Inc.* Venus vrit lubrica.   Ave pulcra pelle pulpa.   *Des.* f. 80 Dapibus ambrosiis.

f. 80 v. *Inc.* Sit deo gloria laus benedictio.   *Des.* f. 81 v. Nec dolor coniugis habet remedium. (*Wright, Poems of Mapes,* pp. 77 ff. *There are many variants. Lines 77-112 are placed after line 164. Then after a different stanza follow lines 121-140, 145-152. Then a new stanza, followed by lines* 165-172, 177-180, 173-176, 181-200. *Lines* 201-212 *are absent.*)

f. 81 v. *Inc.* Si quis cordis et oculi. *Des.* occasionem oculo. (*Wright, Poems of Mapes,* 93-95.)

> *Col. 2 is headed: Versus Magistri Michaelis Cornubiensis contra Magistrum Henricum Abrincensem coram domino Hugone abbate Westmonasterii et aliis.*

Inc. Archipoeta vide quod non sit cura tibi de.

Des. Vt ratis in cautem minus in me scribe tu autem [*sic*] [f. 83 v. col. 1].

f. 83 v, col. 1. *Coram Magistro H. de mortuo mari officiali cantuariensis archiepiscopi. Inc.* Quid me sollicitas quia sollicitudine citas.

Des. Arcas certamen tamen hoc deus ampliet aurem [f. 85, col. 1].

f. 85, col. 2. *Coram domino electo Wintoniensi et episcopo rofensi.*

Inc. Pendo poeta prius te diximus archipoetam.

Des. Vi sis conductus ductus fur ad fora lucro [f. 89, col. 1].

f. 89, col. 1. *Inc.* Pergama flere nolo fato donais [*sic*] data solo.[1]

---

[1] Cf. Ward's *Catal. of Romances,* i. 27 ff.

Des. Vltro pugnatur fit machina troia crematur.   *Explicit excidium
Troiȩ* [f. 90, col. 2].

f. 90, col. 2. *Prophecia cuiusdam de Domino Edwardo rege Anglie tercio
post conquestum.* [*Above the line, in a modern hand,* Scilicet Jo. de
Bridlington.]   *Inc.* Febribus infectus [*as in Wright's Political
Poems,* i. 128, *omitting the Expositio*]. *Des.* carmina pendo [f. 94 v. =
p. 211].

f. 94 v., col. 1. *Inc.* Gamlen carnaruan anglis natum dabit agnum
       Qui dum senuerit tunc leopardus erit.

[*Eighteen lines, ending*]
     Hinc terrena spuens sanctus super ethera scandit.

f. 94 v., col. 2. *De babione et croceo domino babionis*[1] . . . *Inc. Incipit pre-
facio in libro babionis.*   Me dolor infestat foris intus iugiter omnis.
Des. Sunt incredibilis uxor alumpna cliens [f. 97 v., col. 1]. (*Wright,
Early Mysteries.*)

f. 97 v., col. 2. *Speculum Burnelli merito liber iste vocatur
     Quomodo sub specie stultorum vita notatur.*

Inc. Suscipe pauca *as in Wright, Anglo-Latin Satirical Poets,* i. 11, *but
omitting lines* Fluctuat in dubiis, *p.* 97, *to* magnificare solent, *p.* 125.
P. 129 *is followed by p.* 124 Hinc est quod *to* magn. solent, *p.* 125.
Then follows (f. 114, col. 2) Obfuit augmentum, *p.* 126, *to* deficiuntque
cito, *six lines on. After this*
     Talibus exemplis . . . spreta iacent.
Then : Burnelli dicta multo modamine ficta
     Spernere qui querit semper asellus erit (f. 114, col. 2).
*Then Moralitas speculi Burnelli. D*ilecto in x͞po [*the Prologue, as on
pp.* 3–10].
Des. cauteriam admittunt. Explicit Ame**N** (f. 115 v., col. 2).

—

f. 166. *Inc.* Corda superborum Scotorum destrue x͞pe [*as in Wright's
Political Poems,* i. 42].

Des. Spes tua conamen victoria lux releuamen [f. 116 v., col. 2 :
collated by Wright].

[1] See *Hist. Litt. Fr.* xxii. 48.

f. 116 v., col. 2. *Inc.* Francia feminea pharisea vigoris ydea [*as in Wright's Political Poems,* i. 26–40].

Des. Gloria solamen sit x^c in omnibus amen.
   Explicit.

Three lines beginning O iuger [?] intrusor et sancte sedis abusor [*end of f.* 118, *col.* 2].

f. 118 v. *Apocalipsis Magistri Galteri Mahap super vita et moribus personarum ecclesiasticarum.*

Inc. A tauro torrida. *Des.* fecisset lubrica [f. 120, col. 2, *as in Wright, Mapes' Poems,* 1–20].

f. 120 v., col. 2. *Inc.* Que noua prava nimis peiora nouissima primis (*four lines*).

Inc. Incipit comedia de geta. Prologus. [C]armina composuit voluitque placere poeta. (*Vitalis of Blois, Wright, Early Mysteries,* 79 : *Hist. Litt.* xxii. 41.)

Des. Birria gota (Geta) hominem se fore queque (cuncta) placent [f. 123, col. 2].

f. 123 v. *blank.*

f. 124. *Inc.* In a somer sesoun wen softe was the sonne. [*The handwriting changes on f.* 139.] *Des.* To vs and alle cristin ⸮ god leue it so be falle amen. *Explicit vita et visio Petri Plowman* [f. 140 v.]. [*See Skeat's Introd., p.* lxxi.]

f. 141. *Inc.* Thus y robed in rufset [*Piers Plowman, pass. xi. of the C. text*].

Des. tyl y gan a wake. Explicit passus secundus de Dobest [f. 208].

f. 208 v. [*Three lines scribbled, deleted partially.*]
   Celerarius vj s & viij d.
   Prior sancti Yuonis iij s. & viij d. [*with other entries*].
   At the foot is written Non est in mūdo. [*End of volume.*]

In the front board is a portion of an account relating to Ramsey. At the end are two leaves besides that glued to the board; they seem to contain parts of a legal treatise.

I see no reason to doubt that the John Welles who owned our manuscript was the rather famous John Wells, monk of Ramsey Abbey, and opponent of Wycliffe, who for thirteen years

was 'prior studentium' at Gloucester Hall, the Benedictine
College of Oxford, and died at Perugia in 1388. This man
studied at Gloucester Hall and proceeded D.D. in 1377. His
opposition to the Wycliffite circle is the distinguishing feature in
his career. Two stanzas in a song on the Council of London in
1382 (Wright, *Political Poems*, i. 260, Rolls Series) give a lively
description of him :

> Tunc primus determinans est Johannes Wellis
> Istos viros reprobans cum verbis tenellis
> Multum conversatus est ventis et procellis ;
> Hinc in eius facie patet color fellis.
>> With an O and an I, in scholis non prodest
>> Imago faciei monstrat qualis hic est.

> Hic promisit in scholis quod vellet probare
> Wyclif et Herford simul dictis repugnare ;
> Sed cum hic nescierat plus argumentare,
> Nichol solvens omnia iussit Bayard stare.
>> With an O and an I, Wellis replicabat ;
>> Sed postquam Nichol solverat, tunc Johannes stabat.

Wycliffe is quoted (in *Fasciculi Zizaniorum*, p. 239) as styling
him 'a certain black dog of the order of St. Benedict'. On
p. 117 of the same volume he is found subscribing the sentence
of William Berton, Chancellor of Oxford, condemning the
Wycliffite doctrine of the Eucharist.

In July, 1387, he was sent as procurator by the presidents of
the English Benedictines to Urban VI to plead for the release
of the learned Norwich monk, Cardinal Adam Easton. His
commission is printed in Raine's *Letters from Northern
Registers* (p. 423, Rolls Series). He was unsuccessful in his
mission and died, as has been said, at Perugia in 1388. He was
buried in the church of St. Sabina there, according to a note
printed by Tanner from the Cotton MS. Otho. D. VIII. The

portion of the manuscript in which this note occurs contains a chronicle of Ramsey Abbey.

Works are attributed to him by Bale. In the *Index* (p. 263) we have :

De socii ingratitudine lib. i. *Inc.* Salutem quam meretur aut mereri poterit? qui grato ingratus diligentem non di(ligit);

and

Epistolas quoque scripsit, ea etate eloquentes, 1368.

The source is given as *Ex epistolis quorundam monachorum* (by which is meant a collection of letters of monks of St. Alban's).

In the *Scriptores* (vi. 82) Bale adds to the above the following :

Pro religione privata lib. i.
Super cleri praerogativa lib. i.
Super Eucharistiae negotio lib. i.
Contra Nicolaum Herfordium lib. i.

and

Contra Wicliff . de religione perfectorum.

The reference in Wood's *Hist. et Ant. Oxon.* i. 189 adds nothing save the opening words of the tract against Wycliffe.

Traces of acquaintance with the *de Nugis Curialium* in contemporary or later mediaeval writers are exceedingly scanty. Giraldus Cambrensis tells several of the same anecdotes as Map. but his language shows no sign of being borrowed. Peter of Blois treats some of the same themes. In Ep. 14 he dwells on the miseries of the courtiers who accompanied Henry II on his progresses. He calls them *milites Herlewini*, a striking coincidence with Map (pp. 13, 186), but not necessarily more than a coincidence. In Ep. 95 he speaks, as Map does (p. 6), of the excesses of the *Iusticiarii errantes vel itinerantes*, the *forestarii* and *vicecomites* : again a topic quite likely to occur to two authors independently of each other. In Ep. 79, it is true, he borrows copiously from the *Dissuasio Valerii ad Ruffinum* (taking from it the instances of Phoroneus, Marius and Metellus, Lucilia and Livia, Deianira, Valentinian, Canius, Pacuvius), but we know that the *Dissuasio* was current before and apart from the *de Nugis*. A perusal of Peter's letters leaves me with the impression that he had never seen the whole treatise.

It would be absurd to generalize from so very fragmentary a knowledge of English mediaeval literature as I possess. All I can say is that I can adduce no single instance of use of the treatise before the seventeenth century. Higden in the *Polychronicon* no doubt includes Walter, Archdeacon of Oxford, in his list of authorities, but there is nothing from the *de Nugis* in his text. Possibly he regarded Map as the author of the versified *Itinerarium Cambriae*, which he quotes almost *in extenso*.

No English mediaeval library catalogue contains an entry identifiable with the *de Nugis*. Neither Leland nor Bale had ever seen it. In short, its appearance in 1601 in the Bodleian Library seems to have been practically its first introduction to anything that could be called a public. It must soon have attracted some attention. Richard James made extracts from it and a transcript of it, now contained in Bodley MSS. James 14, 31, 39.[1] Camden makes a few quotations from it in the

---

[1] MS. James 14 contains the extracts, on ff. 81–136. They begin with Dolendum nobis est (3^7) ... multiplicatus (4^{11}), continuing with Hos Hugo (5^{19}) ... non deleuit (5^{28}). Non dico quin (6^3) ... aciem (6^6). Mittit etiam (6^{16}) ... tenere nequeo (8^{23}). James sometimes epitomizes in a very few words the portions he omits: very occasionally he gives an illustration, e.g. on 'French of Marlborough (246^{30})' he writes in the margin 'And french she spoke moste fetously / After the scoole of Stratford at Bow. Chaucer in descriptione priorissae'. His last extract ends p. 136 et insaniorem partem (254^2). It is followed by extracts from the *Apocalypsis Goliae* and other Goliardic poems.

MS. James 39 contains the first part of a full transcript of the text, prefaced by the note of ownership of John de Wellis and a brief description of the pictorial device accompanying it. This volume goes as far as Dist. IV. i (140^6) linx penetrans.

MS. James 31 contains the remainder of the text, beginning: omnia exicio propriae

Britannia, e.g. ed. Gough, 1806, i. 166, 267, 382 : the last is borrowed from him by Burton (*Anatomy,* Part III, Sec. 2, Mem. 3, Subs. 4). Archbishop Ussher printed, in his book *de christianarum ecclesiarum successione et statu* (*Opp.* ii, p. 244), a portion of Dist. I. xxxi (pp. 60, 61) on the Waldenses. Several notes in the same work show that he had read a good deal of the manuscript. The interesting letters of Sir Roger Twysden in 1666 and 1669, mentioned first in *Notes and Queries* (1849, i. 76), and subsequently printed by Wright in his Preface, show that some scholars were alive to the interest of the text : 'they say there is many stories of good worth, fit to bee made publick, in it.'

I have no doubt that between Twysden's date and the publication of Wright's edition in 1850, a number of references to the *de Nugis* would be discoverable : I have as a matter of fact found none, even in the works of Thomas Hearne.

In 1850, as has been said, the *editio princeps* was produced for the Camden Society by Thomas Wright. It will, I think, be worth while to quote from his Preface what little he says about the manuscript and about the preparation of his edition.

The manuscript is written in a very crabbed hand, and is filled with unusual contractions, which are often by no means easy to understand. In producing the present edition, I have had to contend with many disadvantages ; the practice of the Bodleian Library, which does not allow its manuscripts to be lent out on any conditions, has rendered it impossible for me to collate the text myself with the original, and

gentis, down to the end. It is followed by the capitula. Then follow : Improperium cuiusdam in monachos ex MS. Bibl. Bodl. Turstano . . . Ebor. Archiep. T. Stampensis—et vivat de communi quod deus est. and: Fragmentum narrationum ex MS. Bibl. C.C.C. Oxon., namely the stories in MS. C.C.C. Oxon. 130, of which two are printed in this volume, p. 261. Hardy (*Materials,* ii. 485) mentions another manuscript, 'Olim Clarendon 78,' but this is a mistake. From *Cat. MSS. Angl. et Hib.* (iii. 14) we see that the book only contained a·Mapesian poem.

it has not always been in my power to consult, in cases of difficulty, scholars on the spot in whose opinion I could confide. In the latter portion of the work I have been more fortunate, and I have to acknowledge the kind attention and service in this respect which I have received from the Rev. H. O. Coxe, one of the librarians of the Bodleian Library, and the Rev. W. D. Macray, of New College. The difficulty I found previously in obtaining a satisfactory collation, combined with some other circumstances, has been the cause of a very considerable delay in the publication of the present volume, which was commenced several years ago.

To the delay just alluded to must be attributed any slight difference in the system of editing the text which may chance to be discovered between the earlier and latter parts of this volume. My principle has been to correct all those accidental corruptions of Latin orthography which arose merely from the ignorance or carelessness of monkish transcribers, but to retain most of those which were strictly mediaeval forms ; and I think that perhaps in the latter part I have carried this process of purifying a little further than at first was intended. The business of an editor is to present his text, while he preserves its correctness, in a form as intelligible as possible to the general reader. With this principle in view, I have not hesitated to correct the corruptions of the manuscript, when that correction appeared evident, and I have added a few notes for the purpose of making the text somewhat more intelligible to those who may not have the advantage of an extensive acquaintance with the Latin literature of the middle ages. These notes might perhaps have been made more numerous ; but for this deficiency, and for any errors of the text which may have escaped me, I must throw myself upon the indulgence of the reader.

THOMAS WRIGHT.

Brompton, Nov. 1850.

It is certainly the case that Wright's text is perceptibly more correct towards the end of the Work. The earlier portion is disfigured by a number of what seem easily avoidable blunders. Yet I think that, considering the conditions under which he worked, he deserves praise and not blame for the sum of his achievement. It would be ridiculous for me to pretend that I do not think my own text is better than his ; but if I had had to depend upon even the best of transcripts, I am certain that many errors and faults—of which I hope there are now but few —would have survived in my pages.

As a matter of fact I have had the very great advantage of using a complete 'rotograph' of the treatise which has been procured for me by the kindness of the Delegates of the Clarendon Press ; and by its help, coupled of course with personal consultation of the manuscript, I have been able to eliminate a great many errors from the old text. I believe that the student now has before him a record, complete in all essentials, of what the manuscript presents. I say, in all essentials, because I have not, except in the fewest possible cases, recorded the abbreviations. These are copious, as is usual in manuscripts of the date of this one. To have indicated the expansion of them by any typographical device would have entailed producing a quite unreadable page, and would have been a piece of pedantry in which, I hope, no scholar would have acquiesced.

In the matter of spelling I have implicitly followed the manuscript, with its tricky use of *u* and *v*, its disregard of diphthongs, and all the other features which it is reasonable to expect in a fourteenth-century copy of a twelfth-century text. I believe it will be found that I have not been quite perfectly consistent in my expansions of abbreviations, in that I have sometimes written *quod* and sometimes *quia* ; I have also sometimes expanded m^i as *mihi* (not *michi*), and have possibly treated *nichil* in a similar fashion. I hope confession of these shortcomings (the only ones of the kind of which I am conscious) will be taken as sufficient to condone them.

The punctuation, on the other hand, is my own. The manuscript has a system, and a very elaborate one, which may be best indicated by a transcript of a few lines :

(p. 202) Domine / nos rei ueritatem scimus / Sed tu nobis tam austerus es / et tam hispidum nobis dans supercilium ⸴ ut que vera scimus᾿ pre timore tuo dissimulare oporteat / Mansio tua / et biblis quam hic queris ⸴ est rauenne / Si vobis non displicet ⸴ eamus ut illic inuenias ⸴ quod te credis hic uidisse /

I do not suppose that any one who wishes to make a study of the text would have welcomed the preservation of these highly confusing marks.

I have not hesitated to emend, or to introduce my emendations into the body of the text, when I felt confident of their correctness. The reading of the manuscript is, of course, always recorded in the foot-notes. I think it allowable, at this point, to put together a selection of passages in which I think that I have, either by recovering the reading of the manuscript, or by emendation, materially improved the text.

PAGE	LINE	
2	2	uannus. MS. manus.
	5	et e conuerso. W. et ergo.
	13	fit causa. W. fit tam.
	18	decipula. W. decupla.
4		The punctuation of cc. i (*fin.*)–v differs much from that of W.
7	1	iusticiis . . . immiciores. W. inscitiis . . . immunitiores.
8	21	modici numeri. W. modici verni.
12	29	quin. W. quidem.
13	1	me. W. vis.
	16	modicitate. W. non dimidiatae.
16	19	qua. W. gravi.
	20	attemptant. W. acceptant.
	26	animaduerterent. W. arma ducerent.
18	3	stimulis. W. simul.

PAGE	LINE	
18	24	nunc. W. nec.
19	19	strenuo. W. facundo.
21	8	turpauerunt. W. crepaverunt.
24	2	innaturalius. W. did not decipher it.
	6	Unde cum. W. Unam tamen.
25	3, 4	necessarium. W. victum.
	24	nec. W. nisi.
26	6	pruritus. W. penitus.
	9	procurauit. W. praecavit.
27	28	assunt ibi. W. assenti.
30	18	vim. W. pacem.
34	11	conualescentibus. W. qualescunque.
	20	sanctumque senatum Romane curie. W. suumque senatum ratione curiae.
36	30, 1	quod turpe. W. quia tempore.
37	15	semite. W. stricte.
42	20	Attamen seudo-prophetas. W. actum. Pseudo-prophetas. Cf. 55. 11.
45	27	sine causa proscribunt. W. sumtam praescribunt.
46	8	sine causa. W. sive tam.
	9	Nero. W. vero.
47	32	sine murmure. W. summi ratione.
49	23	si cibi parcitas. W. si tibi peccas.
54	15	potest. W. prout.
55	25	in necessitate unccionis uel uiatici. W. in nec. mittendi viatici.
57	1, 2	inualueruntque. W. maluerunt quia.
58	2, 3	In Normannia non apparent. W. in Normanniam. Apparent.
60	17	cifo. MS. in quo.
64	1	racionem *supplied*.
65	23	habui. W. hujusmodi.
67	20	precatrici. W. peccatrici.
71	27	Austcliue. W. Austeline.
73	13	Deheubard. W. de heulard.

In the above selection—a very small one—I have picked out a fair number of specimens from the earlier pages, and, from the latter part of the book, a few only, representative of the places where the sense is materially affected. Any one who cares to examine Wright's text will easily add to their number. There are, besides, places in which gaps have been filled up, and very many in which the punctuation and division of sentences has been completely changed. Puzzles and corruptions remain, of course; but I do believe that the present text is a great deal more readable than the former one.

The only other edition known to me of any part of the text (save the *Epistola Valerii ad Ruffinum*) is the series of extracts in *Monumenta Germaniae Historica, Scriptores,* vol. xxvii, pp. 61–74. These were collated with the manuscript by Dr. F. Liebermann, but some errors escaped even him.   The passages are as follows, reference being made to the present edition :—

	PAGE		PAGE
Dist. I. xi.	15^{22-28}.	Dist. II. xvii.	$83^{3-6,\ 8-10}$.
xvi.	$25^{10}-26^{14}$.		85^{17-19}.
xxiv.	$37^{10}-40^{24}$.	xxiii.	$95^{11}-96^{10}$.
xxix.	$56^{19}-57^{3}$.	xxix.	101^{2-4}.
xxx.	$58^{3}-59^{16}$.	Dist. IV. i.	$138^{13}-130^{1}$.
xxxi.	60^{2-9}.	xi.	$176^{24}-183^{5}$.
	$60^{22}-61^{15}$.	xiii.	185^{18-23}.
xxxii.	62^{19-24}.		186^{2-5}.
Dist. II. iii, iv.	65^{15-18}.	Dist. V. i.	203^{17-21}.
v.	67^{15-18}.	v.	$220^{26}-221^{6}$.
	$67^{26}-68^{10}$.		225^{9-25}.
xvii.	81^{2-5}.		$228^{26}-229^{10}$.
	$81^{25,\ 26}$.	vi.	$238^{26}-240^{17}$.
	82^{3-19}.		243^{12-30}.

The range of Map's reading, as attested by his quotations, is not inconsiderable.   He is, to begin with, saturated with the language of the Latin Bible.   The borrowed phrases are noted in my margins so far as I have been able to detect them; but it is certain that I must have missed some.   Biblical turns of language are employed by him on the most unexpected occasions, and sometimes display his impish humour in a rather shocking fashion.

On two occasions he quotes Office Hymns.   Of older church writers he cites by name Augustine, Jerome, and Gregory; and makes tacit use of Jerome's treatise against Jovinian.   The writers nearer his own time may be laid under contribution

more copiously than I have seen. Those to whom there are
plain allusions are Hildebert, Bernard, Geoffrey of Monmouth,
Peter Comestor (the *Historia Scholastica*), the *History* of
Pseudo-Turpin, not to mention the unidentified romances and
sagas from which many of his longer stories are supposed to be
derived.

More general interest attaches to his use of ancient secular
authors. Of the poets Virgil, Horace, and Ovid are the favour-
ites. He has also read Terence, Juvenal, Persius, Martial, Lucan,
Pseudo-Cato, Claudian, and perhaps Statius. There are traces
of the use of works of Cicero, of Caesar, Pliny, Solinus, Quintilian,
Gellius, Apuleius, Martianus Capella, and express quotations from
Boethius, Porphyry, Macrobius. An allusion to Tacitus (p. 45)
is likely to be delusive : one to Livy (p. 204) is shadowy.

In addition to verbal citations account must be taken of the
facts and names with which Map shows an acquaintance. He is
familiar with a great deal of mythology, largely, no doubt,
through the medium of Ovid's Metamorphoses : he has read of
Alexander the Great, of Numa, perhaps in the *Fasti*, of Scipio,
of Catiline, of the death of Julius Caesar, and of Nero and
Vitellius. It is possible that for this knowledge he may depend
upon Sallust, upon Suetonius, and upon some general history
like that of Orosius.

It is natural to suppose that he was familiar with at least the
Policraticus of John of Salisbury, since he has borrowed the
second title of that work as the sole title of his own. I have
not been able to find that he has done more. The habit of
classical allusion is common to both writers : one, at least, the
story of Cicero and Terentia (p. 150), is told by both, but I cannot see that Walter has copied it from John.

I append a list of the sources, other than Biblical, to which
I have found allusions in the text of the *de Nugis curialium*.

Though I am far from supposing that it is complete, I doubt
if the researches of future students will add any names of
importance to it.

Apuleius, cf. 177³.

Augustine, *Conf.* 1, (? 64), 248.
  ps -Aug. *Sermon,* 152.

Bernard, *Epp.* 38.
Boethius, *Cons. Phil.* 1, 253.

Cato, *Disticha,* 230.
Caesar, *Bell. Gall.,* cf. 53.
Cicero (*Auct. ad Herenn.* 51).
  de Oratore, 151.
  de Senect., cf. 150.
  pro Archia, cf. 203.
Claudian, *in Eutrop.,* 7.
  in Ruf. 139, 141.
Clement, *Recogn.* 156⁵.

Didache, cf. 146¹⁸.

Gellius, 151, 152, 153.
Geoffrey of Monmouth, 140, 221¹.
Gregorius, S., 24.

Hildebert, 24.
Horace, *Odes,* 1¹⁶.
  Sat. 4, 53, 80.
  Epp. 26, 45, 144, 148, 211, 254.
  A. P. 4, 27, 115, 142, 158.
Hymns, 1, 37.

Jerome, *Epp.* 35.
  in Iovin. 150, 152, 155.
Juvenal, 52, 102, 142, 158, 197.

Livy, cf. 204¹⁰.
Lucan, cf. 23²⁷, 203¹⁵, 204.

Macrobius, *in Somn. Scip.* 249.
Martial, 141, 142, 151, 159.
Martianus Capella, 156.

Ovid, *A. Am.* 46, 65, (137), 244.
  Am. 6, 102.
  Her. 45.
  Met. 14, 61 *et al.*

Persius, 9, 53.
Petrus Comestor, *Hist. Schol.* 3¹⁶,
  50, 150, 168²⁹.
Pliny, *N. H.* 3, (124).
Porphyrius, *Isagoga,* 1, 249.

Quintilian, cf. 151.

Solinus, 124.
Statius, cf. 167¹⁹.

Tacitus, *Agr.,* cf. 45¹².
Terence, *Eun.* 49; *Phorm.* 12.
Turpin, *Historia,* 101.

Unknown, 119¹⁸, 215⁵.

Virgil, *Ecl.* 34, 36, 41, 61, 135, 142,
  148.
  Georg. 2, 85.
  Aen. 11, 69, 88, 99, 113, 116, 209,
  217.
Vita Antonii, 79.
Vita Cadoci, cf. 72.
(Vita Haroldi, cf. 217.)

As to the plan and date of the *de Nugis*, nothing can be clearer than that there is no plan, and that the work was jotted down at various times, as the fancy struck the author.   He himself says (140^{26}) 'Hunc in curia regis Henrici libellum raptim annotaui scedulis'.   He undertook it, he says, at the instance of one Galfridus (13^1), who had asked him (18^{12}) to put down in writing sayings and doings hitherto unrecorded, or anything conspicuously remarkable that had come to his knowledge. Wright (p. x) will have it that Galfridus had asked him to write a poem, but I think the 'poetari' of 17^{32} and the 'philosophari' of 13^4 are synonymous, and merely signify literary composition. At any rate Map, on p. 18, assumes that he is doing in this work what he had been requested to do.

There are numerous and discrepant notes of time in the book, which I will attempt to collect.

Dist. I. ix. 5^{28}. adhuc nunc post mortem suam (*sc*. Henrici II).   After
        1189.

   xi. 15^{25}. anno primo coronacionis nostri regis Henrici.   Possibly
        in Henry II's lifetime.

   xii. 16^4. Portingalensis rex qui nunc uiuit.   The king is not
        named, and the reference is doubtful.
        18^{20} sqq. Gilbert Foliot, bishop of London, 1163–87.
             Bartholomew, bishop of Exeter, 1162–86.
             Baldwin, bishop of Worcester, 1180–5 (?).
        This seems to give a date between 1180 and 1185.

   xiii. 19^4. Gischard of Beaulieu, father of Imbert, 'cui nunc cum
        filio suo conflictus est.'   Doubtful to me.

   xv. 21. In or just after 1187.

   xxii. 33^{20}. Reginald, bishop of Bath: after 1174.

   xxvi. 34^{22}. The Lateran Council: 1179.

   xxvii. 55^{20}. Gilbert of Sempringham, 'qui adhuc superest . . .
             centennis aut eo amplius.'   He died 3 Feb., 1189.

xxviii, xxix. $56^{10,\ 19}$. Henry II is spoken of as alive.

Dist. I. xxx. 58^9. William, archbishop of Rheims (1176–1202), told a story to Map.

Dist. II. ii. 65^8. Map told a story to Hamelin, abbot of Gloucester (d. 1179).

iii. 65^{21}. Map was present at Limoges in 1173.

65^{29}. Johannes Albaemanus, at that time (1173) bishop of Poitiers, 'qui nunc est Lugdunensis archiepiscopus.' He was translated to Lyons in 1181, and resigned in 1193. This, then, was written down after 1181.

vii. 69^6. Girard la Pucelle began his teaching career at Paris in or about 1160.

xviii. $85^{20\ etc.}$ The chronology of this chapter is badly confused, but it appears to have been written after 1185: Lucius III (d. 1185) seems not to be the reigning pope (86^{14}).

xxiii. 95^{13}. Map knew Thomas à Becket as chancellor: i.e. before 1162.

xxvii. 99^{27}. Gilbert Foliot is bishop of London (1163–87): also 158^{28}.

xxviii. 19. 'In the time of Roger, bishop of Worcester': Roger died in 1180.

Dist. IV. i. $139^{3\ sqq.}$ Map 'wrote this page' at Saumur in June, 1182 (really 1183). Wright (pp. ix–x) misrepresents this passage: 'he says that he is writing on St. Barnabas's day (the 11th of June), the same day on which the young king Henry died in 1182, evidently looking back to that event as being some time past.' But what Map really says is that Henry died at Martel, 'mense quo hanc paginam apud Salmurum scripsi, die S. Barnabe apostoli, anno . . . 1182 (*sic*) et sue natiuitatis 27°.' The plain meaning is that Henry died on June 11, and Map heard of it at Saumur later on in the same month. The year is wrong in the text.

139^{31}. 'hodie,' Henry II has commanded the young king's body to be moved from Le Mans to Rouen. The *Chron. Rothomagense*, cited by Stubbs on *Benedict of*

Peterborough, i. 304, dates the burial at Rouen on July 22. Thomas Agnellus (in *Rad. de Coggeshall*, Rolls, p. 270) says that the body lay at Le Mans for thirty-four days. Map seems to be writing before the actual removal of the body, but after the order had been given. This will suit the end of June or beginning of July, 1183.

Dist. IV. ii. 140^{26}. Map wrote this book by fits and starts at the court of Henry II.

     v. 158^{28}. Gilbert Foliot is now very old and nearly blind.

     x. 176^{19}. The sixth bishop of Hereford since the time of Alnodus, who bequeathed Ledbury North to the see, temp. Will. I, is now reigning.

     xi. 183^{2}. 'nunc hodie . . . electus est Lucius papa successor Alexandri tercii, qui (Lucius) fuerat anno preterito Hubaldus Hostiensis episcopus.' Lucius III succeeded in 1181.

     xiii. 186$^{14, 18}$ etc. The first year of Henry II appears to be long past.

Dist. V. iii. 206^{15}. The year 1187 is mentioned.

     218^{12}. Henry II 'qui nunc regnat' before 1189.

     225. Reminiscences of 1179 when Map was on the way to the Lateran Council.

     vi. 237^{10} sqq. Written after the death of Henry II who had reigned thirty-six years.

     238^{20}. Geoffrey Plantagenet is archbishop of York: he became so in 1191. His quarrels with his canons have begun.

     241^{11}. Richard I is king. The murder of the Marquis of Montferrat (Conrad, not Boniface) was in April, 1192.

     241^{17}. Henry II seems to be still living.

     243^{17}. Richard I 'qui nunc regnat'.

     246^{18} etc. Geoffrey Plantagenet is perhaps not yet archbishop.

     vii. 253^{18} sqq. 'regis nostri . . . Henricum secundum dico.' Before 1189.

Thus the earliest personal reminiscence recorded by Map seems to be the conversation with Thomas Becket as Chancellor, an office which Becket resigned in 1162.[1] The latest incident is the murder of the Marquis of Montferrat in 1192. Parts of Dist. I date from before 1185 (cap. xii) : in or just after 1187 (cap. xv) ; before 1189 (cap. xxvii). Of Dist. II we can only say that it was written after 1181. In Dist. III there appears no indication of date. Dist. IV was in part written in 1183 (cap. i), and in part in 1181 (cap. xi). It also contains the Epistle of Valerius, which we know to have been an earlier work of Map's. This distinction, then, has some claim to be regarded as prior to the others in date. Dist. V was written partly before Henry II's death (capp. v, vii), and partly in or after 1192. When I say 'written', I mean 'put into its present form'. Allowance must be made for revision and for insertions of incidents later than the main body of the text. The remarks about Richard I on pp. 241, 243 (and probably those about Geoffrey Plantagenet on p. 238), have some appearance of being insertions of this kind; for we see that part of the chapter in which they occur is of earlier date than the events which they record.

The date of compilation, then, may be placed in the years 1181 to 1192 or 1193.

The plan, as I have said, is to seek. Beginning with an invective, as it may be called, against court life, Map groups round that the stories of Herla and of the king of Portugal. The idea of 'making a good end' by retiring from the court to live in peace, suggests the stories of monks who left the cloister. Then comes a break.

The news of the capture of Jerusalem by Saladin leads him

---

[1] Unless we insist on the words (237¹⁸) 'Vidimus inicia regni sui', which may take us back to 1154.

to a lament on the vices of the age. Is there a hope that all the religious activities of the monastic orders, old and new, can avail to palliate these ? Forthwith he is launched upon a disquisition on the origin and decline of all the orders of his day, including the military. He devotes most of his space to his *bêtes noires*, the Cistercians, and has begun to recapitulate, when, at 56[4], there is a marked and sudden break. After a single sentence about the Carthusians, he says in effect: 'After all, all the numerous ways of following the simple life in externals seem ineffective. King Henry dresses splendidly but is humble of heart.' This mention of Henry II suggests the topic of that king's zeal against heretics. Heretics are the topic of the next few pages. The story of three remarkable hermits, dragged in rather awkwardly, leads over into Distinction II, whereof the first seven chapters deal with good men of his own time. The next real break begins, I think, with cap. viii. The Welsh are quite suddenly introduced, and a Welsh folk-tale brings with it several other stories of the same kind. The tales of Gado and of the Byzantine emperors, which come next, seem quite detached; but that of Gillescop (cap. xix) affords a natural means of return to the topic of the Welsh, and this to a second series of folk stories. The tale of the Three Counsels (unfortunately imperfect) is not led up to by any transition from the previous chapter, but the note which follows it does serve to introduce Distinction III, which consists simply of a short preface and four romantic stories. Distinction IV, as we have seen, has some claim to be regarded as the earliest portion of the work. It may have been intended at one time to stand first in order. The prologue is compatible with this idea: and twice (140^{29}, 142^{10}) the work is spoken of as a 'libellus'. The salient feature, too, is the *Epistola Valerii*, now first, perhaps, emphatically claimed by Map as his work ; a piece which has very much the appearance of a rhetorical exercise in which a young writer has striven to concentrate evidence of his wide knowledge and reading. There is a very forced transition from it to the tale of Eudo; and the connexions which are managed between the succeeding stories, though sometimes ingenious, are not more natural. Three of the stories (vii, viii, x) are also told in Distinctions I and II; possibly one ought to say, told over again. The last in the Distinction, that of Sceva and Ollo, is quite detached. It has the air of being the plot of a comedy or narrative poem.

It is the professed object of Distinction V to show that modern times have produced heroes as remarkable as those of antiquity. Accordingly, after some stories taken from the older English history, Map settles down into personal reminiscences of 'kings he has met'. The end of these reminiscences is singularly abrupt, but there is no reason to suppose that they are imperfect.

The conclusion of the whole, a recapitulation in a condensed form of chapters i–ix of Distinction I, is curious and rather point-less. The few allusions to contemporary events which it con-tains show it to have been written before the death of Henry II.

By way of elucidating the text I have added a few notes. But I have not attempted to reproduce in them the matter of Wright's foot-notes, many of which identify and assign dates to the persons mentioned. My notes give some additional references to sources, and some corrections of the text. They also mention literature bearing on the subject, attempt to explain difficult passages, and call attention to unexplained puzzles. The index of noteworthy words serves to a modest extent as a glossary, in that I have added the English equivalents of the more obscure words. In that of proper names I have attached dates to a good many of the names, thus preserving part of the information contained in Wright's notes.

I have, however, from the first renounced all efforts to compile a full commentary upon the text. I am not equipped with sufficient knowledge of mediaeval Latin, of history, or of romance and folk-lore to be able to contemplate such an undertaking. I only aspire to put a valuable document into such a condition that experts may be able to use it with ease and confidence.

The epistle of Valerius to Ruffinus against marriage which forms Dist. IV. iii–v, was, as Map tells us (p. 158⁸), circulated separately before its incorporation into the complete work. It was current anonymously, or rather, most people failed to recognize that by Valerius Walterus was meant, and accordingly the credit of authorship was denied to Map. Of this first edition —if it may be so called—of the epistle many copies exist, both separate and accompanied with commentaries. Only one of the separate copies which I have seen (B. M. Add. 37749) assigns the writing to its true author. This is a small book bearing a Waltham Abbey press-mark (LXIII. al. ca.) and formerly in the Phillipps collection (no. 1056). In it the epistle is entitled 'Epistola magistri Walteri Map ad quemdam socium suum ut dicitur uxorari uolentem.' This portion of the MS. is of the thirteenth century. The earliest copy (Bodl. Digby 67) may have been written in the last years of the twelfth century; another, one of the Gale MSS. at Trinity College, Cambridge (O. 7. 7), which appears to have belonged to the Scottish Abbey of Deer in Buchan and contains the best text of the *Ibis* of Ovid, is of the early part of the thirteenth century. Another early copy is B. M. Arundel 14 (used by Wright). It is of late twelfth or early thirteenth century. The epistle follows the *Topographia Hiberniae* of Giraldus Cambrensis. The provenance is not clear; like other Arundel MSS. it belonged to Lord William Howard (in 1613).

From the separate copies, of course, was derived the text which was printed among the *spuria* of St. Jerome (e.g. Martianay, v. 337; Migne, *P. L.* xxx. 254). I have not attempted to trace the history of this text, nor do I think that any light would be thrown on the *de Nugis* by such an investigation. It may, however, be worth while to say a few words about the mediaeval commentaries upon the epistle, which, we should naturally hope, would help to explain some of the very obscure allusions contained in it. I may say at once that they do nothing of the kind.

There appear to be five commentaries. Three, including the earliest, are anonymous. The third and fifth are respectively by John Ridewas or Ridevall (who also wrote on the *Metamorphoses* of Ovid), and Nicholas Trivet the annalist and commentator on Boëthius and Augustine *de civitate Dei*. None of them have, so far as I can ascertain, appeared in print.

1, 2. These anonymous commentaries occur in manuscripts at Clare College (14, Kk. 4. 1) and St. John's College, Cambridge (115, E. 15), respectively of the fourteenth century (early) and of the fifteenth century.

1 begins with a section of the text, (143^{2-9} 'Loqui prohibeor . . . nec fallor') on which the first words of the document are:

> ' *Mulier si primatum teneat contraria est viro suo* · ecc · 25. Sicut dicit glosa super istud uerbum historice ostendit sapiens quam sit noxius primatus mulieris que subesse debet non preponi.'

After a few lines the writer's view of the authorship is thus set forth:

> ' Si autem queritur quis fuit iste Valerius et hic Ruffinus, videtur mihi ad presens Romanus fuisse et eundem fuisse Valerium qui historias romanorum prosaice scripsit, non Valerium Martialem poetam.'

Thus Valerius Maximus is, in his view, the author.

The commentator is obviously English. Of *merula* (143^7) he says, 'vocatur apud nos throstelkoc: *philomena* (143^8), 'apud nos vocatur nythegale.'

Occasionally he supplies a various reading. In 149^5 he reads 'tongilio vel zongilio'. On 150^{10} he has 'Valentinus. Aliqui libri habent Valentius, et hec litera vera est'. For 'Canius' 151^1 &c. he reads 'Caonius' throughout. On 155^6 his words are: 'Penucia virgo. Circa quod sciendum quod penucia siue pericio uirgo cretensis fingitur sollicitata fuisse ab apolline que nullo modo ei consensit,' etc.

On $151^{9\,sqq\cdot}$ a diagram of the winds is given.

The concluding words are: 'culpa mea est et ignorantia. Si quid satis, dei munus et gratia. Cui sit in eternum honor et gloria. Amen. Explicit expositio epistole Valerii ad Ruffinum de dissuasione nuptiarum.'

2 is entitled: 'Item expositio moralis super eandem epistolam *Loqui*, etc. Hoc contra malos religiosos, quibus certis temporibus et locis prohibetur ne loquantur et tamen tacere non possunt.'

The exposition is throughout 'moral', and does not attempt any explanation of allusions. It ends:

> '*Sed ne te longo* quod quantumcunque utilia sunt que prolixa sunt fastidio sunt · inutilia dum breuia sunt ex aliqua parte placent, scilicet in eo quod breuia sunt.'

3. For the commentary of John Ridewas I have consulted the manuscript Ff. 6. 12 in the Cambridge University Library. It begins thus:

> '*Loqui*, etc. Hec epistola continet principaliter tria, scilicet Valerii scribentis excusationem Ruphini nubere uolentis correptionem correpti etiam uanam (? uariam) informationem.'

There is no identification of the author.

On 144³ (Propinat tibi, etc.) he quotes the story of the death of Zedekiah given in the *Historia Scholastica*.

On 146⁹ (in casu Phetontis) he says : 'Nota plures libri habent *in casu fetontis* et plures *in casu peonis*.' By the latter, he explains, is meant Paeon or Aesculapius, slain by the thunderbolt of Jupiter. I have not seen this reading in any MS. He makes use of comment no. 1, under the name of 'alius expositor'. The latest authors cited by name are Theodolus (the *Ecloga* of Theodulus (Gottschalk)) and Martinus (Polonus) 'in cronica'.

In 155⁶ his reading is 'pericio uirgo'.

The concluding words are : 'veritas autem amara est rugose frontis et tristis †ostendit quia coreptoris† (*l.* offenditque correptos : compare a MS. at Queens' College, Cambridge) explicit expositio Ridewas.'

I have noticed only one English word 'acredula, anglice mapel'.

4. The fourth and most copious of the commentaries is that contained in the Lambeth MS. 330. It occupies the whole volume, which is a handsome book of about the year 1400, containing 114 leaves, of 32 lines to a page. The decoration (initials and borders) is of good style. The first initial contains the badge of the de Bohuns, a swan gorged with a crown : a chain dependent. No name of author is prefixed to it. I had at one time little doubt that it was by Nicholas Trivet : but there is another claimant in the field, as will be seen shortly.

The work begins with a very long prologue in four distinctions on the four requisites of a good friend. This occupies eleven leaves. The opening words are :

> 'Amicus fidelis protectio fortis. Ecc. 6. Dicit Jeronimus super illud Mathei 12. Omne regnum in se diuisum. quomodo concordia res parue crescunt, ita discordia maxime dilabuntur.'

On f. 10 *b* the authorship of the epistle is thus assigned : 'Vera

amicicia . . . multum uigebat in antiquis. Tali affeccion e et dileccione scripsit Valerius Maximus epistolam amico suo Ruffino ad consulendum et exhortandum ne duceret uxorem, sed quod seruata continencia intenderet studiis literarum et precipue sacre scripture (!). Iste Valerius scripsit de memorialibus (memorabilibus) dictis et factis Romanorum et gencium exterarum. Idem per epistolam presentem Rufino matrimonium dissuasit, non quia sit malum uel peccatum. Unde apostolus,' etc., etc.

This attribution is derided in a note written by Archbishop Sancroft on the flyleaf. The range of authors quoted is very considerable, but not very relevant. I do not think that, with the exception of Jerome against Jovinian and Martianus Capella, the writer has detected the true source of any of the allusions.

The comment on the text begins on f. 12 _a_. The _Epistola_ is divided into thirty-six sections, each of which is written in red and provided with an illuminated initial. The first sentence of the exposition is :

> 'Sunt multi qui audita ueritate offenduntur, placentibus adquiescunt et delectantur.'

On 146[9] the story of Aesculapius or 'Pion' is told, but there is no notice of a various reading.

In 146[16] the reading is 'pungunt' for 'puniunt'.

In 149[5] the reading is 'Congilio' for 'Tongilio', and the comment (which quotes _Martinus in cronicis_ for the story of Caesar) is much astray. It says : 'Tongilio quidem humili. id est instrumento scindendi. Tale instrumentum dici potest diuinum. Sap. 16.' Apparently the writer connected the name Tongilius with the preceding clause 'filum ipsius ausa est occare . . . Atropos'.

In 150[10] he reads 'Valentinianus', but cannot identify the emperor in his exposition.

In 153¹³ he has nothing helpful about Livia or Lucilia.

In 155⁶ he reads 'Pericion uirgo' and quotes Jerome *adv. Iovinianum.*

In 156³ he has 'brutorum similes' for 'brutei'.

Part of his exposition of 156¹⁷ is worth quoting :

> 'Stilbons uel Stilbon idem est qui mercurius. Hic consilio apolinis philogiam filiam fronesis duxit in uxorem. Fronesis uero soror erat alathie. Omnes autem dii et omnes dee ad nupcias mercurii et philogie concurrerunt. De hac etiam fabula in marciano poeta.
>
> > Stilbons philogiam quando duxit simul omnes
> > Dii simul (?) atque dee. discordia non fuit auri
> > In pomo scripsit 'me uestrum pulcrior optet.'

The last pages of the exposition are devoted to a panegyric of the Virgin. The closing sentences are :

> 'Sicut deus masculum et feminam creauit, Noe similiter masculum et feminam congregauit. In figuram quod ex talibus militans ecclesia colligitur et ex similibus ecclesia triumphans restauratur ad eorundem eternam salutem et dei honorem, ut in omnibus et ex omnibus laudetur deus in secula seculorum benedictus. Amen.'

The whole work occupies 212 pages (106 ff.) and is followed by an alphabetical index in double columns, occupying 107 *a* to 114 *a*. There are some late *marginalia* (xv–xvi) and a few late verses and scribbles on the flyleaves, besides Sancroft's note already mentioned.

It will be gathered that the production is extraordinarily diffuse and contains very little of value.

5. The fifth is definitely attributed to Nicholas Trivet in the MS. which I have examined, viz. Lincoln College, Oxford, 81, most kindly lent to me by that society. There is another copy at University College (61) which I have not seen.

The attribution in the Lincoln College MS. is confined to the old (fifteenth century) list of contents on the flyleaf, in which we read :

> 'Valerius ad Rufinum cum (commento) Triveti.'

The commentary is the last article in the book, beginning at f. 93 : written in double columns of 46 lines. The MS. is of the fifteenth century, and a handsome book, though the writing is rather badly blurred in parts.

The beginning runs thus :

> 'Inc. Epistola Valerii ad Rufinum de uxore non ducenda cum commento. Loqui prohibeor—voluptatis preco.
>
> 'Sciendum quod tres fuerunt Valerii et omnes erant Romani. Unus erat Valerius Marcialis cocus qui fecit epigrammata ludicra. Alius fuit Valerius Maximus qui scripsit de dictis et factis memorabilibus ad Tiberium Cesarem. Tercius fuit iste Valerius, et non fuit idem alicui primorum, licet auctor manipulus (*sic*) florum dicat eum esse secundum predictorum. Rufinus fuit philosophus et Romanus.
>
> 'Ad faciliorem intellectum huius epistole ·x· capitula assignantur' etc.

Among authors quoted are (in the order in which they occur). Isidore, Papias, liber de naturis rerum, Tullius, Martial, (Giraldus) de mirabilibus Hybernie, Alredus super Boycium, Augustine de civ. dei, Boycius ; Geoffrey of Monmouth is used, for it is said that Belinus and Brennius invaded Rome.

> 'Emilius (or Enulius) sic ait :
>
> Cingnus (Cygnus) in auspiciis semper letissimus ales.
>
> Hunc optant naute, quia se non mergit in undas.'

The story of Zedekiah is not given on 144^3.

The story of Paeon as well as that of Phaethon is told, but I do not think the various reading is clearly noticed.

Joh. de Garlandia : Jerome super cantica.

Valerius Maximus is cited for the story of Lucretia, ' Idem narrat Titus Li. i. ab urbe condita, et tangit eam Aug. l. de civ. dei. c. 19. Nota ibi Triueth.' This reference to the comment of Trivet on the *de civitate Dei* seems to me not against but in favour of the attribution of the work before us to Trivet.

In 146[16] the reading is 'pungunt' not 'puniunt'.

On the story of the Sabine women 'Priscianus in magnis primo C(ap.) et Ouidius de fastis li. 2. et Trogus Pompeius (Justin) li. 43' are cited.

Ovid's *Metamorphoses* are often used and quoted.

Itinerarium Clementis lib. 4 (the *Clementine Recognitions*).

Fulgentius in mythologicon.

(Apuleius) *de deo Socratis.*

Virgil, *Georgics* and *Aeneid.*

On Tongilius, 'Fuit autem quidam amicus Iulii sed pauper nomine Tongilius qui intellexit insidias . . . Iste scripsit in literas insidias consulum et tradidit Iulio intranti uersus capitolium . . . et post mortem litere in manu · s · (? sua) inuente sunt signate.'

On Phoroneus : ' Narrat Titus Liuius modum istius quod hic dicitur, quod foroneus aliis leges pupplicauit,' etc.

Valentinus: 'aliqui libri habent Valentinianus et aliqui Valencius et hec est litera uera, quia ipse non fuit imperator Romanus.'

' Livia fuit uxor Octauiani Cesaris que habuit filios Drusum Neronem et Claudium secundum Pap. . . . Lucinia (so in the text also) tantum amabat uirum suum ut dicitur, et e conuerso,' etc.

' Penucia siue Peric*i*o uirgo Cretensis fingitur sollicitata fuisse ab Apolline, que nullo modo ei consensit,' etc.

Here as elsewhere he is dependent upon Commentary 1.

'Seneca in quadam epistola.'

Dares Frigius is quoted on Jason.

' Sicut patet in una trag[r]edia Senece que vocatur Medea.'

The last words are :

    'Sed si nimis multa uel nimis diminute dixerim, mei est ignorancia. sed si satis, dei munus et gratia cui sit in eternum honor et gloria. Amen. Explicit.'

This again is almost identical with the end of no. 1.

Occasionally English words occur, e. g. 'Ulula, vulgo, botore,' 'Merula, apud nos throstel,' 'Examina, anglice swarme.'

It is a noticeable feature in all the commentaries (which in my opinion do not merit a very much more extended notice than I have given of them) that so little interest is shown in the authorship of the text, and so little ingenuity manifested in tracing or explaining the allusions.

I have nothing to add to the facts or speculations concerning the life and writings of Walter Map which are collected in Mr. C. L. Kingsford's article in the *Dictionary of National Biography*, in Hardy's *Catalogue of Materials* (ii. 485), and in a paper by Mr. W. T. Ritchie in the *Transactions* of the Royal Philological Society of Glasgow (1909–10). I have indeed come upon one more line of poetry definitely attributed to him. In a twelfth-century manuscript in the library of the Dean and Chapter of Hereford (O. 3. 8) which may have belonged to the Friars Minors of Hereford, and contains Latin versions of works by Chrysostom, there is this entry among a number of verses, some by Martial, on the last leaf of the volume.

        'Sigillum Walteri Map
    Munera si uitas, transcendes archileuitas.'

which, considering that he was an archdeacon himself, is creditable to his modesty. I think also that it is permissible to draw attention once more to the curious set of verses preserved in a manuscript at Clare College and entitled :

      'Versus golie super picturam Machabeorum.'

I have printed them in my catalogue of the Clare manuscripts and also in the *Proceedings* of the Cambridge Antiquarian Society (Vol. X). In the latter place I was guilty of a false statement. In advocating the probability (which I still feel) that the verses are by Walter Map, I urged that the manuscript was a Worcester book, and that Map having held the benefice of Westbury on Trym which belonged to Worcester, it was natural that he should write verses for the Worcester monks. But I have since realized that the Westbury of which Map was parson was not Westbury on Trym, but Westbury on Severn, in Gloucestershire. This supposed link, therefore, disappears. There remains, however, the question, which is of some little literary importance, whether we can find another person so likely as Map to have written these verses, and to have been called Golias in that part of England at the end of the twelfth century. After the researches of Hauréau it is, no doubt, dangerous to assign Goliardic poems to Map: yet here, I think, is a little piece of evidence, though not unequivocal, which deserves to be taken into account by students of that corner of literature.

Distinccio prima. Assimulacio Curie regis ad in-
fernum. Capitulum primum.

In tempore sum et de tempore loquor, ait Augustinus, et adiecit : Aug. *Conf.*
5 *nescio quid sit tempus.* Ego simili possum admiracione dicere ^{xi. 25.}
quod in curia sum, et de curia loquor, et *nescio, Deus scit*, quid 2 Cor. 12. 2.
sit curia. Scio tamen quod curia non est tempus; temporalis
quidem est, mutabilis et uaria, localis et erratica, *nunquam in* Job 14. 2.
eodem statu permanens. In recessu meo totam agnosco, in reditu
10 nichil aut modicum inuenio quod dereliquerim ; extraneam
uideo factus alienus. Eadem est curia, sed mutata sunt membra.
Si descripsero curiam ut Porphirius diffinit genus, forte non
menciar, ut dicam eam *multitudinem* quodammodo se habentem Porph.
ad unum principium. Multitudo certe sumus infinita, uni soli ^{*Isagoge* 2.}
15 placere contendens : et hodie sumus una multitudo, cras erimus
alia ; curia vero non mutatur, eadem semper est. *Centimanus* Hor. *Od.* ii.
gigas est, qui totus mutilatus totus est idem, et centimanus ydra ^{17. 14.}
multorum capitum, qui labores Herculis cassat et contempnit,
inuictissimi manum atlete non sentit, et Antheo felicior matrem
20 habet *terram, pontum, et aera* : non allidetur ad pectus Herculis, Hymn for
totus ei uires multiplicat orbis. Cum ille summus Hercules Matins of
the Hours of
uoluerit, *fiat uoluntas* ⟨*eius*⟩. Si quod Boecius de fortuna the Virgin.
ueraciter asserit de curia dixerimus, recte quidem et hoc, *ut sola* Cons. *Phil.*
sit mobilitate stabilis. Solis illis curia placet qui graciam eius II. pr. i.
25 consecuntur. Nam et ipsa *gracias dat* : non enim amabiles aut Jac. 4. 6.
merentes amari diligit, sed indignos uita gracia sua donat. Hec

22 ⟨eius⟩] *a blot in the MS.*

1354   B

7 *a*, col. 2. est enim gracia que sine | racione uenit, que sine merito considet,

Virg. *Georg.* que causis occultis adest ignobilis. *Mistica uannus* Domini

i. 166.   iudicio vero, iusta ventilacione sibi segregat a zizania frumentum :

hec non minori sollicitudine sibi separat a frumento zizaniam :

quod illa prudenter eligit hec inprudenter eicit, et e conuerso, 5

sicut et in quampluribus. Tot nos hortatur aculeis dominatrix

curie cupiditas quod pre sollicitudine risus eliminatur. Qui ridet

ridetur; qui sedet in tristicia sapere videtur. Unde et iudices

nostri gaudia puniunt, retribuuntque mesticiam, cum ex bona

consciencia boni iuste gaudeant, ex mala mali merito mesti sint; 10

Isa. 5. 20.   unde tristes ypocrite, leti semper deicole. Iudex qui dicit *bonum*

malum et malum bonum equaliter satis secundum se modestus

est molestis ⟨et molestus modestis⟩, et eciam fit causa continue

leticie bonis inhabitacio spiritus sancti, causa mesticie malis in-

flacio squalidi serpentis, qui dum oberrat pectus praua pensantis, 15

allia sibi nociua compilat, que comedendo delectant, comesta

fetent. Hec allia nobis in curia potissimum ille propinat qui

Job 18. 10. nobis inuidit ab inicio. Cui eius delectat *decipula* displicet

Domini disciplina.

Quid autem est quod a pristina forma viribus et virtute facti 20

sumus degeneres, cetera queque viuencia nullatenus a prima de-

uiant donorum gracia? Creatus est Adam statura gigas et robore,

factus est et angelicus mente donec subuersus est; vita cuius,

licet ab eterna facta sit temporalis, et ab integra mutilata, multo

longeuitatis est leuata solacio. Perdurauit et in posteros illa 25

diu morum uirium virtutum et uite felicitas; sed circa tempora

Ps. 89. 10. prophete Domini Dauid, eam ipse descripsit *annorum octoginta*

que fuerat octingenta *uel amplius* ante *laborem et dolorem.* Nos

2 ignobilis] *perh.* ignobilibus. uannus] *MS.* manus.   6 in quampluribus]
MS. inquam pluribus.   13 *the supplied words seem necessary.*   18 Cui eius]
MS. cuius.

autem nunc septuaginta non duramus indempnes, | immo statim 7 *b*, col. 1.
postquam inceperimus sapere, mori cogimur aut desipere.   Terre,
maris, et aëris animancia preter homines quelibet, ea qua creata
sunt vita gaudent et virtutibus, quasi non deciderint a gracia
5 creatoris.   Quid autem hoc est, nisi quod ipsa iussam tenent
obedienciam, nos ipsam ab inicio spreuimus?   Multo desolacius
dolendum nobis est quod stantibus uniuersis soli demones et nos
cecidimus, quod seductores nostros habemus socios, quod nostra
nos in breuitatem virtutis et uite dampnauit iniquitas, et ex
10 imitacione primi pessimi ⟨facti sumus⟩.

Quis adinuenit metallorum decoccionem, alterius in alterum
reduccionem?   Quis durissima corpora flexit in liquorem?   Quis
marmoream soliditatem fusili plumbo secari docuit?   Quis hyrci Plin. *H. N.*
sanguinibus adamantem subici comperit?   Quis silicem conflauit xxxvii. 59.
15 in vitrum?   Certe non nos; non comprehendit huiusmodi
septuaginta curriculum annorum.   Sed qui septingentis aut
octingentis vacare potuerunt sapiencie, prosperitate rerum et
persone felices, abissum rimari phisis et in lucem profunda
producere valuerunt.   Hii post astra vitam animalium volatilium
20 et piscium distinxerunt, et naciones et federa, naturas herbarum
et seminum.   Hii centennium cornicibus, millennium posuere
coruis, ceruis autem etatem incredibilem; credere tamen eis
decet, presertim de feris que cum ipsis ante carnium esum
imperterrite manebant, ut modo nobiscum canes, quorum nos
25 uita non fallit aut consuetudo.   Multas nobis inuenciones reli-
querunt in scriptis: plurime deuolute sunt ad nos parentatim a
primis, et non est a nobis nostra pericia sed ab ipsis in nos pro
nostra capacitate transfusa.

De curia nobis origo sermonis, et quo iam deuenit?   Sic

10 *either a supplement, such as is suggested, is needed, or* et *must be omitted.*
22 *Possibly* coruis *and* ceruis *should be transposed: cf. e.g. the verses on the*
Westminster mosaic pavement (Flete ed. Robinson, p. 113).

7 *b*, col. 2. incidunt semper aliqua que licet non multum | ad rem, tamen

Hor. *A. P.* 4. differri nolunt, nec refert, dum non *atrum desinant in piscem*, et

rem poscit apte quod instat.

De inferno. ii.

Infernum aiunt locum penalem. Quid si presumam audax 5
effectus, et temerarie dicam curiam non infernum, sed locum
penalem? Hic tamen dubito an eam recte diffinierim; locus
tamen videtur esse, nec ergo infernus; immo certe quicquid aliquid
uel aliqua in se continet, locus dici potest. Sit ergo locus; vide-
amus si penalis.   10

Quis ibi cruciatus qui non sit hic multiplicatus ?

De Tantalo. ⟨iii⟩

Hor. *Sat.* i. 1. 68. Num ibi legisti Tantalum *fugiencia captantem a labris flumina* ?
Hic multos vides bona sitire proxima que non consecuntur, et
similes haurientibus in apprehensione falli.   15

De Sisipho. iiii.

Sisiphus ibi saxum ab imo uallis ad precelsi montis ap⟨p⟩ortat
verticem, quod relapsum relapsurum a ualle reuehit. Sunt et hic
multi qui montem ascensi diuiciarum nil actum putant, et relapsum in auaricie uallem animum reuocare conantur ad montem 20
adhuc ulteriorem, quo quidem ⟨cor⟩ consistere non potest, quod
contemplacione cupitorum vilescunt adepta. Cor illud bene

Ezek. 11. 19. comparatur saxo Sisiphi, quod scriptum est: *Tollam cor lapideum
et dabo carneum.* Det Dominus cor curialibus carneum, ut in
aliquo moncium pausare possit.   25

De Yxione. v.

Sibi sepe dissimilis, super, subter, ultra, citra, Yxion ibi
uoluitur in rota. Nec hic desunt Yxiones, quos volubilitas

---

13 labris] *MS.* laboris *corrected.*   27 Sibi . . . citra] *This MS.* (*and* W.) *join the
sentence to the end of cap.* iii.   dissimilis] *MS.* dissimile.

torquet fortune.   Ascendunt ad gloriam, ruunt in miseriam, sperantque deiecti, nec erit ulla dies qua non hec reuolucio fiat; et cum sit undique timendum in rota, nullus in ea sine spe casus est; tota terribiliter horret, tota contra consciencias militat, nec 5 minus inde proficit alliciendo.

De Ticio. vi.

[*Here ends* f. 7 *b*, col. 2, *and after it a leaf is lost, which contained the text of the following chapters*:

         De Ticio. vj.
10   *De filiabus Beli*. vij
         De Cerbero. viij
         De Caron. ix. (first part).

Portions of the text are doubtless incorporated in the recapitulation, Dist. V. cap. vii].

    .   .   .   .

15   [*De Caron*. ix.]

verumptamen venatores hominum, quibus iudicium est datum de 8 *a*, col. 1. uita uel de morte ferarum, mortiferi, comparacione quorum Minos est misericors, Radamantus racionem amans, Eacus equanimis.   Nichil in his letum nisi letiferum.   Hos Hugo 20 prior Selewude, iam electus Lincolnie, reperit repulsos ab hostio thalami regis, quos ut obiurgare uidit insolenter et indigne ferre, miratus ait: 'Qui uos?'   Responderunt: 'Forestarii sumus.' Ait illis: 'Forestarii foris stent.'   Quod rex interius audiens risit, et exiuit obuiam ei.   Cui prior: 'Vos tangit hec parabola, 25 quod, pauperibus quos hii torquent paradisum ingressis, cum forestariis foris stabitis.'   Rex autem hoc verbum serium habuit pro ridiculo, et ut Salomon *excelsa non abstulit*, forestarios 3 Reg. 15. non deleuit, sed adhuc nunc post mortem suam litant coram 14. Leuiatan carnes hominum et sanguinem bibunt.   Excelsa 30 struunt, que nisi Dominus in manu forti non destruxerit non

auferentur.   Hii dominum sibi presentem timent et placant,
1 Jo. 4. 20. *Deum quem non uident* offendere non metuentes.

Non dico quin multi uiri timorati, boni, et iusti nobiscum
inuoluantur in curia, nec quin aliqui sint in hac ualle miserie,
iudices misericordie, sed secundum maiorem et insaniorem 5
loquor aciem.

De germinibus noctis. ⟨x⟩

Sunt et ibi germina noctis, noctua, nicticorax, wltur, et bubo,
Jo. 3. 19. quorum oculi *tenebras amant, oderunt lucem.*   Hii circuire
iubentur, rimari solerter et referre veraciter quid †ionem ex 10
uirtute uel diei contingat, quid ex uicio uel noctis Diti con-
dempnetur†.   Qui cum ac⟨c⟩uratas ubique ponant insidias,
8 a, col. 2. fetorem cadauerum auidissime sectantur, | quibus uoratis tacitis
et celatis queuis alia redeuntes ac⟨c⟩usant preter ea que sibi de
latrocinio latenter appropriant.   Mittit eciam hec curia quos uo- 15
cat iusticias, uicecomites, subuicecomites, bedellos, ut scrutentur
argute.   Hii nichil intactum linquunt, nichil intemptatum, et
apum instar insident floribus ut mellis aliquid eliciant : innocencia puniunt, †uenter† tamen euadit impune : et cum in
potestatis inicio coram summo iudice iurent quod fideliter et 20
Mt. 22. 21. indempniter Deo ministrabunt et sibi, reddentes *que sunt Cesaris
Cesari, que Dei Deo,* premia peruertunt eos, ut auellantur ab
agnis uellera, uulpes illese linquantur que probate sunt argento,
Ov. *Am.* i. 8. scientes quod *res est ingeniosa dare.*
62.

> 10–12 *So the MS.* Wright *has* quid novi, *and* dici condemnetur. *I suggest* quid
> Iouem (uel diei) ex uirtute contingat, quid ex uicio Diti (uel noctis) condempnetur.
> *The words* uel diei *and* uel noctis *were glosses on* Iouem *and* Diti. *Map has in
> his mind something like the ravens of Odin, who reported to him all that went on in
> the world.*   17–19 *The MS. has :* et apum instar innocencia puniunt | ri (? : *lined
> through*) uentr̄ tn̄ euadit impune insident (*written over erasure*) floribus . . . eliciant.
> *I have transposed the clauses : there may be a further corruption : e.g.* innocencia
> puniunt ⟨et noxia pungunt⟩ neutrum tamen &c.

In iusticiis autem dictis plerumque clerici laicis immiciores inueniuntur. Cuius ego rei racionem non intelligo, nisi quam viro nobili Randulfo de G⟨l⟩anuilla respondi, querenti cur hoc : scilicet quod generosi parcium nostrarum aut dedignantur aut 5 pigri sunt applicare litteris liberos suos, cum solis liberis de iure liceat artes addiscere, nam et inde liberales dicuntur. Serui uero, quos uocamus rusticos, suos ignominiosos et degeneres in artibus eis indebitis enutrire contendunt, non ut exeant a uiciis, sed ut habundent diuiciis, qui quanto fiunt periciores tanto perniciores. 10 Artes enim gladii sunt potentum, qui pro modis utencium uariantur. Nam in manu benigni principis pacifici sunt, in manu tiranni mortiferi. Redimunt suos a dominis sui, cupiditas utrinque militat, et uincit cum libertas libertatis addicitur hosti. Quod singularis ille | versificator ait preclare manifestans, ubi dicit, 8 *b*, col. 1.

15   *Asperius nichil est humili, cum surgit in altum,*   Claudian, *in*
                                                                     Eutrop. i.
et cetera, et iuxta,   181, 183.

           ——*nec belua tetrior ulla,*
      Quam serui rabies in libera terga furentis.

Vir ille predictus hanc approbauit sentenciolam.

20   Contigit autem nuper quod abbas quidam se contulit ex hiis iusticiis unum fieri, coegitque crudelius spoliari pauperes quam aliquis laicorum, forte sperans episcopare per adeptam ex preda graciam ; cui post paucos dies obuians ulcio, dentes proprios in se fecit immit⟨t⟩ere corrosisque perire manibus.

25   Vidi cornices appendere datis terre seminibus, quatinus alie uidentes appensas timeant et vitent ut ille fieri, uitantque. Verumptamen quos Dominus mundi filios uocat, et *prudenciores* Lc. 16. 8. *filiis lucis* asserit, determinans *in generacione sua*, non terrentur

---

1 immiciores] *the first four letters rewritten in the MS.*   8 *MS.* in debitis. 12 *perh.* serui, *as* W.   24 immitere (*sic*) . . . perire] *These words have been written in subsequently, but probably by the first hand.*   25 *MS.* se seminibus.

nec metuunt ut abbas fieri, cum ipsi in oculis habeant alios †que†
duos magnates quos idem circuitus paralisi percussos in grabatis
grauiter eneruat.

Hec de curia que uidimus testamur. Obuolucionem autem
ignium, densitatem tenebrarum, fluminum fetorem, stridorem 5
a demonibus magnum dencium, gemitus exiles et miserabiles
a spiritibus anxiis, vermium et viperarum et anguium et omnis
reptilis tractus fedos, et rugitus impios, fetorem, planctum, et
horrorem, per singula si per allegoriam aperire velim, in curialibus
non desunt mihi significaciones ; sed longioris sunt temporis quam 10
mihi vacare uideam.

Sed curie parcere curiale uidetur ; et sufficit ex hiis secundum
dictas concludere raciones, quod curia locus penalis est. Non
dico tamen quod infernus, quod non sequitur, sed fere tantam |
8 *b*, col. 2. habet ad ipsum similitudinem quantam equi ferrum ad eque.   15

Nec possumus in dominum et rectorem nostrum culpam
refundere, cum nichil in mundo quietum sit, nec ulla possit
quispiam diu tranquillitate letari, Deo in singulis argumenta
cf. Heb. 13.
14. ponente, quod *non sit hic querenda mansura ciuitas* ; cum etiam
non sit tante sapiencie vir qui uni soli sic possit dispensare domui, 20
ne ipsam aliquis perturbet error. Ego enim modici numeri
moderator sum, et tamen illius modice familie mee frena tenere
nequeo. Studium meum est quomodo possim omnibus prodesse,
ne quid eis in cibo et potu uel ueste deficiat. Ipsorum autem est
sollicitudo modis omnibus exculpere de mea substancia quod 25
suam augeat ; quicquid habeo ' *nostrum* ' est, quod eorum quisque,
' *suum.*' Si quid aduersus aliquem vere dixero, negat et habet
complices. Si quis mihi de familia testis est, adulatorem dicunt.
'Stas cum domino ; mentiris ut ei placeas ; bene dona sua
mereris ; at certe nos ipsi ueraces erimus, etsi displiceamus ad 30

---

    1 †que†] *I suggest either* ⟨presertim⟩que *or* Quid duos magnates quos, &c.
26 habeo *supplied in the margin.*

horam.' Hec me strident audiente. Quid ergo fit ei uel dicitur
seorsum? certe tam uiliter et deiecte tractabitur, quod exinde
ueritatem horrebit. Illi autem inmisericordes debitorum meorum
et fenoris, ventrem suum dorsumque de meo placare contendunt.
5 In eis ille laudatur qui dominum prodit ut seruo prosit, et de
fideli sodalicio probatur; et qui menciendo deceperit inter alios
ridet, quod derisit dominum, et cum errare fecerit, laudat errorem,
et conuersus mihi *pingit ciconiam.* Si sapienter aliquid egero Pers. i. 58.
quod eos in aliquo molestet, uenit aliquis mesto uultu, deiecta
10 facie, fictoque suspirio, 'Non te pigeat' inquiens, 'karissime
domine ; | populus loquitur quod hanc rem fecisti: mihi satis placet, 9 *a*, col. 1.
scit Deus, et bona uidetur accio, sed ipsi nimis obiurgant.' Post
illum uenit seorsum alter in simili sentencia. Tercius autem in
eadem scola sequitur, et non cessant donec dubitare fecerint aut
15 uera discredere. Nullus eorum specificat, ut dicat, 'Ille de tua
sic et sic loquitur accione,' sed 'populus sic loquitur.' Qui
populum accusat, omnes excusat; non certificat cui contendere
possim, ne reueletur dolus. Quicunque minister placere parcitate
conatur, offensam omnium incurrit, et dicunt ei, 'Bona fuit
20 domus antequam intrares ; tu domum peruertisti, tu pudor es et
dedecus et domus et domini ; ha! tu uidebis quam inde retribucionem efferes ; o quam pius es in bursam domini! quid putas
ex hac auaricia prouenire? Quid de tot redditibus et diuiciis
amodo faciet dominus? 'Thesaurum' ais? numquid et te faciet
25 haeredem? aut ipsum iugulabis ut asportes? certe thesaurum ei
fecisti detraccionem et odium omnium amicorum suorum, qui
prius eum ut Dominum diligebant. Tu buffoni similis es, qui
terre parcit et fame deperit ; tu putas quod Deus domino desit
uel fallat ; sciolus tibi uideris, et stultus es.' Hiis et huiusmodi
30 litibus quidam ex meis ministris lacessitus ad me flendo querelam
hanc attulit. Tum ego, 'Frater, uade: verum est quod *nemo* Mt. 6. 24.

1 quid] *perhaps read* quicquid *and delete the mark of interrogation.* 10 inquiens
supplied in the margin.

potest duobus seruire dominis ; tu docente Domino bonus et fidelis
es, ipsi diabolo ducente peruenerunt ad reprehensionem fidelitatis ;
de duobus hiis nemo qui sapiat pessimum eligit optimo relicto.'
Tum ille, 'Non possum ad omnes solus; malo uobis omnia
resignare quam his distrahi rixis ; vale.' Hac bonum perdidi 5

9 *a*, col. 2. cautela ministrum, letificauitque | familiam. Tum ego versuciam
eorum uidens, vocaui palam omnes, et proposui quomodo perdi-
dissem seruum bonum, nesciebam quorum affectum litibus.

Lc. 14. 18. Tunc *omnes ceperunt excusare, cum iuramento* dicentes, 'Proditor
Mt. 26. 72. tuus est qui tibi bonum seruum aufert.' Consilium ergo quesiui 10
cui possem tradere curam et ministerium prioris, non ut eligerem
quem uellent sed quem nollent; securus enim eram quod mihi
consilium canis darent. Vetus est et nota parabola, quod
tractante domino cum uxore sua quid in ollam de petasone
mitterent, ait domina 'latus,' dominus 'spinam'; cui canis, 15
'Spinam, vir' quasi 'vince—vir es—ut de melioribus pascar.'
Sciebam autem quod illi simile consilium darent, id est, ad suam
utilitatem, mea neclecta. Videns ergo quid uellent, distuli quod
petebant, pueroque, qui tunc adhuc flagella timebat, curam
omnium, cum interminacione ne quid inconsulto me faceret, 20
commisi. Timebat ille primo, bonusque fuit. Tum illi furtis
insistebant, insidias ei ponentes. Ille querebat amissa, quere-
batur et flebat. Ego sciebam quid ageretur. Illi culpam in me
refuderunt, quod tot et tantam ydiote curam commisissem, et
adiecerunt, 'Omnes mirantur et dolent de uobis, si fas esset 25
dicere.' 'Dicite : sit fas.' 'Certe, quod tam bonus tam subito
mutatus es, et in tam notabilem lapsus auariciam, ut omnia scire
uelis et artissima retinere custodia. Confundimur omnes ad ea
que de uobis loquuntur.' Hiis dictis consilium inierunt crudele

---

6 *perhaps* letificaui.   16 uir es] *perhaps* uires *is the reading of the MS.*
19 *MS.* pueroque que qui.   24 tantam] *so the margin of the MS. : the text*
has tāz.

satis. *Exibant in uicos et plateas*, et se missos a me fatebantur, Lc. 14. 21,
ut *compellerent* errantes *intrare*. | Qui domi erant mecum ipsos ²³·
cum multa ueneracione suscipiebant, dicentes me nimis eos 9 *b*, col. 1.
desiderare, frequenterque uenire precabantur. Ad me vero cur-
5 rentes nunciabant hospites uiros uenerabiles adesse, cogebantque
congratulari nolentem. Dispergebant ergo cibum et potum,
et, quod me nolle sciebant, ipsi gule coram me nimis enormiter
indulgebant, et districte cogebant potentes et inpotentes, volentes
et nolentes, ut effunderentur omnia, quasi meo prestantes
10 obsequium honori solum id agentes ; recte quoque secundum
preceptum Domini *non cogitabant de crastino*, mittebant enim Mt. 6. 34.
omnia foras. Cum ebrietatis eos arguebam, letos se fuisse non
ebrios iurabant, et me crudelem, qui quod honori meo gratanter
impenderant reprehendebam. Cum ab ecclesia mane redibam,
15 ignem copiosum uidebam, et hesternos hospites, quos abisse
sperabam circum †ducet† ; dicebantque mihi secreto mei,
' Prandium petent, longe putant hospicium, nesciunt quid
inuenient. Jacta manubrium post securim ; bene cepisti, sit
bonus finis. Non sis sollicitus, Deus nondum omnia partitus est.
20 Tu non pensas, nisi quod habes : confidas in Domino. Rumor
pupplicus est quod te episcopum facient. Absit omnis parcitas !
effunde prorsus omnia, securus aude quod uis ; *audaces fortuna* cf. Virg. *Aen.*
iuuat. Tantum potest constringi crustum quod mica nil valebit. 10. 284.
Sume uires et animos : nichil retineas, ne successus prepedias
25 uenientes.' Cum hospites illi recedunt, statim inuitant alios.
Preueniunt eos ad me plangentes quod hospitum frequencia
fatigat eos nimium, et me destruunt, quasi | doleant de quo 9 *b*, col. 2.
letantur.
Inter hanc familiam nepotes habeo, qui dominantur in rebus
30 meis, nec est qui possit eis contradicere. Hii forcius contra me

---

16 circum†ducet†] *perhaps* duce *is the first half of* dicebant, *wrongly written, and
should be omitted.*

militant; hii quicquid eis impendo debitum dicunt, nec inde
grates habent aut sciunt mihi; hiis si totam attribuero substan-
ciam aliquo retento quod eis expedire possit, nichil actum aiunt,

Ps. 78. 57.   immo detrectant et irati *conuertuntur in arcum prauum*, tanquam
non michi sed eis natus sim, et quasi domini sint et ego seruus, 5
qui nil mihi sed eis omnia adquisierim.   Paterfamilias in
Terencio, qui similes habebat rerum suarum saluatores, ait,

Ter. *Phorm.* *solus meorum sum meus* ; hoc etsi non singuli, multi patres
iv. 1. 20.   dicere possunt.   Certe me iam uicerunt mei, sed ut verius est,
sui, quod sibi solis attente seruiunt.   Dum noui sunt multa 10
reuerenter agunt, necligenter autem postea.   Quidam paterfamilias in nobis est, qui singulis annis nouos sibi prouidet
seruientes; unde plures ipsum arguunt inconstancie, mihi uero
sapiens uidetur et prouidus, quod timidos eos et attentos habet.

Hec omnia pro rege nostro: quomodo compescet milia milium 15
et ad pacem gubernabit, cum nos modici patres moderari paucos
nequeamus?   Certe domus omnis unum habet seruum et plures
dominos; quod qui preest seruit omnibus; quibus seruitur
domini uidentur.   Curia tamen nostra pre ceteris in periculoso
turbine uiuit fluctuans et vaga.   Regi tamen nostro nullatenus 20
inferre calumpniam audeo, quod in tanta tot milium et diuersorum
cordium aula multus error multusque tumultus est, cum singulorum nec ipse nec alius possit nomina retinere, nedum corda

10 *a*, col. 1. agnoscere;   et nemo preualeat ad | plenum temperare familiam
cuius ignorat cogitaciones aut linguam, id est, quicquid eorum 25
corda loquuntur.

Gen. 1. 6.   Dominus *diuidit aquas ab aquis*, populos a populis, *scrutator*
Ps. 7. 10.   *cordium* et purgator eorum, et supra residens et potenter im-
cf. Ps. 28. 3,
10.   perans ;   sed impossibile uidetur quin nostri *sub aquis gigantes*
Job 26. 5.   *gemant*.   Omnes audisti curias inquietas preter illam ad quam 30
inuitamur solam.   Quam Dominus regit ciuitas pacem habet, et

18 qui *supplied in margin.*

illa nobis *manens* promittitur.   Et me, karissime mi Galfride, Heb. 13. 14.
curialem, (non dico facetum,—*Puer sum, et loqui nescio.*—sed, Jer. 1. 6.
dico,) in hac sic vere descripta curia religatum et ad hanc
relegatum hinc philosophari iubes, qui me Tantalum huius
5 inferni fateor ?   Quomodo possum propinare qui sicio ?   Quiete
mentis est et ad unum simul collecte poetari.   Totam volunt et
tutam cum assiduitate residenciam poete; et non prodest optimus
corporis et rerum status, si non fuerit interna pace tranquillus
animus : unde non minus a me poscis miraculum, hinc scilicet
10 hominem ydiotam et imperitum scribere, quam si ab alterius
Nabogodonosor fornace nouos pueros cantare iubeas.

De Herla rege.   xi.

Unam tamen et solam huic nostre curie similem fuisse fabule
dederunt, que dicunt Herlam regem antiquissimorum Britonum
15 positum ad racionem ab altero rege, qui pigmeus videbatur
modicitate staturae, que non excedebat simiam.   Institit homun-
cio capro maximo secundum fabulam insidens, vir qualis describi
posset Pan, ardenti facie, capite maximo, barba rubente prolixa,
pectus contingenteque, nebride preclarum stellata, cui venter
20 hispidus, et crura | pedes in caprinos degenerabant.   Herla solus 10 *a*, col. 2.
cum solo loquebatur.   Ait pigmeus, 'Ego rex multorum regum
et principum, innumerabilis et infiniti populi, missus ab eis ad te
libens venio, tibi quidem ignotus, sed de fama que te super alios
reges extulit exultans, quoniam et optimus es et loco mihi
25 proximus et sanguine, dignusque qui nupcias tuas me conuiua
gloriose uenustes, cum tibi Francorum rex filiam suam dederit,
quod quidem te nesciente disponitur, et ecce legati veniunt hodie.
Sitque fedus eternum inter nos, quod tuis primum intersim nupciis, et tu meis consimili die post annum.'   His dictis ei tygride
30 uelocius et terga uertit et se rapuit ab oculis eius.   Rex igitur

inde cum admiracione rediens, legatos suscepit, precesque acce-
ptauit. Quo residente solempniter ad nupcias, ecce pigmeus ante
prima fercula, cum tanta multitudine sibi consimilium quod
mensis repletis plures foris quam intus discumberent in papilio-
nibus pigmei propriis in momento protensis; prosiliunt ab 5
eisdem ministri cum vasis ex lapidibus preciosis et integris et
artificio non imitabili conpactis, regiam et papiliones implent
aurea uel lapidea suppellectile, nichil in argento uel ligno propinant uel apponunt; ubicunque desiderantur assunt, et non de
regio uel alieno ministrant, totum de proprio effundunt, et de 10
secum allatis omnium excedunt preces et uota. Salua sunt
Herle que preparauerat; sui sedent in ocio ministri, qui nec
petuntur nec tribuunt. Circumeunt pigmei, graciam ab omnibus
consecuti, preciositate uestium gemmarumque quasi luminaria
pre ceteris accensi, nemini verbo uel opere uel presencia uel 15
absencia tediosi. Rex igitur eorum in mediis ministrorum
10 *b*, col. 1. |suorum occupacionibus Herlam regem alloquitur sic: 'Rex
optime, Domino teste, vobis assum iuxta pactum nostrum in
nupciis vestris; si quid autem diffinicionis vestre potest amplius
a me peti quam quod cernitis, acurate supplebo libens; si non, 20
uicem honoris inpensi cum repetam non differas.' His dictis, responso non expectato, se subitus inde papilioni suo reddit, et circa
gallicinium cum suis abscessit. Post annum autem coram Herla
subitus expetit ut sibi paccio seruetur. Annuit ille, prouisusque
satis ad repensam talionis, quo ductus est sequitur. Cauernam 25
igitur altissime rupis ingrediuntur, et post aliquantas tenebras in
lumine, quod non uidebatur solis aut lune sed lampadarum multarum, ad domos pigmei transeunt, mansionem quidem honestam
Ov. *Met.* ii. per omnia qualem Naso regiam describit solis. Celebratis igitur
1 sqq. ibi nupciis, et talione pigmeo decenter inpenso, licencia data 30
recedit Herla muneribus onustus et xenniis equorum, canum,

1 precesque] *MS.* que preces.   15 ceteris] *qu.* cereis?

accipitrum, et omnium que uenatui uel aucupio prestanciora videntur. Conducit eos ad tenebras usque pigmeus, et canem modicum sanguinarium portatilem presentat, omnibus modis interdicens ne quis de toto comitatu suo descendat usquam donec 5 ille canis a portatore suo prosiliat, dictaque salute repatriat. Herla post modicum in lumine solis et regno receptus veteranum pastorem alloquitur, petens de regina sua rumores ex nomine, quem pastor cum admiracione respiciens ait : 'Domine, linguam tuam uix intelligo, cum sim Saxo, tu Brito ; nomen autem illius 10 non audiui regine, nisi quod aiunt hoc nomine dudum | dictam 10 *b*, col. reginam antiquissimorum Britonum que fuit uxor Herle regis, qui fabulose dicitur cum pigmeo quodam ad hanc rupem disparuisse, nusquam autem postea super terram apparuisse. Saxones vero iam ducentis annis hoc regnum possederunt, expulsis incolis.' 15 Stupefactus ergo rex, qui per solum triduum moram fecisse putabat, vix hesit equo. Quidam autem ex sociis suis ante canis descensum inmemores mandatorum pigmei descenderunt, et in puluerem statim resoluti sunt. Rex vero racionem eius intelligens resolucionis, prohibuit sub interminacione mortis consimilis 20 ne quis ante canis descensum terram contingeret. Canis autem nondum descendit.

Unde fabula dat illum Herlam regem errore semper infinito circuitus cum excercitu suo tenere vesanos sine quiete uel residencia. Multi frequenter illum, ut autumant, exercitum 25 uiderunt. Ultimo tamen, ut aiunt, anno primo coronacionis nostri regis Henrici cessauit regnum nostrum celebriter ut ante visitare. Tunc autem visus fuit a multis Wallensibus immergi iuxta Waiam Herefordie flumen. Quieuit autem ab illa hora fantasticus ille circuitus, tanquam nobis suos tradiderint errores, 30 ad quietem sibi. Sed si uelis attendere quam plorandus fiat, non solum in nostra sed in omnibus fere potentum curiis, silencium mihi libencius et certe iustius indicere placebit. Libetne nuper actis aurem dare parumper?

De rege Portigalensi. xii.

Portingalensis rex, qui uiuit, et adhuc suo modo regnat, cum a multis impeteretur hostibus, et ad dedicionem iam fere cogeretur, 5

11 *a*, col. 1. in|subsidium ei quidam aduenit iuuenis, corpore prestanti et forma uenusta : qui cum ipso commorans, virtute bellica tam preclarus apparuit, ut non viderentur eius opera possibilia uiro uni. Hic pacem desiderio regis et regni restituit, ingressusque merito in domini sui precipuam familiaritatem, magisque ab ipso excultus 10 est, sepe scilicet quesitus, frequenter uisitatus, in multis remuneratus, † quam ei cesserit infelicitatem †. Nam eius curie magnates, quantum se minus solito senciunt honorari a domino suo, tantum ipsum eis detraxisse fauoris autumant, et quantum ipsum uident in amorem prefectum alcius, tantum ipsum eis abstulisse querun- 15 tur; et in furorem inuidie uersi studiosius deprimere nituntur per maliciam, quem summa uirtus extulit in graciam. Armatum uel aliquo modo conscientem inuadere formidant. In pessimum ergo persecucionis genus degenerant acusacionem, et qua parte dominum suum inermem senciunt et nudum, attemptant. Sciunt 20 eum zelotipie fatuum inepcia, mittuntque duos ex ipsis ad regem, qui quasi senes Babilonici deferant reginam innocentem, ut illi Susannam, adulteratam cum iuuene. Rex igitur ea parte vulneratus ad cor qua ipsum lorica sapiencie non tegebat, ad mortem doluit, cecaque precipitacione precepit, ut ipsi sceleris 25 auctores in innocentem animaduerterent crudeliter et secretissime. Data est igitur insidiis innocencia. Proditores scelus celare iussi, iuueni se familiarius verbis, obsequiis, et in omnibus amoris con-

11 *a*, col. 2. ciliant simultatibus, et in eius graciam falsis amicicie |conscendunt

---

6 quidam] *MS.* quidem.   12 quam ei cesserit &c.] *several words seem to have dropped out, possibly to this effect*: sed attendendum, felicitas quam ei cesserit in infel.

gradibus. Abducunt eum quasi venaturum in nemoris densitatem et secreta deserti, iugulatumque lupis et serpentibus derelinquunt, solique manifestant ei qui deceptus hoc iusserat; cuius quod nondum resedit furor, domùm properat, ingrediturque ad
5 talamos, archanam et insolitam sibi conclauem, eiectisque aliis in solam uesanus irruit reginam grauidam et iuxta partum, qua pedibus pugnisque contusa, homicidium duplex uno perfecit impetu. Aduocatis igitur seorsum nequicie sue scelerosis complicibus, tanquam iuste sit auctor ulcionis de culpa triplici coram ipsis
10 magnifica gloriatur iactancia. Illi uero ipsum quasi uirum animosum et fortem attollunt multa laudum prosecucione, ut quem stultum fecerant perdurantem in stulticia teneant. Siluit aliquamdiu dum non est egressa sedicio; sed quod diu non potest, ut aiunt, latere cedes clandestina, tandem irrepsit in
15 aures populi, et quanto tenebat uoces timor tiranni pressius, in tanto crudescebat infamia susurracione frequenti forcius. Est autem rumor vetitus licito sermone velocior cum erumpit, et propagata viritim admiracio, quo priuacius dicitur eo multiplicius pupplicatur. Hoc autem inde est, quod omnis auditor quod ab
20 alio celandum accipit amico alii secure committit. Mestam ut uidet rex et in nouo silencio curiam, et egressus urbem curie compati, augure consciencia iam sibi de fama metuit, et nostri more defectus post acta quid egerit attendit, edoctusque a pluribus inuidiam qua ipsum proditores sui seduxerant incon-
25 solabiliter dolet, et iram tunc primo iustam in ipsos inuentores et executores sceleris ultus, oculis | priuatos et genitalibus, 11 *b*, col. 1. inflictaque nocte perpetua resectaque uoluptate de cetero uiuere dimisit in mortis ymagine.

Huiusmodi sunt lusus curie, et tales ibi demonum illusiones;
30 et quicunque delectatur aliquod uidere portentum, ingrediatur curias potentum. Et tu, cum nostra procellosa ⟨sit⟩ pre ceteris mater affliccionum et irarum nutrix, inter has precipis poetari

discordias ? Videris me calcaribus urgere Balaam quibus in
uerba coegit asinam.   Quibus enim aliis possit quispiam induci
stimulis in poesim ?   At ualde timeo ne mihi per insipienciam
cedat in contrarium asine, et tibi in contrarium Balaam, ut dum
me loqui compellis incipiam rudere, sicut illa pro ruditu locuta 5
est, feceriśque de homine asinum, quem debueras facere poetam.
Fiam tamen asinus per te, quod iubes : tu caueas, si me ruditus
ruditas ridiculum reddiderit, ne te iussionis irreuerencia probet
inuerecundum.   In pluribus est timor meus : me macies accusabit
sciencie, me lingue dampnabit infancia, me contempnet quod uiuo 10
modernitas.   Tu duos primos timores excusas, qui iubes : ego
tercium auferre nolo, quod uiuere uolo.   Materiam mihi tam
copiosam eligis, ut nullo possit opere superari, nullis equari
laboribus ; dicta scilicet et facta que nondum littere tradita sunt ;
quecunque didici conspeccius habere miraculum, ut recitacio 15
placeat et ad mores tendat instruccio.   Meum autem inde
propositum est nichil noui cudere, nichil falsitatis inferre ; sed
quecunque scio ex uisu uel credo ex auditu pro uiribus ex-
plicare.

    Gillebertus Filiot nunc Lundunensis episcopus, uir trium 20

11 *b*, col. 2. peritissimus linguarum | Latine, Gallice, Anglice, et lucidissime
disertus in singulis, in hoc senio suo quo luminis fere defectum
incurrit, cum paucos modicos et luculentos fecerit tractatus,
quasi penitenciam perdite vacacionis agens, nunc a litore
carinam soluit, magnumque metiri pelagus aggressus, moras 25
redimere festinat amissas, nouumque ueteris et noue legis opus
festino contexit pollice.   Bartholomeus eciam Exoniensis episcopus, uir senex et facundus, hoc tempore scribit.   Baldewinus
autem Wigorniensis episcopus, homo multarum literarum, et sapiens in hiis que ad Deum sunt, feriare fastidit a calamo.   Hii 30
temporis huius philosophi, quibus nichil deest, qui omni plenitudine refertam habent residenciam et pacem fori⟨s⟩, recte

ceperunt, finemque bonum consequentur.   Sed quo mihi portus,
qui vix vaco viuere ?

De Giscardeo monacho Cluniacensi.   xiii.

Gischardeus de Belloloco, pater huius Imberti cui nunc cum
5 filio suo conflictus est, in ultimo senectutis sue Cluniaci
assumpsit habitum, distractumque prius, tempore scilicet milicie
secularis, animum, copiam adeptus et[iam] quietem, adegit in unum
collectis uiribus ; se subito poetam persensit, suaque modo
lingua, scilicet Gallica, preciosus effulgens, laicorum Homerus
10 fuit.   He mihi utinam inducie, ne per multos diffuse mentis
radios error soloecismum faciat.   Hic iam Cluniacensis monachus
iam dicto Imberto filio suo, licet uix impetratus ab abbate et
conuentu, totam terram suam, quam idem filius per potestatem
hostium et suam impotenciam amiserat, armata manu restituit,
15 reuersusque, deuotus in uoto persistens, | diem suum felici clausit 12 *a*, col. 1.
exitu.

Item de quodam alio monacho Cluniacensi.   xiiii.

At aliter alii ; longeque miserabilius contigit viro nobili et
strenuo, qui similiter eiusdem loci monachus simili modo casu
20 eodem necessario reuocatus ad arma, multa bellorum infortunia
magnifice fortique perpessus animo, a fractura semper nouus
renascebatur ad prelium, et, quasi rediuiuo furore succensus,
acerbior inuolabat in hostes, et, siue fugerent siue resisterent, eis
indefessus adherebat ut glutinum ; et cum numerosa manu
25 sperassent eum hostes opprimere, fortitudine non multitudine
vinci didicerunt.   Exardentes igitur in iram, multiplicatis exercituum viribus, inopinum in arto duarum rupium surripiunt,

---

4 Belloloco] *MS.* Belloioco.   7 secularis] *MS. apparently* sangularis : W.
singularis.   et[iam]] etiam *MS.: possibly* et iam.   9 preciosus] *qu.* preciosius ?
18 contigit] *corr from* contingit *in MS.*

conclusumque fere tenebant. Nulla spes apprehensis, salus
nulla compressis; eoque segnius agebant quo securius. Ille
autem inimicorum in medio, turbinis instar in puluere, quasi
tempestas deseuiens, dispergit hostes, et tanta uirtute stupidos
reddit, ut in sola videant salutem fuga. Imminet eis impiger 5
ille cum suis in respectu paucis; milites autem aduerse partis
innumeri, ut dominos suos ab ipso saluarent, facti sunt unius
preda monaci. Unus autem capitalis eius hostis, cum iam
euasisset, per circuitum properans precessit eum, suisque per-
mixtus incognitus ibat retro, semper intendens ad monachum, 10
sue neclector vite ut eius uitam extingueret. Monachus estu
tam laboris quam solis pene suffocatus, accito puero, vineam
ingreditur, arma deponit, et dum pertranseat exercitus, aure se
sub vitis alte tricatura seminudum securus exponit. Proditor

12 a, col. 2. ergo uia cum uiantibus | relicta, suspenso gressu furtim illabens, 15
monachum misso letali telo perforat, et refugit. Ille se morti
proximum sciens, puero qui solus aderat peccata fatetur,
penitenciam sibi petens iniungi. Ille ut laicus se nescire iurat.
Monachus autem, ut in omnibus erat acer agendis, acutissime
penitens, ait, 'Iniunge mihi per misericordiam Dei, karissime 20
fili, ut in nomine Ihesu Christi sit in inferno anima mea
penitenciam agens usque in diem iudicii, ut tunc misereatur mei
Dominus, ne cum impiis vultum furoris et ire videam.' Tunc
puer ei cum lacrimis ait, 'Domine, iniungo tibi in penitenciam
quod hic coram Domino distinxerunt labia tua.' Et ille verbis 25
et vultu annuens deuote suscepit, et decessit.

In memoriam hic reuocentur verba misericordie que ait, *in
quacunque hora ingemuerit peccator, saluus erit.* Quomodo potuit
hic ingemiscere, et non fecit? Si quid ex contingentibus omisit,
inter nos sit disputacio, et anime illius misereatur Deus.   30

De capcione Jerusalem per Saladinum.   xv.

Sicut annos remissionis uel iubileos a remissione uel a iubilo
scimus ⟨es⟩se dictos, annos scilicet remissionis et gracie, securitatis et pacis, exultacionis et venie, laudis et leticie ; ita annus ab
5 incarnacione Domini millesimus centesimus octogesimus septimus
nobis est nubileus a nubilo dicendus, tam nubilo temporis quam
tenebris infelicitatis, annus timoris et belli, meroris et oneris, cf. Zeph. 1.
blasphemie, tristicieque, quem hyemales continue turpauerunt 14, Isa. 37.
inundaciones a medio †Maii donec Septuagesima† fieret, que 3, &c.
10 negata nobis annona, fructibus suffocatis, feda quoque germinum
noxia et inutilia creauerunt | communemque fecerunt animalium 12 *b*, col. 1.
stragemque hominum. Cumque Neptunus semper aut sepe
Cybeles inopiam sua copia leuet, clausit a terra misericordie
uiscera mare, solitumque sorori negauit impendium. Addidit
15 etiam tanquam oblitus misereri Dominus ad dolorem turpitudinis
temporum sterilitatem terre, maris, et aëris, spiritum discordie
soluit ab inferis, et quem cruce carnis assumpte ligauerat, in orbe
toto ludere concessit et pro uoto pessimo Christianis illudere.
Nondum completam iniquitatem †*malo,*† ait Dominus, et distulit Gen. 15. 16.
20 eam perdere, donec impleretur ; sed nostra uidebitur tam
completa, tam cumulata fatuitas, ut non tantum in nostra uel in
nos irruat iniquitatis ulcio, sed in personam propriam putetur
admittere vindictam Sathane victor eius Dominus Ihesus. Nam
in eodem infelicitatis anno, captam aiunt et captiuatam sanctam
25 ciuitatem Ierusalem a Saladino principe paganorum, pesteque
cruenciori depopulatam quam fleuerit Ieremias in trenis, qui

9 a medio Maii, &c.] *If the year is reckoned to begin with March 25, the Septua-
gesima is that of* 118⅞ : *if not, there is a corruption.*   19 †malo†] *I suggest*
Moab. *The reference is to* Gen. 15. 16, necdum enim completae sunt iniquitates
Amorrhaeorum. *Map, quoting from memory, may very well have written* Moab.
23 vindictam *supplied in the margin.*

Lam. i. 4. flens ait, '*Sacerdotes eius gementes, virgines eius squalide.*' Iam
in ea nec sacerdotes gemunt nec virgines squalide sunt, quia non
sunt. Ad modicas uastauerat populum hunc Titus reliquias,
ultor iniuriarum Domini, licet inscius : iste totum funditus
adnullauit, facta prorsus omnium ibi Christianorum delecione. 5
Sepulcrum et crux Domini preda sunt canum, quorum fames in
tantum lassata fuit et sanguine martirum saciata, ut plures ad
redempcionem admiserint, non tam cupiditate pecunie uel defectu
malicie, quam ignauia relanguentis et fesse rabiei. Non enim
deerant colla submissa, sed defecerunt gladii. Redemptis autem 10

12 *b*, col. 2. non est subsequuta libertas, sed qui | se redemerant dati sunt in
stipendia militum, facti mercedes et merces eorum. Cum tot
illi contribulatissime ciuitati prophete ⟨pre⟩dixerunt ululatus et
pestes, clades et mortes, hac uice uidetur Dominus eorum oracula

Ps. 105. 43. cumulasse. *Sepe liberauit* eam Dominus, et in omni furoris 15

Ps. 76. 10. impetu non est *oblitus eius misereri* ; at nunc ubi nulla seminaria,
nulle reliquie, nichil est residuum ; que nunc liberacio, que
nunc expectacio, que nunc misericordie spes ? Certe Dominus
Ihesus : licet nemo uideat unde possit aut quomodo rei prorsus
perdite subueniri. Nam idem ipse qui surditati fuit auditus, 20
cecitati uisio, putri mortuo vita, nos per impossibilia multa docuit
in nullo desperandum.

Factus est olim velut inimicus seruo suo Dauid amator eius
Dominus, ob numeracionem populi quam fecerat, quasi meritas
ei laudes uictoriarum abrogans, et quasi sibi sueque multitudini 25
preliorum ascribens euentus, et per angelum percussorem
septuaginta milia trucidauit hominum. Castigacio fuit, non ulcio,
que superbiam humiliauit, que non hostium fecit uictoriam, non
inimicorum extulit laudem, non ciuium excitauit inuidiam, non
verecundiam lesit, non inflixit dedecus, non residuitatem abstulit ; 30
que modum habuit, que direxit regem, que populum pro parte
seruauit seminarium ; hec patrem sentire dedit non hostem,

uirgam non gladium. Non fuit ibi rerum uastacio uel possessionis alienacio, nec est translatum imperium; archa resedit,
sacra manserunt, residuisque securitas; mortuos numerauerunt,
planxerunt, sepelierunt; felici gauisi sunt infelicitatis exitu.

5 Sed quis huius infinite miserie finis, quod quorum uincula
dirrumpi permisit Dominus | effrontes et effrenati demones totum 13 *a*, col. 1.
sibi quod honestatis, quod boni, quod Dei, per suos appro-
priauerunt uel deleuerunt; quod ignominie, quod malicie, quod
suum extulerunt, et in summa ibi pace stabilissimo sancxerunt
10 obtentu, sic autem ut iam *fiat voluntas eorum sicut in* inferno *sic* cf. Mt. 6. 10.
et in terra. Castigati sunt illi, non mortificati, sed isti mortificati,
non castigati. *Moti sunt* hinc multorum *pedes, et effusi gressus* Ps. 72. 2.
plurimorum, non attendencium quod non est hinc uel hic nostra
Ierusalem. Nos autem *non sic*; sed qui *futuram inquirimus*, Ps. 1. 4, Heb.
15 quo manifestior nobis est mundi uilitas et maior attricio, magis 13. 14.
hinc ad illam properemus, et sit melior ad futura spes et a cura
terre liberior.

Equs, bos, camelus, et asinus, et quodcunque uegetum est
animal, a luto festinat eripi uel a fossa toto resilire conatu. Nos
20 autem in luto manebimus infixi. Sanius est ut irracionalium
racione regamur, quibus natura melius ordinem dictat quam nobis
nostra sapiencia. Fere sapiunt; fere vere, ceruus, aper, dama,
capreolus, certam habent legem et tempus accubitus et concubitus,
soporis et vigilie, vicesque non transgrediuntur positas sibi; ab
25 hostibus cauere nunquam torpent, vestigia circumspectissime
ponunt adusque cubilia, quoniam ab eis est indagacio, quasi
scientes; si Catonis habeant et tocius consilia senatus cautele
sue nichil adicient ad fugam; si dimittuntur diutissime uiuunt,
pastus eis unicus folium et herba, natura promptus non arte
30 delicatus; potus aqua, nec raritate cara nec communitate uilis.
Hac immutabiliter serie decurrunt tempora fere. Verumptamen

13 hinc] *MS.* huic.

que nobiscum habitant animalia mansueta, tanquam a nobis con-
tracto vicio, cum innaturalius uiuant, ut equi, tauri, galline,
columbe, uices tamen dierum et noccium obseruant ex natura.
Quamuis etiam usu venerio nostrorumque ciborum appetitu fre-

13 *a*, col. 2. quentur | excedant, et indebita concupiscant, nos tamen eorum 5
excedimus excessus. Unde cum nobis virtutem abstinencie
bruta loquantur, nec sit aliquid oculis ostensum in quo non
ostendat Dominus aliquam instruccionis formam ; dum autem †
assuescimus quod prohibet, quamuis grandia vitemus, obruimur
arena, secundum quod ait Gregorius, transitque multitudo leuium 10
ad conformitatem grauium. Nos autem quos non cessat infor-

Prov. 1. 20,
21. mare *sapiencia* preciosa queque *clamitans in plateis* incertis
inordinatis⟨que⟩ erramus actibus, nostreque saluti tam anime
quam corporis obuiam ultro ferimur desipere sapientes in bene-

Juv. *Sat.* vi.
460. placito carnis, cum sola sit *intollerabilior quam femina diues*, 15
inutile probans, utile reprobans ; que nos cum complicibus suis
demonibus et mundo sic infatuauit, ut precepta Christi non tenea-
mus ad uitam eternam, nec aforismos Ypocratis ad temporalem.
Vices utrique saluti debitas necligendo transilimus ; cumque raro
uel nunquam aliquid tempestiue fiat a nobis, merito nos excepis- 20

Eccl. 3. 1,
&c. set, qui dicit ' *omni rei sub celo tempus et tempora* '.
Tres scimus a Domino suscitatos, intus, foris, in tumba ; que

Hildebert
ed. Beau-
gendre,
p. 1227. distichio breui episcopus Cenomannensis Hildebertus exposuit sic,

Mens mala, mors intus ; malus actus, mors foris ; usus
Tumba : puella, puer, Lazarus ista notant.   25

Suffecerunt due femine mouere Dominum paucis etiam precibus
ad suscitacionem quadriduani ; tot autem hominum et feminarum
milia noui uel ueteris ordinis quem suscitant ? quo nobis elemo-

Lc. 10. 38–
42. sinarum, ieiuniorum, precum assiduitas, qua *secus pedes Domini*
cum Maria sedentes, ipsum sollicitare non cessant, ut aiunt ? 30

---

8 *Either there is a lacuna after* formam *or, more probably,* autem *should be omitted.*

sed forsan *omnem implere iusticiam* cupientes in hospitando Mt. 3. 15.
Christum cum Martha *satagunt circa frequens ministerium,* ne
quid desit dum *sola ministrat,* et illud *unum necessarium* accurate |
minus quam nobis esset necessarium appetunt.   Dum ergo 13 *b*, col. 1.
5 *turbantur erga plurima,* sicut ait Paulus, *quisque pro se,* sic per Rom. 14. 12.
gratiam Dei propria sollicitudine suscitari poterimus, in ipso
confidentes non in homine ; liberabitque nos *ab homine malo* cf. Ps. 117. 8.
bonus homo Christus.   Ps. 139. 2.

De origine Carthusiensium. xvi.

10   Gra⟨tia⟩nopolitanus episcopus uiderat in sompnis septem soles
ex diuersis partibus in montem qui Cartusia dicitur, in ualle
Griseuoldana, conuenire moramque facere ; qui cum inde
studeret secum in crastino, multum diuinans et non inueniens,
ecce sex clerici uiri magnifici, septimusque cum eis magister
15 eorum Burno, pecierunt instanter locum illum ut oratorium ibi
facerent.   Letus igitur episcopus, et uisionis sue felicem uidens
exitum, secundum ipsorum racionem eis de proprio cellas et
ecclesiam extruxit, et eos cum benediccionibus introduxit.   Est
autem mons altissimus, et in medio cacuminis profunda uallis et
20 ampla, sterilis et inculta, fontibus tamen habunda.   Tresdecim
habent cellulas, in una prior, in aliis singulis singuli fratres.   Panem
eis prior in Sabbato ministrat ad totam ebdomadam, legumen et
olus ; tribus diebus in septimana pane tantum contenti sunt et
aqua.   Non comedunt carnes nec infirmi ; non emunt pisces,
25 nec comedunt, nisi dati fuerint eis unde possit omnibus distribui ;
semper induti cilicio, semper cincti, semper orant aut legunt.
Nemo nisi prior cellam utroque pede potest egredi ; priori licet,
pro uisitandis fratribus.   Diebus festis in ecclesia conueniunt ;
missam non cotidie sed certis diebus audiunt.   Hii non insidian-
30 tur vicinis, non cauillant, non rapiunt ; non ingreditur ad eos
femina ; non egrediuntur ad eas.   Ad peticionem cuiusdam uiri

potentis in terminis episcopatus sancti Iohannis de Moriana,
propagauit ex se Chartusia domum ad ymaginem suam, que

13 *b*, col. 2. cupiditatis | instinctu diabolum sequens, amenitate pascuorum et
ubertate notata, censum ex quibuscunque potuit amarissime
collegit, et in ardorem auaricie caritate mutata, locuplex pessimi 5
propositi pruritus implere non destitit : inuasit vicinos terminos,

Hor. 1 *Ep.* aliquid undique vigilanter exculpens, tum vi tum furto, *quocun-*
1. 66. *que modo rem* faciens, quodque uenter potuit modus potuit, et
procurauit census. Castigata frequenter a priore Chartusse,

Deut. 32.15. deindeque fustigata, non abstitit, sed *inpinguata dilatata recalci-* 10
trauit. Recessit, et sibi similem matrem domum Cisterciensem
aduocauit, que sibi uiscera cupidissime caritatis aperuit, et in iniuriam prioris matris in specialem filiam adoptauit, manuque forti
uiolenter obtinet.

De origine Grandimontensium. xvii.   15

Grandimontenses a Grandimonte Burgundie principium habuerunt a Stephano, qui statuit eis ut quantum receperint primo
locum ad inhabitandum tantum perpetuo nec plus possideant ;
minorem facere licet, maiorem non. Ibi maneant inclusi. Pre-
ceptor eorum presbiter sit, cui nulla dispensacione liceat septum 20
egredi. Nemo solus exeat ; nichil extra possessionis habeant ;
nullum animal intra preter apes, que vicinos non ledunt. Quod
eis caritatiue datur comedunt, et quod intus elaborare pot⟨u⟩erint.
Cum defecerint omnino victualia, tunc duos post unius diei sine
cibo ieiunium ad stratam proximam mittunt, qui primo vianti 25
dicant, ‘Fratres esuriunt.’ Si Dominus audierit eos per illud
subsidium, pausant ; sin autem, illa die sine cibo ieiunant, et in
crastino pontifici suo nunciant. Si non ipse subuenerit, ad

Ps. 76. 10. Dominum clamant, qui *non obliuiscitur misereri.* Laici forinse-
14 *a*, col. 1. cas | habent curas, clericis interius cum Maria sine sollicitudine 30

21 egredi] corr. from ingredi.

seculi sedentibus.   Unde gravis orta sedicio dominum Papam
adiit ; clerici conabantur foris et intus prefici, laici statuta
Stephani stare volebant, *et adhuc sub iudice lis est*, quia nondum Hor. *A. P.*
meruit bursa iudicium.   78.

5   *De origine Templariorum.* xviii.

  Miles quidam, a pago Burgundie nomine Pagano Paganus ipse
dictus, uenit Ierusalem peregrinus.   Hic audito quod ad cisternam equorum extra Ierusalem non longe fierent a paganis ir-
rupciones in Christianos adaquantes ibi, et per eorum insidias
10 frequenter interfici, misertus eorum, zeloque iusticie quantum
facultas erat eos defendere conatus est, et frequenter eis in
subsidium a latibulis aptis exiliit, multosque confecit ex hostibus ;
quod ipsi dolentes, cum tot ex suis excubabant ut ipsorum
assultibus nemo posset obuiare.   Coegerunt ergo deseri cisternam.
15 Paganus autem, †nec impiger† nec uinci facilis, †sollicite [de]†
Deo sibique procurauit auxilium, domum sibi magnam appropriauit
intra septa templi Domini quibus potuit modis a canonicis templi
regularibus, ibique uili ueste tenuique victu contentus, omne fecit
in socios equorum et armorum deuotus impendium ; quoscunque
20 potest peregrinos uiros bellicos predicacione, precibus, et omnimodis asciscit, ut ad obsequium ibi Deo prestandum perpetuo dediti
perseuerent, aut saltem ad tempus voueant.   Sibi suisque co-
equitibus secundum arma uel officia signum crucis aut clipei modum
ponit distinccione certa : castitatem suis et sobrietatem asserit.
25   Inter hec eorum inicia, accidit quod quidam ex Christianis
miles altissime fame, notusque paganis, et pro interfectis ab eo 14 *a*, col. 2.
plurimis parentum et amicorum inuisus, fortuitu captus ab eis ad
stipitem ducitur.   Assunt ibi ex nobilibus multi sagittantes, qui
singulos ictus singulis emerant a rege talentis in sanguinis ulcionem
30 effusi ex suis.   Astabat ei rex, cupiens eum sibi si negasset con-
federari, et ad omne uulnus adulans omnimodis eum attemptabat
                           E 2

allicere, quem ut tota uidit constancia fortem, adhuc non deiectus a
spe solutum reseruari iussit et curari, multoque luctamine diu conatus votum exequi, defraudatum se dolet ; quod tamen ipsum Dominus pro quo paciebatur graciosum ei fecerat, cupiens eum liberari ab
expectacione tam seue ulcionis, puerum ei designauit ex nomine 5
quem Christiani vinctum habebant paganum, pro quo se di-
missurum eum spondebat, Dominumque suum petebat obsidem
pro reditu.   Hoc miles pacto Ierusalem petit, edocetque regem
suum quod egerit.   Rex igitur et clerus et populus laudes Deo
solempnes agunt pro recepcione tanti coadiutoris.   At ut miles 10
accepit puerum decessisse, reditum parat ad diem statutum.
Prohibent hoc fieri rex et totum uniuersaliter regnum, et
absolutum a patriarcha detinent, missas, elemosinas, et quicquid
ad huiusmodi redempcionem pertinet, profuse promittentes ; et
cum sic posset Deo, quantum uidebatur, satisfieri, nil illi satis est, 15
promissumque procurat reditum.   Quod ut suis innotuit, ipsum
communi consilio secure sed honeste deputant custodie, donec
dies reditus elabatur, ut fracta promissione non uideatur ultra
teneri ad soluendum.   Sustinet ille, uel euadere casu sperans vel
14 *b*, col. 1. aliqua | dispensacione dimitti, donec diem proximum uidet, et 20
tunc desperans in adinuentionem exiit mendacii, spondetque
certissime residenciam, dummodo sibi soluantur pollicita.   Liber
igitur ad omnium exit laudes et gaudia, nocteque sequenti viam
arripit, properatque totis viribus ne committatur obses amabilis,
et pro tempore singulariter et inmense terribilis expectabatur 25
a rege suo et ab ultoribus expetebatur.   Cumque factus esset
rex clam in derisum, ut solent in delicto potentes, ipse causabatur
obsidem, et circa vesperam diei et spei suscipit insperatum
peditem, ut profugum, multaque festinacione defectum ; uix
loquitur, et sicut loquitur veniam exorat quod ipsi vota 30
distulerit.   Mirantur omnes et miserentur, et ipse rex fide bona
captiui sui placatus per graciam Christi liberum dimisit.

30 veniam] -que *is written here and erased.*

Quiddam mirabile.   xix.

Circa tempus idem, clericus quidam a Sarracenis sagittabatur ut negaret. Quidam autem qui negauerat astans improperabat ei quod stulte crederet, et ad singulos ictus aiebat, 'Estne 5 bonum?' Ille nichil contra. Cumque videret eius constanciam, uno sibi caput amputauit ictu, dicens, 'Estne bonum?' Caput autem resectum tamen proprio ore loquens intulit, 'Nunc bonum est.'

Hec et his similia primitiuis contigerunt Templaribus, dum Dei 10 caritas et mundi vilitas inerat. Ut autem caritas uiluit, et inualuit opulencia, prorsus alias audiuimus quas et subiciemus fabulas; at et prius eorum †primos† a paupertate motus audiantur.

Item aliud mirabile.   xx.

15   Miles quidam, Hamericus nomine, magni patrimonii, fame modice, petebat exercicium militare, quod torniamentum dicunt. Cumque per nemus | altum iter ageret, audiuit ad missam 14 *b*, col. 2. matutinam a longe pulsari campanam, sociisque dissuadentibus et inuitis ut missam audiret properauit, armigeris et armis relictis 20 in comitatu. Heremitas inuenit. Missa celebrata redire festinauit ad socios, sperans eos in secundo vel tercio consequi miliario; sed tota die deuius sero reuersus est ad locum misse. Similiter et in crastino. Die tercia conductus ab heremita socios inuenit redeuntes, ipsique multa leticia congratulantes. 25 Miratur solito maiorem sibi ueneracionem exiberi; timet yroniam. Familiarem ergo socium uocat in partem; querit quomodo casus eis in torniamento responderit. Intulit ille, 'Bene nobis et manu tua, sed inimicis male, qui tamen hodie reuersi sunt ad nos ut te pro tuorum operum admiracione viderent, sed ut heri recessimus 30 ad hospicia, nemo nobis de te quicquam certitudinis dicere potuit ;

12, 13 *either* primi *or* audiamus *is required.*

asserunt eciam armigeri tui quod armis tuis a te receptis ab oculis eorum euan⟨u⟩isti cum equo tuo. Si vero cupis audire quid de te loquuntur in via, demissis vultibus audiamus.' A transeuntibus igitur secus eos audierunt Hamerici preconia per singulos et magnas laudes hominis per timiditatem prius infamati. 5 Miratur ipse, nullius meriti conscienciam habens, et uix tandem aduertit quod ei dispensauerat Dominus vicarium, ne gaudere socii sui possent de missa despecta, uel ipse dolere de respecta, deditque se cum omnibus que possederat Deo domuique Templarium, et auxit eos multum, ut dicitur.   10

Postmodum autem reges et principes opinati sunt propositum eorum bonum et vitam | honestam, et interuentu paparum et patriarcharum eos quasi Christianismi defensores honorauerunt, et copiis infinitis onerauerunt. Iam quod placet possunt et quod affectant assequuntur. Nusquam egent nisi Ierosolimis; ibi 15 gladium accipiunt in tutelam Christianismi, quod Petro prohibitum est in defensionem Christi. Petrus ibi didicit pacem querere paciencia; nescio quis hos docuit vim vincere violencia. *Gladium accipiunt*, et *gladio pereunt*. Dicunt tamen, 'omnes leges et omnia iura vim ui repellere permittunt.' At ille legem hanc 20 renuit, qui Petro percuciente *legionibus angelorum* inperare noluit. Videtur autem quod ipsi partem optimam non elegerunt, cum sub eorum proteccione nostri semper fines in partibus illis artentur et dilatentur hostium; in uerbo Domini conquisierant apostoli, non in ore gladii, Dammascum, Alexandriam, mag- 25 namque mundi partem quam gladius amisit. Dauid autem ad Goliad egrediens, ait: *Tu uenis ad me cum armis, et ego uenio ad te in nomine Domini, ut uniuersa sciat ecclesia quod non in gladio saluat Dominus.*

Nemo sane mentis ambigit, quin ordinum instituciones de fonte [1] 30 bona semper serie processerunt, humilitate comite, quam quia

---

[1] *Text* fone : *marg.*: *al.* fone .i. sono : *al.* fouea : *al.* fonte : *al.* fomi.

cupidus omnis abigit, magistram uirtutum abicit, et auaram adigit
a viciorum lacu superbia⟨m⟩.   Conati sunt multi cum suis ordinis
paupertatem euadere, qua fugata fugit humilitas; princeps adest
superbus in diuiciis, quem humilis in paupertate Ihesus eiecerat
5 foras; qui non uenit ad Helyam in *uento petras conterente,* nec in 3 Reg. 19.
terremotu, nec in *igne,* sed in *leuis aure sibilo,* quem in omni [11, 12.]
desiderio predictis abiectis expectabat et expetebat Helyas; illa
precesserunt, *non* tamen *in illis Dominus*: aura successit, in illa
Dominus.   Nobis in nostris ordinibus aura precedit, in ipsa |
10 Dominus; subsecuntur autem in quibus non est Dominus 15 *a,* col. 2.
Templares, de quibus hic sermo cepit; quoniam ex officiis suis cari
prelatis et regibus habentur, et honore precipui, prouide curant ne
deficiat unde sublimentur.   Si *reminiscantur et conuertantur ad* Ps. 21. 28.
Dominum uniuersi fines terre, iuxta prophetam, quid ipsi? Si pax cf. Mt. 10.
15 uenerit, quo deueniet gladius?   Pacem hoc modo cauisse dicuntur 34.
olim.

De filio salidompni Babilonie.   xxi.

Hiis retro non tamen longe diebus Nassaradinus, filius Abecii,
solidompni Babilonie, a militibus Templi Domini captus et in-
20 carceratus est, vir gentilis at cetera clarissimus, genere, milicia,
literis, et animi uirtute.   Hic cum adhuc domi suus esset, magnam habebat de fide nostra et eorum erroribus disputacionem,
uidensque suos ritus nichil habere firmitudinis aut fidei, Christianismi religionem adisset, si non nobilium reuerencia parentum
25 obstitisset.   Cumque hoc hiis qui eum tenebant in uinculis inno-
tesceret ex eius relacione, non modo non crediderunt, sed etiam
baptisma petenti surdi facti sunt.   Spondebat eis Nassaradinus
Babiloniam, urbem scilicet sue natiuitatis, suis uiribus et suo
consilio conquirere, dummodo ipsum baptizari permitterent.   Illi
30 perdurantes in inclemencia, paruipendunt anime detrimentum,
aures ad aliud erectas habentes.   Perlatum est ad Babilonios hoc

uerbum, et promissorem sue dedicionis familiarem fortissimum
agnoscentes, eo magis metuunt, quo sue legi magis aduersantem
semper oderunt. Consiliumcommuniterineunt,utqui quasivenum
exponitur, quanticunque fiat, ab eis ematur ; missisque legatis et
precio taxato dolo iusto talenta tradunt cupa aurata, pro multe 5
preciositatis merce, timentesque fortitudinem hominis inuictam
15 *b*, col. 1. ligatum accipiunt ex condicto.   Ille per medium ciuitatis Christia-
num se clamabat, et contra furentum castigaciones et uerbera
salutis sue uerba propalare non metuit. Babiloniam igitur perlatus
a ciuibus obuiam festiuo gaudio venientibus soluitur, qui quasi 10
patrie patrem, dominum, et defensorem venerantur, et cum ad
ciuitatis medium peruenerint voce preconia citati ciues residui
adunantur. Eleuato igitur et exaltato concentu communi, Deo
suo grates quasi a manibus Christianorum saluati non cessant
exsoluere, sperantes eum ad defensionem suam sibi preficere, 15
quod preside carebant.   Ille nec blandimento nec pene formidine
trahi se patitur, inuocando patrem, Christumque confessus, totam
simul reddit urbem attonitam. Ciues igitur seorsum a turba
multo stupent silencio, multo conflictu scrutantur exitum utrisque
consilii. Assunt qui statim de medio facere satagant, et non 20
desunt qui ob reuerenciam persone dignissime censeant reser-
uandum, ut qui ad tempus desipit aliquando resipiscat. Conuocantur vicini principes, et quid fiat edocti diuersa murmurant,
precipue qui se sperant isto sublato ad defensionem et urbis
dominium eligendos : sacrilegum et apostatam crucifigendum 25
aiunt. Qui uero saluti student urbis et indempnitati, supplicandum
ei consulcius arbitrantur a conciuibus et cognatis, ut pietate
nutricie ciuitatis et amore nobilissime cognacionis a furore desistat,
colatque deos patrum suorum ; quod ut omnimodis fit, nulla
potuit supplicacione, ⟨n⟩ullis lacrimis optineri. Ductus igitur 30
ad stipitem alligatur, et in modum nobilissimorum martirum
regis Eadmundi et beati Sebastiani, sagittis inmissis, ad Christum

19 stupent] *MS.* student.

mittitur. Quomodo sit hic *ex aqua et spiritu sancto renatus*, Jo. 3. 5.
liquet | satis, quod sanguis liquor est, et omnis liquor ex aqua. 15 *b*, col. 2.

De sene Axacessi. xxii.

Contigit item quod vir auctoritatis maxime, qui senex vocatur
5 Axasessis, quasi ⟨qui⟩ sub axe consessis inperat, qui fuit fons religionis et fidei gentilium, a patriarcha Ierosolimitano peteret
librum euangeliorum, quo et eorum interpretem misit. Acceptus
est interpres et euangelium affectuose susceptum, missusque vir
ex ipsis bonus et magnus, ut a patriarcha sacerdotes et leuitas a
10 quibus baptissmum et fidei sacramenta plene perciperent secum
reduceret, quem obiter positis insidiis interfecerunt opidani Templarii, ut aiunt, ne fides euacueretur infidelium ad pacis unitatem.
Sunt enim, ut aiunt, Axasessi primi paganorum infidelitatis et
incredencie magistri. Senex autem fraude comperta priorem
15 compescuit freno diaboli deuocionem, siluitque Dominus facere
quod spopondisse videbatur. Patriarcha dolere potuit, et rex,
ulcisci neuter; patriarcha non potuit, quod Roma *captiuitatem* Jer. 29. 14.
educit burse et † *cuntis locis*; rex non, quod *minimus eorum* cf. 3 Reg. 12.
digitus maior est illo.   10.
20   Jocelinus Saresberiensis episcopus, filio suo Reginaldo Bato-
niensi, per violenciam electo, sed ad consecracionem a Cantua-
riense non admisso, plangentique, respondit, 'Stulte, uelox ad
Papam euola, securus nichil hesitans, ipsique bursa grandi paca
bonam alapam, et vacillabit quocunque volueris.' Iuit ergo,
25 percussit hic, vacillauit ille; cecidit papa, surrexit pontifex; scri-
psitque statim in Deum menciens in omnium breuium suorum
principiis; nam ubi debuisset scribi 'burse gracia', 'Dei gracia'
dixit: *quecunque voluit, fecit.*   Ps. 113. **3**
Sit tamen domina materque nostra Roma baculus in aqua (11).
30 fractus, et absit credere quod uidemus. Similia vero | predictis 16 *a*, col. 1.
de dominis Templaribus forte menciuntur multi: queramus ab

18 educit] *qu.* reducit *as the Bible text?*
et] *qu.* ex? *or is there a lacuna* ⟨congregat de⟩?

ipsis, et quod audierimus credamus. Quid agant Ierosolimis
nescio ; nobiscum satis innocenter habitant.

De origine Hospitalarium. xxiii.

Hospitalares bone deuocionis habuere principium, ut pere-
grinorum redimerent inpotencias. Iniciati sunt humiliter ; vide- 5
batur domus eorum speciale caritatis habitaculum ; spontaneos
admittebant hospites, et iuxta doctrinam discipulorum Domini
transeuntes cogere satagebant in hospicium, deposito diu fideles ;
nam ipsorum illibata crumena largam eis de proprio faciebant ex-
hibicionem, nichilque deerat infirmorum desideriis, quod ulla pos- 10
set adipisci sedulitas : conualescentibus totam plene restituebant
pecuniam. Hac fama patrimonia sua multi multeque conferebant
eis, seque plurimi mancipabant ibi seruire debilibus et infirmis.

Mc. 10. 45. Unde quidam vir nobilis qui *ministrare venerat, ministrari solitus,*
cum cuidam turpiter exulcerato lauaret infirmo pedes, ad fedi- 15
tatem nauseans ipsam unde lauerat eos aquam inpiger hausit,
ut uiscera sua vinceret assuescere quod horrebant. Hii tenebant

3 Reg. 19. *in aura leui Dominum,* et ut eis creuit ex adeptis peruersa uir-
11, 12. tutum nouerca cupiditas, en *uentus petras conterens, terremotus, et*
ignis. In illius ignis virtute dominum papam sanctumque senatum 20

Ps. 2. 2. Romane curie pecierunt, et multis *aduersus Dominum et aduersus*
Christos eius priuilegiati redierunt iniuriis. In concilio Latera-
nensi sub Alexandro papa tercio celebrato tota multitudo
pontificum quam adegerat papa predictus cum abbatibus et clero

16 a, col. 2. uix optinuerunt ipsis eciam pre|sentibus modicum quid satis 25
aduersus eorum priuilegia ; tacuerunt dum affuimus, sed concilio

cf. Virg. *Ecl.* soluto statim aperuit rugas oris sui domina bursa, '*que cum non*
x. 69. *sit amor, vincit tamen omnia Rome,*' factique sumus iterum eis
preda, priuilegiis virtuosius firmatis. Preualent non dicam burse
sed uestes, non dicam persone sed uoluntates religionis, nostre 30

cf. Jo. 3. 30. vesti clericorum et uoluntati. *Crescunt enim semper, et nos*

decrescimus. Altarium uita nobis a Deo primum data, postmodum
a patriarchis est exhibita. Non succedimus in hereditate patribus;
negociari non licet, *mendicare* possumus. Hoc pudor aufert, cf. Lc. 16. 3
reuerencia uitat; vultus hoc negat voluntati. Que nobis igitur
5 exibicio, uel unde? cum omnia fere teneant altaria religiosi, vix-
que sufficiant singula singulis clericis altaria, multoque plures
sint ipsi quam ipsa. Cum monasterium sit clericorum carcer, et
bonus ille Ieronimus dicat, '*Mihi securis ad radicem est posita,* Hieron.
nisi defero munus ad altare,' mutatis pactis optinuerunt unde ep. 14 (ad
Heliod.).
10 uiuamus, et eis ex uictu nostro tributarii fiamus, fitque monasterium carcer monachorum, quo clerici cum monachi voluerint
teneantur, nisi deferant ad altare tributum. Multis nos supplan-
tant artibus et arcent ab ecclesiis; cum milites ad quos iura
patronatus pertinent egent et sibi petunt a Templarium uel
15 Hospitalarium subueniri copiis, respondent, 'Suppetit satis unde
vobis subueniamus, sed non licet quicquam de pecunia Templi uel
Hospitalis nisi fratribus impertiri; tamen si fraternitatem nostram
ingredi volueris, aliqua domui Domini pos⟨s⟩essione collata,
liberaberis.' Ergo miseri quibus undique tenentur vinculis
20 absolui | cupientes, quod nichil ut putant possident quo possint 16 b, col. 1.
indempnius carere quam donacionibus ecclesiarum, illas libenter
dant ut liberentur. Huiusmodi fallaciis non dicam sed faceciis
auertunt simoniam, ne Dominus aduertat unde domus eorum
ditantur: militum nepotes et filii, quodque magis iniquum
25 videtur, multe digne persone sine personatu pereunt.

De origine Cisterciensium. xxiiii.

Cistercienses egressi sunt ab Anglia, uico qui Scireburna
dicitur. Ibi nigro militabant habitu sub abbate districto monachi plurimi; qui cum eis arcius frena teneret, displicere cepit ali-
30 quibus, de quorum numero quatuor a fuga non abstinentes Fran-

27 *MS.* Cistersienses.

ciam omnis maliciei matrem petunt: circuierunt, associatis sibi deliciarum sectatoribus, quales Francia precipue semper exibet; et in circuitu suo victualium tandem tenuitatem incurrunt, penaque penurie castigati, quid agendum sit diu deliberant. Reuerti nolunt, sine questu uiuere nequeunt. Quomodo querant? quo fit? 5 placet eis tandem heremum sub pretextu religionis inhabitare, non tamen Pauli uel Hylarionis heremum in desertis Libie uel

Hebr. 11.38. in inuiis Nigre Montane, non *in cauernis et specubus* ubi nemo nisi Deus, sed qui deum hominem adorare statuunt, homines cum Deo propicios habeant, non tamen proximos. Locum 10 igitur ad habitaculum habilem eligunt: eligunt non inhabitabilem sed inhabitatum, mundum, fecundum, responsalem frugibus, non ineptum seminibus, septum nemoribus, scaturientem fontibus, cornu copie, locum extra mundum in corde mundi, semotum ab hominibus hominum in medio, seculum scire nolentes, a seculo 15 sciri volentes, ut que

Virg. *Ecl.* iii. 65.

fugit ad salices, et se cupit ante videri.

16 *b*, col. 2. Porcionem ergo | vilem et despicabilem in medio magni nemoris a diuite quodam optinent, multis innocencie simultatibus, diutissimis precibus, Deo singulis adiecto sillabis. Eruncant igitur 20 et euellunt nemus, et radicitus a stirpe compellunt in planiciem, frutices in fruges, in sata salicta cogunt, vimina redigunt in uites, et ut illis libere uacent occupacionibus, detrahere forsitan aliquid oportet oracionibus. Sedit dudum Maria quasi non miserens laborum Marthe; surgit in hiis ad sollicitudinem Marthe Maria 25

Ps. 118. 62. clemencior. Ordines alii *media nocte surgunt ad confitendum Domino* secundum psalmistam, fessique post horam dormiunt; hii vero sibi forcius et arcius inperantes, post horam ad diem usque uigiliis et oracionibus insistere statuerunt. Verumptamen post aliquantum temporis hoc eis difficile visum est, et quod 30 turpe fuit mutare decretum, maluerunt horam mutare medie

19, 20 *MS.* diotissimis.

noctis in antelucanum, ut sinaxis una cum nocte finem habeat,
ne quid in fraudem legis fiat. Alii surgunt ante Luciferum, isti
pocius ut,

Iam lucis orto sidere,
5 *Deum precemur supplices,*

completis horis et missa coegrediuntur ad laborem. Placuit hiis
quatuor arcior et angustior regula quam beati Basilii uel
Benedicti : pelliciis abstinent, et lineis, et etiam stamineis, laneis
absque tinctura contenti, tantoque corde recesserunt a nigris
10 monachis ut contrariam eorum vestibus vestem albam habeant.
Monachorum nemo carne uel sanguine vescebatur ante tempora
Karoli magni, qui deuotis optinuit a Leone papa supplicacioni-
bus usum sanguinis cismontanis monachis, impetrans eis oleum
lardinum, quod non haberent laurinum ut transmontani. Licen-
15 ciam hanc isti non suscipientes *antique* districcionem *semite* Jer. 6. 16.
seruant | ut ab esu carnium sint alieni : porcos tamen ad milia 17 *a*, col. 1.
multa nutriunt, bacones inde vendunt, forte non omnes : capita,
tibias, pedes nec dant, nec uendunt, nec eiciunt ; quo deueniant
Deus scit. Similiter et de gallinis inter Deum sit et ipsos, quibus
20 habundant maxime.

Ecclesiarum possessiones deuouerunt, et omnimodas iniustas
adepciones, labore manuum suarum cum apostolo uiuentes, cf. 1 Cor. 4.
omni seclusa cupiditate ; sed ad tempus : nescio quid proposue- 12.
rint, aut in botris promiserint, sed quicquid promiserint sub-
25 secutus est fructus, unde timemus arbores. In omnibus tunc
se suppliciter et simpliciter habebant, nichil auide, nichil proprie
facientes, nulli negantes eiulatui solacium, *nulli facientes quod* cf. Mt. 7. 12
sibi nollent fieri, nulli malum pro malo reddentes, innocenciam 1 Thess. 5.
ab infamia seruantes, ut balsamum a luto ; eorum cunti lauda- 15.
30 bant sabata, fierique cupiebant ut illi. Facti sunt igitur in populum multum nimis, et in domos aucti plurimas ; nomina uero
domorum in se claudunt aliquid diuinitatis oraculum, ut Casa

5 precemur] *qu.* precentur?

Dei, Vallis Dei, Portus salutis, Ascende celum, Mira vallis, Lucerna, Clara uallis.

Hinc ortus est Barnardus, et lucere cepit inter alios immo super alios, ut Lucifer inter nocturna sidera, vir eloquencie prompte, qui bigas circumduci per ciuitates et castella faciebat, 5 quatinus in eis credentes sibi deportaret in claustro.　　Per cf. Gen. 1. 2. uniuersos Gallie fines hic *spiritu ferebatur*, et que per eum fiebant miracula Gaufridus Altisiodoro scribebat; ipsi credite. Aderam in mensa beato Thome tunc archiepiscopo Cantuarie; assidebant ipsi abbates albi duo, multa referentes uiri predicti, 10 17 *a*, col. 2. Barnardi scilicet, miracula, sumentes exordium inde quod | ibi legebatur epistola Barnardi de condempnacione magistri Petri, principis Nominalium, qui plus peccauit in dialetica quam in diuina pagina; nam in hac cum corde suo disseruit, in illa contra cor laborauit, et multos in eosdem labores induxit. 15 Legebatur epistola dompni Barnardi Clareualensis abbatis ad Eugenium papam, qui suus fuerat monachus, quem illius ordinis nemo secutus est ad sedem illam.　　In epistola continebatur illa, quod magister Petrus instar Golie superbus esset, Ernaldus de Brixa signifer eius, et in hunc modum pessimum plurima.　　　　20

Hinc occasione sumpta laudabant abbates illum Barnardum, et extollebant ad astra.　Johannes ergo Planeta de magistro bono quod nolebat et dolebat audiens, 'Unum,' inquit, 'in Monte Pessulano uidi quod multi mirabantur miraculum;' et rogatus ut diceret, ait, 'Illi quem merito predicatis magnifico 25 viro demoniacus quidam ligatus in Monte Pessulano presentatus est, ut sanaret eum; ipse super asinam magnam sedens imperauit inmundo spiritui, populo qui superuenerat tenente silencium, et ait tandem, "soluite vinctum, et sinite liberum." Demoniacus autem, cum se dimissum sensit, lapides in ipsum 30 abbatem quocunque potuit misit, instanter fugientem persequens per uicos, donec licuit, etiam et a populo captus in ipsum semper

oculos habebat, quia manus tenebantur.' Displicuit autem hoc
uerbum archipresuli, et ait Iohanni quasi comminans, 'Heccine
sunt miracula tua?' Tum Johannes, 'Certe miraculum dignum
memoria dicebant hoc qui tunc affuerunt, quod omnibus mitis et
5 beniuolus fuit arrepticius, et ypocrite soli molestus, et adhuc id
mihi presumpcionis castigacio fuit.'

    Duo similiter abbates albi de | predicto viro colloquebantur in 17 *b*, col. 1.
presencia Gilleberti Foliot, Londoniensis episcopi, comendantes
eum ex virtute miraculorum; euolutis autem multis, ait alter,
10 'Cum vera sint que de Barnardo dicuntur, uidi tamen aliquando
quod ipsi gracia miraculorum defuit: vir quidam marchio
Burgundie rogauit eum ut veniret et sanaret filium eius;
venimus et inuenimus mortuum; iussit igitur corpus deferri
dompnus Barnardus in talamum secretum, et *eiectis omnibus* Mc. 5. 40.
15 *incubuit super puerum*, et oratione facta surrexit; puer autem 4 Reg. 4. 34.
non surrexit, iacebat enim mortuus.' Tum ego, 'Monachorum
infelicissimus hic fuit; nunquam enim audiui quod aliquis
monachus super puerum incubuisset, quin statim post ipsum
surrexisset puer.' Erubuit abbas, et egressi sunt ut riderent
20 plurimi.

    Publicatum est autem quod eidem predicto Barnardo post
hunc gracie defectum contigerit secundus, et famam eius non
secundans. ⟨G⟩ualterus comes Nem*u*riensis in Chartusia decessit, ibique sepultus est. Conuolauit igitur dompnus Barnardus
25 ad sepulcrum illud, et cum diutissime prostratus orasset, orauit
eum prior ut pranderet, erat enim hora. Cui Barnardus, 'Non
recedam hinc, donec mihi loquatur frater Galterus;' et exclama-
uit voce magna dicens, 'Galtere, *veni foras.*' Galterus autem, Jo. 11. 43.
quia non audiuit uocem Ihesu, non habuit aures Lazari, et non
30 venit.

    Quia superius Ernaldus de Brixa se nostris intulit sermonibus,
dicatur si placet quis fuerit, sicut audiuimus a uiro temporis illius,

viro quidem magnifico multarumque literarum, Roberto de Burneham. Hic Ernaldus ab Eugenio papa post Abaielardum incitatus, indefensus, et absens condempnatus est, non ex scripto 17 b, col. 2. sed ex predicacione. Secundum sanguinis altitudinem | erat Ernaldus nobilis et magnus, secundum literas maximus, secun- 5 dum religionem primus, nichil sibi victus aut vestis indulgens nisi quod artissima cogebat necessitas. Circuibat predicans, *non que* cf. Phil. 2. 21. *sua sed que Dei sunt querens,* et factus est omnibus amabilis et admirabilis. Hic cum Romam venisset, venerati sunt Romani doctrinam eius. Peruenit tandem ad curiam, et uidit mensas 10 cardinalium vasis aureis et argenteis honustas et delicias in epulis : coram domino papa reprehendit eos modeste, sed moleste tulerunt, et eiecerunt eum foras ; qui rediens ad urbem, indefesse Mc. 6. 20. docere cepit. Conueniebant ad eum ciues, et *libenter eum audie-bant.* Factum est autem, ut audirent eum de contemptu 15 premiorum et mammone sermonem fecisse cardinalium in aures presente domino papa predictum Ernaldum, et ipsum a cardina-libus eiectum, congregati sunt ad curiam, et iurgati contra dominum papam et cardinales, dicentes Ernaldum virum bonum et iustum, et ipsos auaros, iniustos, et malos, et qui non essent 20 Mt. 5. 14. *lux mundi* sed fex, et in hunc modum, et vix continuerunt manus. Quo tumultu uix pacificato, missis ad inperatorem legatis, dominus papa denunciauit Ernaldum excommunicatum et hereti-cum, et non recesserunt nuncii donec ipsum suspendi fecerunt.

Incidencia magistri Gauteri Mahap de monachia. xxv.   25

Monachi tam albi quam nigri, sicut nisus alaudam territam, ita predam suam agnoscunt, milites scilicet quos deplumare possunt, qui uel patrimoniorum suorum consumptores sunt, uel compediti debitis. Hos alliciunt, et ad camineas suas a strepitu seorsum ab hospitibus caritatis, id est publicibus longe, deliciis affluenter 30 18 a, col. 1. exhibent, blandissime | precantur ut frequenter eos visitent, et

          26 territam] *MS.* turritam,   30 *sic qu.* publicis ?

huius⟨modi⟩ sibi spondent apparatus cotidianos et vultus semper hilares, ieiunis ostendunt officinas, quoscunque possunt in
eorum conspectu thesauros effundunt monasterii quatinus videantur, et spem eis excitant, defectus eorum suplere promittunt, ad
5 altaria rapiunt, edocent quibus dicata, quot celebracionibus honerentur assidue ; fratres eos in capitulo constituunt, et oracionum
participes, inde ducunt, ut ait Virgilius,

In tectum si frigus erit, ⟨si⟩ messis in umbram.   *Ecl.* 5. 70.

Monachi nigri, qui beatos habent Basilium et Benedictum
10 auctores, nostris habent nouos imitatores temporibus, qui et ordinem profiteantur eundem, et de suo quedam arciora feruenciores
adiciant, quos nos uel albos nominamus monachos uel grisos.
Nigri habent regulam, quod uilissimos induant sue prouincie
pannos, et ex dispensacione pellicias agninas tantum : albi ut qua-
15 lem ouis gesserit lanam textam habeant, alieni coloris nesciam,
et cum de pelliciis nigros derideant, plurimis et suauissimis
habundant ad equipollenciam tunicis, que si non a tinctoribus
rapiantur, fiant ad regum delicias et principum preciose scarlete.
Nigri cum Maria secus pedes Domini uerbum audiunt, nec ad
20 sollicitudinem egredi licet ; albi cum ad pedes sedeant, ad
laborem exeunt, manibus agriculturam omnimodam excercentes
propriis intra septa, mecanici extra, runccatores, opiliones,
negociatores, in singulis officiosissimi; bubulcum non habent uel
subulcum, nisi ex se, nec ad minimas et uiles custodias uel opera
25 feminarum, ut lactis et similium, quempiam | preter conuersos suos   18 *a,* col. 2.
admittunt ; *ad omnes* operas *omnia sunt,* unde *impleta est terra*   I Cor. 9. 22.
posessione sua, cumque non debeant ex euangelio *cogitare de cra-*   Ps. 103. 24.
stino, tantam habent opum residenciam ex sollicitudine ut cum
Noe possint archam ascendere securi, cui nichil spei relictum est
30 extra. Ad unum se habent principium, scilicet abbatem Cisterciensem, cuius potestas est mutare pro uoto quelibet. Cibos

7 ducunt] *MS.* dicunt.   8 *MS. transposes* messis *and* frigus.

quibus ipsi abstinent hospitibus non apponunt, sed nec intra
septa paciuntur inferri quod non dant; signum est quod abstinent
ut habundent, cum sit auaricie manus altera tenacitas.   Boues
et aratrum comodata suscipiunt, comodare sua non possunt.
Causam suam meliorem facere licet, deteriorem nullatenus ; 5
pupilli sunt, superioribus supplicant, uicinos molestant, proscribunt
superatos, quicquid utilitatem promouet sub aliqua specie virtutum asciscunt.   Si de singulis queras inposturis, racio tam
probabiliter presto est, ut arguere possit uidens euangelium falsi.
Qui misericorditer eos in partem agri sui vocauerit, videtur eorum 10
proximus, at expellitur. '*Non facias alii quod tibi non uis fieri,*'
hoc non timent, et multa in hunc modum.

   Soluciones habent singulas ad singula, quas ipsi sciunt ; una
tamen est uniuersalis ad omnia ; ad expediendam vim uel rapinam
uel quicquid affert cupiditas, aiunt, 'Spoliamus Egypcios, ditamus 15
Ebreos,' tanquam ipsi soli sint quos educat a tenebris Dominus.
Breue nimis faciunt regnum Dei, si preter ipsos omnes delirant.
Si quorum non meminerunt prophete, nec Dominus Ihesus nec

18 *b*, col. 1. apostoli, uiam inuenerunt ab ipsis intactam, aut eam | nobis in-
uidit Deus aut nesciuit, aut ipsa praua.   Attamen *seudo-prophe-* 20

Mt. 7. 15. *tas* dicit Dominus *cauendos, qui veniunt in vestimentis ouium* ut
Mt. 6. 5. hii, *intrinsecus sunt lupi rapaces* ut hii, *stantes in angulis platea-*
Mt. 23. 5. *rum orant* ut hii, *dilatant philateria* ut hii, *magnificant fimbrias*
⟨*ut hii*⟩ ;   nec dilatat philateria qui conuersatur in celo et ait,

Gal. 6. 14. ' *Mihi absit gloriari, nisi in cruce Domini nostri Ihesu Christi :*' 25
non gloriatur in cruce Christi, qui cruciat alios ut inde glorietur ;
sed ualde philateria dilatare uidentur, qui se solos dicunt
Hebreos, et omnes alios Egypcios.

Lc. 18.
11 sqq.   Cum Phariseo dicunt, ' *Non sumus ut ceteri hominum,*' sed
non dicunt, '*Decimas damus omnium que possidemus.*' Cum eo 30
dicunt de singulis nobis, '*nec ut iste publicanus,*' et nos dicimus,
'*Deus propicius esto nobis peccatoribus.*'   Si superbiam exaudierit

29 *MS.* phariseis.

Deus et non *respex⟨er⟩it humilitatem,* veri sunt Ebrei, nos autem Lc. 1. 48.
Egipcii ; si tamen *veri* sunt *Israelite,* karitatem habent, Dei Jo. 1. 47.
scilicet dileccionem et proximi ; qui persequitur proximum, *quo-* 1 Jo. 3. 17.
modo caritas Dei est in illo ?   bipartita est unitas caritatis, indul-
5 sitque homini Deus et homo ut indiuisibiliter utraque parte
glorietur, et neutra possit sine altera placere. Nemo est qui non
aliquo gaudeat beneficio alicuius hominis ; nemo igitur qui non
habeat proximum.   Quantumcunque igitur longe arceant qui eos
susceperunt, eos tamen proximos habent, quos *si oderunt, quomodo* 1 Jo. 4. 20.
10 *Deum diligunt ?*   Sed, ut aiunt, diligunt in Domino ; diligere
autem in Domino diffiniunt velle salutem anime proximi : corporis omne subsidium excludunt. Sic certe meos omnes inimicos
diligo, quia utinam *dissoluantur et sint cum Christo.* Neminem Phil. 1. 23.
unquam tam crudeliter odi, quin morienti cunta dimitterem. Inde
15 securus dico, '*Dimitte nobis debita nostra, sicut et nos di⟨mittimus⟩* Mt. 6. 12.
de⟨bitoribus⟩ nostris,' quia mecum odium cum inimico decedit,
et omnia | dimitto, ut cupiam eum *in sinu Abrahe* gloriari. At 18 *b,* col. 2.
illi persecuntur et amant. *Viscera claudere fratri* dum eget, quid Lc. 16. 23.
est ? nonne amplius est afflictum mortificare ? *Quomodo sedet* in Lam. 1. 1.
⟨¹ Jo. 3. 17.⟩
20 rapina caritas, que *non agit perperam ?*   Quomodo manet in 1 Cor. 13.
iactancia que *non inflatur ?*   Quomodo sibi alienum appropriat 4 sqq.
uiolenter, que *non querit que sua sunt ?*   Quomodo peculio
studet, que *non est ambiciosa ?*   Quomodo a patriis arcet auara
finibus incolas que *benigna est ?*   Quomodo vicinum non patitur,
25 que *paciens est ?*   Si caritatem habent, unde ? minus eam
hospitantur, qui spoliatam uirtutibus suis eam introducunt.
Si caritatem non habent, ut uidetur, et auertat Deus ne
sit, radice uirtutum carent, et arescent ramusculi. Si uero habent, ut videtur, sine benignitate, sine paciencia, precipuis alis
30 suis, penetrare celos non poterit proprio depilata decore, quodque alienum induit cum dedecore reddet, ut reuelentur eius
pudenda.

3 qui] *MS.* si.   29 videtur] *MS.* v̄e (*usually*=utinam).

Ps. 23. 1.   Dicunt, ' *Domini est terra*, nos soli *filii Altissimi*, et preter nos
Lc. 6. 35. non est qui dignus sit eam possidere.' Non dicunt, ' Domine,

Lc. 15. 21. *non sum dignus uocari filius tuus, non sum dignus ut intres sub*
Mt. 8. 8. *tectum meum* ;' non dicunt, ' *Non sum dignus procumbens soluere*
Mc. 1. 7.
Ac. 5. 41. *c⟨orrigiam⟩ c⟨alccamentorum⟩* ; non dicunt quod *digni habiti sunt* 5
pro nomine Ihesu contumeliam pati, sed omnia possidere. Non

Heb. 11. 38. dicunt quod sint *quibus dignus non est mundus*, sed qui digni sunt

Mt. 5. 9. mundo. Si *pacifici* sunt, *filii Dei* sunt ; quomodo pacifici ? non
uideo, quod pax in rapina non est. Si filii Dei sunt, sunt et filii,

Ps. 81. 6. sunt ergo dii, quia ' *Ego dixi, dii estis, et filii Excelsi omnes.*' Certe 10
Christianorum dii non sunt, quos infestant, sed gentilium, qui
nos soli cum illis persecuntur, postquam Iudei per inpotenciam

Ps. 95. 5. cessauerunt. Discant ergo a propheta quid sint, qui ait, ' *Omnes
dii gencium demonia, Dominus autem celos fecit* ; in illum credimus

19 a, col. 1. qui | celos fecit, quod *non* est *Deus uolens iniquitatem*. Non est 15
Ps. 5. 5. Deus noster sicut deus eorum ; noster deus est *Deus Abraham,
Deus Ysaac, Deus Iacob*, et non est deus recens ; at eorum
nouus est. Noster dicit, ' *Qui non reliquerit omnia propter me,*
cf. Mt. 10. *non est me dignus* ;' deus eorum dicit, ' qui non adquisierit omnia
37 sqq. propter se, non est me dignus.' Noster dicit, ' *Qui habet duas* 20

Lc. 3. 11. *tunicas det non habenti* ;' deus eorum, ' si non habes duas tunicas,
aufer habenti.' Noster, ' *Beatus qui intelligit super egenum et*

Ps. 40. 1. *pauperem* ;' eorum, ' Beatus qui fecerit egenum et pauperem.'

Lc. 21. 34. Noster ait, ' *Attendite, ne grauentur corda uestra curis huius
seculi, ne superueniat in uos repentinus dies* ;' eorum dicit, ' Atten- 25

Prov. 6. 11. dite ne ⟨non⟩ grauentur marsupia uestra per curas huius seculi, ne

Mt. 6. 24. superueniat in uos *quasi uiator egestas*.' Noster dicit, ' *Nemo
potest seruire Deo et mammone* ;' eorum dicit, ' Nemo potest
seruire Deo sine mammona.'

   Multa uidetur inter eos controuersia huius⟨modi⟩ quam nemo 30
potest exequi. Habent in preceptis ut loca deserta incolant,
que scilicet uel inuenerint talia uel fecerint ; unde fit ut in

   24 *MS.* attendite *follows* vestra.

quamcunque partem vocaueris eos, hominum frequenciam
sequantur, et eam in breui potenter in solitudinem redigant, et

si non recte, faciunt quocumque modo rem,

Hor. *Ep.* i.
1. 66.

et a non iusto domino contra quamlibet reclamacionem orphano-
5 rum, viduarum, religiosorum, datos agros gratanter ingrediuntur ;
non quomodo eos adipiscantur sed quomodo retinere valeant sol-
liciti, et quod parrochianos regere non habent secundum regulam,
eradicant uillas, ecclesias, parrochianos eiciunt, euertunt altaria
Dei, serere non abhorrent et ad uiam vomeris omnia complanare,
10 ut si uideas que uideras, dicere possis,

Nunc seges est ubi Troia fuit.

Ov. *Her.* i.
53.

Et, ut soli sint, *solitudinem faciunt*; et cum | non liceat eis
proprios habere parochianos, licet eis alienos disperdere ; seruare
non permittit regula, destruere precipit. Omnis inuasor aliquo
15 modo miseretur et parcit ; aut enim sibi detinet quod inuadit et
seruat, aut spoliatum relinquid ad aliquam incolarum spem
redeuncium ; isti sollicite procurant ne umquam reuertantur. Si
seuissimus ignem immiserit predo, ferrum extat et materia (?) et
recurrentibus arua ; quod caumate perit, quod inuoluit eluuio,
20 quod aer corr⟨u⟩pit, aliquos dominis conseruat usus ; sola huius
religionis nichil linquit incursio. Si obtinuerit rex a rege uel
dolo uel bello regnum, quantumcunque tyrannus sit, coloni resident, non facit exterminium, patriis licet in finibus aliqua frui
leticia, mortemque tyranni uel aliam ab affliccione redempcionem
25 intra terminos prestolari possunt longanimes a Deo ; quos horum
apprehendit inuasio, exilium sibi sciant imminere perpetuum.
Alias aliqui certis ex causis deportantur, hii sine causa proscribunt
omnes, unde fit ut ex uàlitudine vel senectute debiles defectu
victualium eo cicius labantur quo eis fulcimenti minus relinquitur ;
30 deseruntur enim, et quocunque vocat esca ieiunos parentibus et
vicinis relictis, passim secuntur qui possunt, in omne precipicium

19 *a*, col. 2.
cf. Tac. *Agr.*
30.

9 serere] *MS.* cere : *qu.* Cererem?

irruunt, nec ullum mortis incursum metuit famis angustia.   Quidam in rapinis, quidam in furtis aduncantur, et quoniam ab
erumpnis desperant eripi, spreta uita, paruipendunt quicquid
inflixeris, et mortem ultro prouocant in iugulum, quod eos in
omnes diu detrusit iniurias, lucemque libenter exuunt quam tota 5
fecit amaris penis pessimam penuria.   Quam enormis, quam seua,

19 *b*, col. 1. quam diabolica pestis inedia! quam crudelis, | quam abhomina-
bilis, quam detestabilis districcio! que sine causa Christianos in
hunc inducit carcerem.   Dacianus et Nero dispensant micius, et
quantum breuitas passionis cicius euaditur quam diuturna pressu- 10
rarum agmina, tantum eorum videtur misericordior austeritas
quam que facit inopiam, que nichil verecundie retinet, nichil
habet uirtutis, que sceleribus horret, squalida viciis est, semper
in Deum irreuerens, in omne decus infrunita crudescit; que
galeas piratis instruit, furibus fedat urbes, lucos armat latronibus, 15
mutat agnas in lupas, in lupanar cogit a talamis; que cum in
ipsa omnia sint reperta suppliciorum genera, plures habet iniurias
quam ulciones iusticia, plures offensas quam illa fulmina, plura
signa quam illa sagittas.   Deus bone! quomodo filii tui sunt, qui
gignunt hanc in filiabus tuis et filiis lucis.   20

Posessiones, patrimonia, monasteriorum, ecclesiarum ab eterno
fere possessa, et iuste obtenta, dirripiunt, suum dicunt proprium,

cf. Act. 2. 44. cum eis debeant esse cum omnibus Christianis *omnia communia.*
Romam inde laudant auctricem, cui largi fuerunt, ut priuilegium

Ps. 36. 25. referrent auaricie; *iunior fui, etenim senui, et non uidi* pauperem 25
referre priuilegium, *nec semen eius* contra ius commune singulariter

Ps. 25. 10. inpetrare, quod *in quorum manibus iniquitates sunt, dextera
eorum repleta est muneribus,* et quod,

Ov. *A.A.* ii. 280.   *Si nichil attuleris, ibis, Homere, foras.*

Jer. 1. 10. Dominum aiunt omnium ecclesiarum papam, et ipsi licere *ut* 30

8 *text* destibilis : *marg.* al. detestabilis.   24 priuilegium] *MS.* priuigelium.

euellat et destruat, edificet et plantet; iustos autem se ab ipso
rapine possessores asserunt : hanc alias, si racio est, uidi racionem.
Negabant principes Lemovicis domino suo Anglorum regi iustas
pensiones | et seruicia debita.   Rex autem exercitum induxit, 19 *b*, col. 2.
5 omnia uastari iubens.   Parcebant aliqui ex caritate pauperibus ;
alii uero quibus placebat iniquitas depredabant omnia, dicentes,
'Non est rapina, non est uiolencia, pax est et obediencia quod
facimus : *domini* regis *est terra*, nos eius operarii ; merces nostra Ps. 23. 1.
est hec : indigni sunt hii qui regi contradicunt iniuste, nos autem
10 digni qui preceptis eius insudamus.'   Nunquid non hec eorum
uox qui decimas auferunt, qui se dicunt Hebreos, nos autem
Egipcios, se filios lucis, nos tenebrarum ?   Nos certe flendo
confitemur, nos omnibus indignos bonis, et scientes quod *magister* Mt. 9. 11.
noster *in publicanis et peccatoribus manducat*, et *non uenit uocare* Lc. 5. 32.
15 *iustos sed peccatores*, penitemus, et ueniam ab ipso precamur.   Cum
ergo non liceat ethnicis inferre uiolenciam, uel eciam ad fidem
cogere, quomodo quos Deus suscipit spernendi sunt et spoliandi ?
Cor contritum et humiliatum Deus noster *non despicit*, qui et sua Ps. 50. 19.
gracia dicit *gaudium est super uno peccatore penitenciam agente* Lc. 15. 7.
20 *quam super n⟨onaginta⟩ nouem iustos qui non indigent pe⟨nitencia⟩*.
Deus noster peccatores uocat, et recipit ; isti contempnunt et eiciunt ;
ille *qui ad ipsum uenit non eicit foras*, isti uenientes auertunt. Jo. 6. 37.
De istis ait ueritas, ' *A fructibus eorum cognoscetis eos* ': audiamus Mt. 7. 16.
fructus eorum bonos : primum pauperibus habent manus apertas,
25 at parce : *dispergunt quidem et dant*, sed non reficiunt, quod singuli Ps. 111. 9.
modicum quid accipiunt, et cum neque secundum suam ditent
habundanciam neque secundum pauperum indigenciam, sinistra
dare uidentur, non dextra ; sed tamen, ut omnia uere, nichil sophis-
tice faciant, nullatenus equabunt † Domino † quod abstulerunt, quod
30 uel nullus est uel pauci sunt eorum conuentus, qui non | plures 20 *a*, col. 1.
fecerint egenos quam exhibeant.   *Hospitales inuicem*, id est, inter 1 Pet. 4. 9.
se sine murmure possunt esse, sed *non nobis, Domine Deus noster*, Ps. 113. 9.

non nobis. His quos timore potestatis uel emungendos suscipiunt, toto splendore popine propiciantur, tota uultus et uerborum
adest leticia, ipsis eorum tam benigne, tam misericorditer apertus
est sinus, tam simpliciter, tam ydiotice cunta profusa. credas angelos
esse non homines, et in abcessu tuo miraberis laudes eorum. 5
Nos autem Egipcii et uagi, qui pro Deo solo suscipimur, nichil
nisi caritatem allegantes, illuc ultra non reuertimur, dum alias
alique patuerint porte uel burse, †quid respondere possit† Post
ymnos vespertinos neminem nostrum aut uocant aut trahunt
aut hospicium paciuntur ingredi, cum post longas dietas magis eo 10
tempore quies optetur et refeccio, sitque repulsa molestior.

De vestibus eorum et cibo et labore diuturno dicunt, quibus
ipsi boni sunt, quod nichil eis mali facere possunt, quod uestes
non sufficiunt ad frigus nec cibus ad esuriem, labor autem
immensus; et inde mihi faciunt argumentum quod cupidi non 15
sunt, quod sibi ad nullas delicias acquisita perueniunt. O quam
facilis ad hoc responsio! Feneratores et quicunque auaricie
deseruiunt, nonne parcissime se uestiunt et uiliter exibent? et
thesauris incumbunt morientes auari; non congregant ut delicien-
tur sed delectentur, non ut utantur sed conseruent. Si de labore, de 20
frigore, de cibo contendas, Walenses in omnibus hiis grauius affli-
guntur; isti multas habent tunicas, illi nullam; isti pellicias non
habent, nec illi; isti non utuntur lino, nec illi lana, preterquam in
20 *a*, col. 2. curtis palliolis et simplicibus; isti calceos habent et caligas, | illi
nudis pedibus et tibiis incedunt; isti non vescuntur carne, nec illi 25
pane; isti dant eleemosinam, illi non habent cui dent; cum sint
apud eos cibi communes, nemo inter eos cibum petit, sed sine
prohibicione sumit; illi tamen inuerecundius et manifestiore vi
captiuant et interficiunt homines, quam isti; illi semper in
Ps. 44. 9. tabernaculis sunt aut sub diuo, isti *domibus eburneis delectantur.* 30

5 miraberis] *qu.* narrabis?: cf. Ecclus. 44. 8 narrandi laudes eorum.   8 *qu.*
que respondere possit? cf. Laici respondent hospitibus (p. 54, l. 18).

Et in hac districcione uestium de femoralibus admirandum duco, quod eis uti oportet in altaris obsequio, et cum inde recesserint deponuntur; sacrarum uestium hec est dignitas, hec autem sacra non est, nec inter sacerdotalia uel leuitica computatur,

5 aut benedicitur; typica uero est et pudenda contegit, uenerisque secreta signare uidetur et castigare ne prodeant. Cur ab illis a⟨b⟩stinendum sit quidam mihi racionem dedit, ut scilicet circa loca illa frigeant, ne prosiliat ardor uel fiat impetus in incestum. Absit hoc! et decurtentur interiores a zona tunice, manente suprema,

10 et non decaluentur a ueste uenerabili et ab omni alias approbata religione loca celanda. Dominus rex Henricus secundus nuper ut ei mos est totam illam infinitatem militum et clericorum suorum precedens, cum domino Rerico monacho magno et honesto uiro uerbum faciebat, eratque eis uentus nimis, et ecce monachus

15 albus in uico pedes negociebatur, respiciensque diuertere properabat: *offendit ad lapidem*, nec *portabatur ab angelis* tunc, et coram Ps. 90. 11, pedibus equi regii corruit; ventus autem uestes eius in collum 12. propulit, ut domini regis et Rerici oculis inuitis manifesta fieret misera ueritas pudendorum. Rex, ut omnis facecie thesaurus,

20 dissimulans vultum auertit, et tacuit. Rericus autem intulit secreto, 'Maledicta | religio que deuelat anum!' Ego uerbum 20 b, col. 1. audiui, et dolui, quod derisa est sanctitas, licet uentus non iniuste in loca sibi concessa impegerit. Verumptamen si cibi parcitas et uestis aspera grauisque labor, qualia describunt hec singula,

25 modum carni sue ponere non possunt, desideraturque uentus pro freno Veneri, bonum est ut braccis careant et insufflentur. Scio quod caro nostra, mundana scilicet non celestis, tantis non eget ad hec bella clipeis, quod *sine Cerere et Baco* nostra *friget Venus*; Ter. *Eun.* sed forsitan forcior in eos insurgit hostis, quos firmius nouit iv. 5. 6.

30 clausos. Monachus tamen qui cecidit honestius surrexisset, si corporaliter clausus fuisset.

Obliuisci non possum quod Ebrei sunt et nos Egypcii. In

uno certe sumus Egypcii, quod spoliamur ; illi tamen sponte qui
sua crediderunt, nos inuiti qui scientes et prudentes rapinam pati-
mur.   Sed illi sunt in multis Hebrei, quod spoliando ut in

Ps. 80. 8.

Egypto, quod iurgando ut ad petram Oreb, et alias *ad aquas
contradiccionis*, quod cupiendo, ut contra preceptum Moysi de 5

Hist.
Scholastica
in Exod.

gomor non seruando in crastinum, quod *uirum iustum Ur
suffocando sputis*, et multis aliis modis, unde *per quadraginta*

Ps. 94. 10.

dictum est eis *annos semper hi errant corde.*

Tangamus insuper Hebreorum de gestis aliqua, multis tamen
omissis ex amaris annalibus.   Omittamus de arbore que terminus 10
erat agrorum suorum longe ablata de nocte super agros vicini sui,
Egipcii militis, aput Cukewald, quam referri fecit Rogerus
Eboracensis archiepiscopus.   Ne fiat eciam de prato mencio
alterius Egypcii, quod ab Hebreis ante rorem serotinum sale
respersum est, et arietibus immissis radicitus auulsum de nocte 15
per appetitum salis, et pluribus annis in sterilitatem coactum,
donec eis venderetur.   Et quod eiusdem loci fratres Hebrei in

20 *b*, col. 2.

ponutino † proximum sibi agrum | una nocte manu magna et bigis
multis letamine consperserunt,et in crastino Egipcium admirantem
quod eorum tot caruce suum ab eterno campum usurpassent 20
deriserunt quasi vesanum, qui fratrum Hebreorum agrum,
quem tot diebus tot laboribus excoluerant, suum diceret.   Cum
nunquam antea calumpniam intulisset, uerisimilitúdinem habebant,
et eo se tutos interuentu fecerunt albini coram omni iudice,
donec heres militis ab ira furia inuectus eos omnes cum domibus 25
suis ultus est incendio.   Sileamus eciam de carta dupplici uerbis
eisdem, et de iugeribus eisdem, a fatuo cancellario sine domini
consciencia fraudulenter obtenta, tanquam in subsidium alterius
amisse : mutuauerunt pro eis alia, sed ab eodem domino, alteram-
que reddiderunt cartarum altera retenta, venditore autem uel 30
mutuatore mortuo pristinos repecierunt ab herede per cartam

17 *MS.* īpōutino.   *qu.* in predio (*vel simile quid*) uicino ?

residuam agros, et coram domino rege nostro conuicti, confusi ut
solent, id est ioculantes unde flendum esset, recesserunt a rege,
dimissi pro Deo contra Deum.   Pretermittendum eciam est, quod
apud Neth inuenti sunt habentes terram comitis Guillelmi
5 Gloecestrie sexdecim acrarum, post tradicionem carte aucto
numero ad centum.

Horum non sit memoria, quia doli faceti sunt, et ut ipsi dicunt
bone intencionis opera, non enim hec faciunt ut aliis noceant, sed
ut sibi prosint.   Cum tamen omnibus modis Egypcii spoliandi
10 sint, hec certe venialia sunt in respectu, quod sine sanguine
recitari uidentur, et minus horrent ; sed in virgulto Wlanstune
suspenderunt Egypcium, et imitatores Moysi *absconderunt in* Exod. 2. 12.
sabulo : irrepserat ad poma miser ut sedaret famem, et inuenit
requiem eternam ab ea per manus fratrum.   Hoc a posteris
15 eorum non est celandum, quatinus abhorreant et temperent a
talibus, si uiderint expedire. | Vicinum habebant fratres Hebrei 21 a, col. 1.
militem Egypcium, et in parte agri sui considerant, quem cum
nec prece nec precio possent amouere, misso proditore ad Auct. ad
militem sub specie hospitis pro Christo, ab ipso intromissi de Her. 3. 3. 4.
20 nocte peplati cum gladiis et fustibus irruerunt, Egypciumque
cum liberis et familia tota preter uxorem suam, quam ipse defendit
cum filio lactente dum stare datum est ut euaderent, interfecerunt.
Illa fugit ad patruum suum, iter unius diei, qui vicinis et parentibus ascitis die tercia venit ad locum, in quo frequenter cum
25 amicis conuenerat, et ubi fuerant edificia, sepes, et arbores
magne, planissimum inuenit et bene aratum campum, et nullam rei
humane apparenciam, et non vestigia, *quia non erant* ; sed Mt. 2. 18.
suspicionem secutus, ingressus violenter portam, que non *ultro* Ac. 12. 10.
aperta est eis, uidit arbores radicitus auulsas in magna frusta
30 concisas, et quod ante crediderat sciens ad iudices detulit.   Uxor
autem Egypcii plures ex Hebreis ex nomine designauit, ipsumque
presertim laicum qui domum aperuerat.   Hic a iudicibus appre-

H 2

hensus, lege deperiit aque, confessusque predicta, Hebreos qui
hec fecerant expressius nominauit, adiciens quod ipsum hoc pacto
ab omnibus peccatis preteritis et illo presenti et omnibus futuris
absoluissent, et ipsum de cetero nec aqua nec igne nec armis
perire posse constanter iurassent.　Suspensus ergo infelix penas 5
omnium tulit, et ipsi domini regis Henrici arbitrio pro reuerencia
Christi manere iubentur illesi.　Hebrei quidem de Belanda hec
fecerunt.

　　Hebrei Pontiniaci multos fecerant ex magnis porcis bacones,
quos alio nomine petasones dicimus, uenditosque ut depositum 10
habuerunt penes se donec reuerti possent mercatores bigis addu-

21 *a*, col. 2. ctis ut abdu|cerentur.　Redeuntes uero cum bigis eosdem et
eorundem inuenerunt petasonum aceruos, et numerum sanum,
sed quos pinguissimos deposuerant macros mirati sunt et pellem
herentem ossibus.　Comitem igitur Neuernensem, cuius ibi gladius 15
est, adeunt, qui ueniens a pastore quodam didicit quod Hebrei
compresserant in torculari bacones usque ad emissionem tocius ex

cf. Lc. 23. lardo sanguinis, et in doliis nouis signauerant, *in quibus nondum*
53. *quicquam* vini *positum fuerat.*　Deprehensa est hec ueritas coram
abbate fratribusque inclusis.　Erubuit comes et abhorruerunt sui : 20
modo

Juv. *Sat.* vi.　　　*Dic sodes aliquem, dic, Quintiliane, colorem :*
280.　　　　　*Heremus,*

dicant ipsi.　Dompnus abbas intulit, 'Nichil ad nos interiores,
totum hoc sine nostra factum est consciencia ; ydiote forinseci 25
per ignoranciam deliquerunt, et uapulabunt.'　Ecce quam decenter excusati sunt.　Certe non nobis ignorancia videtur hoc actum,
sed multa mali sciencia, et ydiota maledictus ad mala procliuior.
Excusacione tamen predicta se tuentur claustrales de negociis

cf. Jo. 15. 5. que foris prodigialiter fiunt, inponuntque fratribus qui *sine* ipsis 30
nichil possunt facere.　Videant ergo abbates casum Ely, qui filios
non corripiunt nec corrigunt, sed silencio consenciunt, et consensu

incitare uidentur. Similiter in omnibus predonum castris fit,
quod *quidam domi resident, quidam in predam abeunt,* sed non cf. Caes. *B.*
mentitur Dauid qui iusto iudicio diffinit, quod *equa est pars* ${}^{G.}_{1}$ ${}^{4.}_{Reg.}$ ${}^{1.}_{30.}$ ${}^{5.}$
descendentis in prelium et remanentis ad sarcinas. Et nunquid 24.
5 licet claustralibus clausis oculis exiberi ? et si *balatum audierint* Tob. 2. 21.
hedi, nonne cum Tobia dicendum est, *vide ne furtiuus sit?* At
certe nati non fuerunt in claustro ; reminiscantur eorum que
uiderunt extra.

Nonne uidetur ecclesia preda monasterii sui ? Nunquid ergo
10 claustrum ingressi sunt | an castrum ? Cum prohibeat regula 21 *b*, col. 1.
ecclesias possidere, iura presentacionum ab aduocatis obtinent, et
immisso vicario non ecclesias possident sed pensiones annuas.
Videant ipsi ne legi fraus fiat. Sed nos eis custodes nostri
uendiderunt ; ideo silendum arbitror, ne *super dolorem vulnerum* Ps. 68. 27,
15 *addant, apponentes iniquitatem super iniquitatem.*   28.

Olfecerunt iam hunc Hebrei libellum, et me religionis persecu-
torem dicunt ; vicia reprehendo, non mores, professores falsos,
non ordinem bene institutum. Qui carnem affligunt ut castigent
Venerem, qui pascunt pauperes ut propicietur eis Deus, qui *media* Ps. 118. 62.
20 *nocte surgunt ut confiteantur*, non culpo ; sed qui omnem omni
studio lucri uiam inueniunt et secuntur, qui omnem auaricie
portam aperiunt et ingrediuntur, qui nullam excogitant emolumenti seuiciam quam non exequantur, hec sunt que nos odisse
decet, et ex horum sensu ducimur in querelam. Ministros
25 talium horremus et arguimus utcumque, ut ipsi non inueniantur
in hiis. Video me iam illis factum in detraccionem, et fabulam,
ut Cluuieno me comparent poete, *creta et carbone* uso, insipido Hor. *Sat.* ii.
et ydiote scriptori. Hic ego sum certe ; sed dum mihi de ${}^{3.}_{Pers.}$ ${}^{246.}_{v.}$ ${}_{108.}$
malicia carmen est carbone quidem et creta dignum, eciam ydiota
30 sum ; non adinuenio, non adulor ; et insipidus ; quod sal in
fetore non proficit, ineptum me fateor et insulsum poetam, at non

falsigrafum, non enim mentitur qui recitat, sed qui fingit. Ego
autem de hiis, id est de Hebreis, quod scio et quod ecclesia flet,
quodque frequenter audio, loquor, nec inexpertus, et, si non

Mt. 10. 27. resipuerint, *predicabuntur super tecta* que nunc *in aure* latitant.

3 Reg. 11.
14, &c. Sed utinam conuertat in eos *Dominus aduersarium* fortem, et 5

cf. Rom. 9. mutet *contumelie uasa* in misericordie habitacula, ut ipsi uideant se

21 sqq. cercius, et se tanto minores estiment coram iusto et magno, quanto

21 *b*, col. 2. magis ipsi contritos et humiles | deriserunt.

Recapitulacio Grandimontensium. xxvj.

Et hos religionis cultus nouitas adinuenit; est eciam alia, ut 10
supradictum est, Grandimontensium secta, que a quodam Stephano sumpsit exordium, qui regulas suas ex Euangelio scripsit,
omnem exterminans auariciam. Unum habent priorem presbi-
terum, qui domi perpetuus est, qui nulla racione septum egreditur,
nulla potest alicuius uocacione promoueri, locis omnibus a 15
subditis timetur, et que non uidit aut uidebit pro uoto moderatur.
Clerici semper inclusi sunt, cum Maria delectentur, quod non
datur egredi; laici respondent hospitibus; oblata, non exacta
suscipiunt, et gratanter erogant, officia domus et negocia procurant; et cum in omnibus uideantur domini, dispensatores et 20
serui sunt interiorum, quoniam eis administrant omnia, ut nichil
eos mouere possit alicuius indulgencie sollicitudo. Extra primam
indaginem nichil operis faciunt, nullum suscipiunt ad habita-
cionem locum, nec in aliqua residenciam faciunt parrochia, sine
plena metropolitani episcopi aut archidiaconi licencia, firmata 25
etiam prius cum parrochiali presbitero stipulacione de pensione
annua pro decimis et obuencionibus loci suscipienda. Animalia
non habent, exceptis apibus; illas autem concessit Stephanus quia
vicinis non arcent pabula, et fructus eorum simul et semel publice
percipitur. Nichil ex eis auaricia singularitatis expetit, nec decor 30
allicit possessorem. Cum magister autem eos ad negocium

   10 *In the MS. the title of cap.* xxvi. *follows* adinuenit.

euocat, duo simul aut plures exeunt, et in eis nemo soliuagus, quod
ue soli! si ceciderit non habet subleuantem. Omni petenti manum Eccl. 4. 10.
aperiunt; cum cibus non superest, per diem unum esuriunt, et ei Lc. 6. 30.
Prov. 31. 20.
dicunt cuius est orbis. Si autem non eos audierit, egrediuntur in
5 crastino duo, nunciantque pontifici fratrum esuriem. Si uero
nec ille, ieiunant donec eos Dominus per|aliquem visitauerit. 22 a, col. 1.
Conuersacionem interius archanam tenent; preter episcopum
et summos principes non admittunt quempiam. Hii autem nichil
inde predicant despicabile. Noster dominus, id est, rex Henricus
10 secundus, cui nude reuelant omnia, caritatis intuitu eis est tam
profuse munificus ut nusquam egeant. Attamen et ad hos
ostendit auaricia digitum, et a tactu non temperat. Nuper
etenim prouiderunt ut habeant in singulis propinquis ciuitatibus
singulos ciues, qui sibi uestes et uictualia procurent ex acceptis
15 muneribus, ipsisque meruerunt omnem a principibus immuni-
tatem; unde fit ut aiunt quatinus ipsis se multi precipui cum suis
offerant et accipiantur, estimoque timendum ne post hoc fiat
aliquid: iam enim intersunt colloquiis *regumque negocia tractant.*

De origine Simplingham. xxvii.

20 Magister Gillebertus de Simplingeham, qui adhuc superest,
licet ex senio cecus, centennis enim aut eo amplius est, nouum
instituit religionis cultum, qui primo meruit ab Eugenio papa
confirmari, canonicos scilicet regulares et muro interposito
moniales, ne uideant uel uideantur mares ab illis. Nullum
25 habent inuicem accessum, nisi in necessitate unccionis uel uiatici.
Fit autem hoc per fenestram cautissime preparatam, et multis
presentibus. Multas iam optinent mansiones; at Angliam non
sunt egressi. Nichil adhuc inde sinistrum auditur, sed timor est;
frequenter enim fraudes Veneris muros Minerue penetrant, nec
30 est earum sine consensu congressio.

7 *MS.* conseruacionem.

Item, recapitulacio Carthusiensium. xxviii.

Iterum, est alius modus, ut predictum est, in Griseuoldano repertus. Duodecim presbiteri et prior commanent, sed diuisi cellulis, quorum conuersacio notissima est; et cum omnibus modis hec tempora Deum attrahere contendant, minus nobis 5 adesse videtur quam cum de corde simplici sine uestium aut
22 *a*, col. 2. cultus artificio pete|batur. Sicut enim cordium scrutator est, non pannorum, sic animi bene dispositi amator est, non uestimenti.
Mt. 22. 15. Non ergo nos contempnant qui uilibus uestiuntur, quod qui *capi non potuit in sermone* non decipietur in ueste. Rex noster 10 Henricus secundus, cuius potestatem totus fere timet orbis, preciosissime semper redimitus ut decet, non apponit superbire
Rom. 11. 20. nec aliquid *altum sapere* presumit, nec unquam elacione aliqua lingua eius intumescit, nec se supra hominem magnificat, sed que foris apparet in ueste semper est in ore mundicia. Cum sit ei 15 nemo par hodie uel similis, contemptibilem se magis fatetur quam contemptorem faciat.

De quadam secta hereticorum. xxix.

Rex noster eciam Henricus secundus ab omnibus terris suis
Rom. 10. 9. arcet hereseos noue dampnosissimam sectam, que scilicet *ore* 20 *confitetur* de Christo quicquid et nos, sed factis multorum milium turmis, quas Ruttas uocant, armati penitus a uertice ad plantas corio, calibe, fustibus, et ferro, monasteria, uillas, urbes in fauillas redigunt, adulteria violenter et sine dele⟨c⟩tu perpetrant, pleno
Ps. 13. 1. *corde dicentes, Non est Deus.* Hec autem orta est in Brebanno, 25 unde dicitur Brebeazonum; nam in primo latrunculi egressi legem sibi fecerunt, omnino contra legem, et associati sunt eis propter sedicionem fugitiui, clerici falsi, monachi euasi, et quicum- que Deum aliquo modo derelinquunt horrendis eorum adherent

13 *MS.* elacione magna aliqua.

cetibus.   Multiplicati sunt iam super omnem numerum, inualue-
runtque phaulanges Leuiathan, ut tuti resideant aut errent
per prouincias et regna cum odio Dei et hominum.

De quadam alia secta eorundem.   XXX.

5   Est eciam alia uetus heresis de nouo supra modum propagata,
ducens originem ex his qui Dominum loquentem de carne sua
comedenda et sanguine bibendo dereliquerunt, | dicentes, *Durus* 22 *b*, col. 1.
hic sermo ; et *abeuntes retro*, dicti sunt Publicani uel Paterini. Jo. 6. 60, 67.
Latuerunt autem a diebus dominice passionis inter Christianos
10 passim, †erantque.† Primo quidem unicas habebant in uillis quas
inhabitabant domos, et undecunque uenissent singuli domos suas
in fumo noscebant ut aiunt. Euangelium Johannis non accipiunt ;
de corpore Christi et sanguine, pane benedicto, nos derident.
Uiri et femine cohabitant, nec apparent inde filii uel filie.
15 Resipuerunt autem multi, reuersique ad fidem enarrant quod
circa primam noctis uigiliam, clausis eorum ianuis, hostiis, et fenestris, expectantes in singulis sinagogis suis singule sedeant in
silencio familie, descenditque per funem appensum in medio mire
magnitudinis murelegus niger, quem cum uiderint luminibus
20 extinctis ymnos non decantant, non distincte dicunt, sed rumi-
nant assertis dentibus, acceduntque ubi dominum suum uiderint
palpantes, inuentumque deosculantur quisque secundum quod
ampliore feruet insania humilius, quidam pedes, plurimi sub
cauda, plerique pudenda, et quasi a loco fetoris accepta licencia
25 pruriginis, quisque sibi proximum aut proximam arripit, com-
miscenturque quantum quisque ludibrium extendere preualet.
Dicunt eciam magistri docentque nouicios caritatem esse perfe-
ctam agere uel pati quod desiderauerit et pecierit frater aut soror,
extinguere scilicet inuicem ardentes, et a paciendo Paterini
30 dicuntur.

In Anglia nondum uenerunt nisi sedecim, qui precepto regis Henrici secundi adusti et uirgis cesi disparuerunt. In Normannia non apparent nec in Britannia; in Andegauia multi sunt, sed in Aquitania et Burgundia superhabundant iam ad omnem infinitatem.   5

22 *b*, col. 2. Aiunt eciam compatriote sui, quod conui|uas suos in aliquo ferculorum suorum capiunt, et fiunt ut ipsi, quos scilicet predicacionibus ocultis quas uulgo faciunt attemptare non audent. Unde contigit quod mihi dominus Willelmus Remensis archiepiscopus, frater regine Francorum, retulit et multis confirmauit 10 testibus, quod quidam nobilis princeps a partibus Vienne metu detestabilis huius rapine sal exorcizatum secum in perula semper haberet, nescius cuius domum ingressurus, et ubique timens pellaciam hostis, eciam in mensa propria omnibus illud apponebat cibis. Perlatum est ad eum forte quod duo milites nepotem 15 suum, qui multis preerat populis et opidis, euerterant, et ecce ipsum ad nepotem suum; cenantibus illis rite simul, ignorante nepote quid ageretur, fecit auunculo suo mullum integrum in disco Gen. 3. 6. apponi, *pulcrum* uisu et *ad uescendum* suauem, ut uidebatur. Apposuit ergo miles sal, et disparuit subito piscis, et reliquid in 20 disco quasi pilulas fimi leporini. Abhorruit miles, et qui cum eo erant, ostensoque nepoti suo miraculo, predicauit ei deuotissime penitenciam, et cum multis eum edocuit lacrimis multitudinem miseracionum Domini, et omnes demonum conatus sola fide vinci, ut visui subiectum habebat. Nepos egre ferebat sermonem, et 25 abcessit in talamum. Princeps ergo delusum se dolens, milites nepotis euersores secum deducit in uinculis, et in conspectu populi multi et magni conclusit eos in tegete posti firmiter alligatos, igneque supposito totam combussit domunculam. Illos autem cf. Dan. 3. 94. omnino non tetigit ignis, nec eciam in uestibus adustio uel modica 30 inuenta est. Insurgit ergo populi tumultus in principem, dicentis, 'Peccauimus in uiros iustissimos contra fidem veris virtutibus

approbatam.' Princeps ob | apparenciam tantam in nullo fidei 23 *a*, col. 1.
Christiane derogans uel dubitans, iram et uoces placauit uulgi
blandiciis, fidemque benignis affirmauit sermonibus. Pontificem
Vienne consulit, qui eos in domo maiore conclusit ligatos ut ante,
5 domumque totam extra circuiens aqua benedicta conspersit contra
prestigium. Ignem iubet apponi, qui nullis flaminibus nullisve
fomentis domui potuit inherere, uel quicquam adurere. Insultat
igitur pontifici tam lesa fide ciuitas, ut manifeste multi stultis
prorumpant in eum vocibus, et, si non obstet domini sui principis
10 reuerencia, pontificem ipsum in flammas deicerent, et non nocentes
liberarent. Depulsis igitur hostiis, in domum irruerunt, et ad
postem venientes carbones et fauillas ex ossibus eorum et carni-
bus factas inueniunt, uincula uident illesa, postem intactum, et
iustissimum ignem in eos solos qui delinquerant animaduertisse.
15 Conuertit ergo benignus Dominus corda errancium ad penitenciam, et blasphemias in laudem.

Nostris hec sunt orta temporibus. Nostra dico tempora
modernitatem hanc, horum scilicet centum annorum curriculum,
cuius adhuc nunc ultime partes extant, cuius tocius in his que
20 notabilia sunt satis est recens et manifesta memoria, cum adhuc
aliqui supersint centennes, et infiniti filii qui ex patrum et auorum
relacionibus certissime teneant que non uiderunt. Centum annos
qui effluxerunt dico nostram modernitatem, et non qui ueniunt,
cum eiusdem tamen sint racionis secundum propinquitatem;
25 quoniam ad narracionem pertinent preterita, ad diuinacionem
futura. Hoc tempore huius centennii primum inualuerunt ad
summum robur Templarii, Hospitalarii in Ierusalem, in Hispania
milites qui a gladio nomen habent, de quibus superius sermo
de|cessit.   23 *a*, col. 2

8 *qu.* tanquam?

De secta Valdesiorum. xxxi.

Vidimus in concilio Romano sub Alexandro papa tercio celebrato Valdesios, homines ydiotas, illiteratos, a primate ipsorum
Valde dictos, qui fuerat ciuis Lugduni super Rodanum, qui librum
domino pape presentauerunt lingua conscriptum Gallica, in quo 5
textus et glosa Psalterii plurimorumque legis utriusque librorum
continebantur. Hii multa petebant instancia predicacionis auctoritatem sibi confirmari, quod periti sibi uidebantur, cum uix
essent scioli. Moris etenim est ut aues, que subtiles non uident
laqueos aut rete, liberos ubique credant meatus. Nonne qui cap- 10
ciosis exercitantur tota uita sermonibus, qui capere et capi uix
possunt, profunde rimatores abissus, nonne hii timentes offensam
reuerenter omnia de Deo proferunt, cuius tam celsa dignitas ut
nulle possint ad eam laudes uel oracionum uirtutes ascendere nisi
misericordia traxerit illas ? In singulis diuine pagine apicibus 15
tot uolitant pennis uirtutum sentencie, tot sapiencie accumulantur
opes, ut de pleno possit haurire cui⟨cun⟩que Deus donauerit cifo.

Mt. 7. 6.   Nunquid ergo *margarita porcis,* uerbum dabitur ydiotis, quos
ineptos scimus illud suscipere, nedum dare quod acceperunt ?
Ps. 131. 2. Absit hoc, et euellatur. *A capite descendat unguentum in barbam,* 20
Prov. 5. 16. *et hinc in uestimentum* ; *a fonte deriuentur aque,* non *a plateis*
paludes. Ego multorum milium qui vocati fuerunt minimus,
deridebam eos, quod super eorum peticione tractatus fieret uel
dubitacio, vocatusque a quodam magno pontifice, cui eciam ille
maximus papa confessionum curam iniunxerat, consedi signum 25
23 *b*, col. 1. ad sagittam, | multisque legis peritis et prudentibus ascitis, deducti
sunt ad me duo Valdesii, qui sua uidebantur in secta precipui,
disputaturi mecum de fide, non amore ueritatis inquirende, sed ut
Ps. 62. 12. me conuicto clauderetur *os* meum quasi *loquentis iniqua.* Timidus
fateor sedi, ne peccatis exigentibus in concilio mihi tanto gracia 30

17 cifo] *MS.* in quo.

negaretur sermonis. Iussit me pontifex experiri aduersus eos,
qui *respondere parabam*. Primo igitur proposui leuissima, que cf.Virg. *Ecl.*
nemini licet ignorari, sciens quod asino cardones edente, indignam vii. 5.
habent labia lattucam, 'Creditis in Deum patrem?' Responde-
5 runt, 'Credimus.' 'Et in filium?' Responderunt, 'Credimus.'
'Et in spiritum sanctum?' Responderunt, 'Credimus.' Iteraui,
'In matrem Christi?' et illi item, 'Credimus.' Et ab omnibus
multiplici sunt clamore derisi, confusique recesserunt, et merito,
quod a nullo regebantur et rectores appetebant fieri, Phaetontis
10 instar, qui *nec nomina nouit equorum*.   Ov. *Met.* ii.
     Hii certa nusquam habent domicilia, bini et bini circueunt nudi- 192.
pedes, laneis induti, nihil *habentes, omnia* sibi *communia* tanquam Ac. 2. 44.
apostoli, nudi nudum Christum sequentes. Humillimo nunc incipiunt modo, quod pedem inferre nequeunt, quos si admiserimus
15 expellemur. Qui non credit audiat quod predictum est de huiusmodi. Sunt certe temporibus nostris, licet a nobis dampnatis
et derisis, qui fidem seruare uelint, et si ponantur ad racionem,
ut dudum, ponant animas suas pro pastore suo domino Ihesu ;
sed nescio quo zelo ductis uel conductis nobis nostra uiluerunt
20 tempora, quasi ferrea ; placuerunt antiqua velut auro lucencia ;
historias ab inicio ad nos usque deductas habemus, fabulas eciam
legimus, et quo placere debeant intellectu mistico nouimus.
Attende Caim inuidum, Gomorre cives et Sodome, non unum
dico sed ad unum omnes luxu perfluidos, Jo|seph venditum, 23 *b*, col. 2.
25 Pharaonem per tot punitum plagas, populum vitulo ydolo aureo
Deo et electo Domini per deserti purissimas exibiciones
rebellem, superbiam Datan, proteruitatem Zambri, periurium
Architophel, auariciam Nabal, et quorum non est numerus monstra
nostris a primo continuata temporibus, et non abhorreas tam
30 nimio fastu que nunc fiunt similia uel minus vilia. Sed quod

---

7 *This was the snare: the phrase is Nestorian and heretical.*   26 *qu. add.*
seruientem, *vel simile quid?*

grauior est malorum sensus quam auditus, quod audimus silemus,
et quod dolemus plangimus; uel pensantes deteriora fuisse,
modum habeamus in his que leuiora sunt.   Fabule nobis eciam
commonitorie Atreum et Thiestem, Pelopem et Licaona, multosque similes eorum proponunt, ut vitemus eorum exitus, et sunt 5
historiarum sentencie non inutiles; unus utrimque narracionum
mos et intencio.   Nam historia, que veritate nititur, et fabula,
que ficta contexit, et bonos fine florenti beant, ut ametur benigni-
tas, et fedo malos dampnant interitu, volentes inuisam reddere
maliciam; sibique succedunt inuicem in scripturis tum aduersitas 10
prosperitati, tum e conuerso mutacione frequenti, quatinus utraque
semper habita pre oculis neutri fiat propter alteram obliuio, sed
se medico temperamento moderentur, ne unquam modum superet
eleuacio uel fractura, scilicet ut contemplacione futurorum nec
sit a spe uacua meditacio, nec a metu libera, futurorum dico 15
1 Jo. 4. 18. temporalium, quia *caritas perfecta* que celestis est *foras mittit*
timorem.

De tribus heremitis mirabiliter penitentibus.   xxxii.

Philippus Neapolitanus, uir illustris, nobis retulit, quod cum in
Nigra Montana venatu uenisset, uirum siluestrem pilosum et 20
deformem fonti recubantem ut biberet, repente per pilos sublimem
rapuit, querens quis esset, et quid ibi ?   Ille autem mansuetudine
sua demitti meruit, et ait, ' Venimus ad hanc solitudinem tres, ut
hic penitentes antiquorum fie|remus imitatores patrum ; primus
24 *a*, col. 1. nostrum et optimus Francus, secundus et me longe forcior et 25
longanimior Anglicus, ego Scotus.   Francus tante perfeccionis
est, quod de uita ipsius loqui pertimesco, excedit enim fidem.
Anglicus, sed angelicus, cathena stringitur ferrea, tam longa ut

4 Atreum] *So the margin: text* arthurum, *lined through.* 6 unus] *So W. probably*
rightly: the MS. has nnn*us or* unn*us.*   16 que celestis est *added in margin.*
18 xxxii] *MS.* xxxvi.

protendi possit ad pedem septimum. Malleum autem secum
ferreum et paxillum semper gestat, quibus affirmat terre cathenam
suam in sabbato, et intra modicos illos fines per ebdomodam orat
totus in hymnis et leticia, et nunquam querulus aut tristis; ibi
5 comedens quod repperit, sabbato castra mouet, non uagus sed
loci querens amenitatem, non ubertatem, non remotum ab aeris
importunitate sinum, ubi victus aliquid secus aquam obuenerit
cum gaudio metatur, quem si uidere libet, super huius riuulum
fontis hac facit ebdomoda residenciam.' His dictis ferina
10 uelocitate recessit ab ipso. Neapolitanus autem Anglicum
interuallo paruulo mortuum repperit, et ob reuerenciam uirtutum
eius nec ipsum nec quicquam de suo tangere presumpsit, sociisque
suis dignitatem sepulture commendans abscessit. Hic fontem
leticie Christum pectore gerebat Anglicus, cui nullam potuit
15 infligere tristiciam angustia. Sint *ypocrite* sic, ut ait Dominus, Mt. 6. 16.
tristes, quod *perfecta caritas foras mittit* cum tristicia *timorem*.   1 Jo. 4. 18.

Explicit distinccio prima nugarum curialium. Incipit secunda.

⟨*Distinctio secunda.*⟩

VICTORIA carnis est adversus ⟨racionem⟩, quod que Dei sunt minus appetit homo, que mundi maxime. Racio vero cum tenetur, anime triumphus est, *reddit que Cesaris Cesari, que Dei Deo.* Duo premisi Dei *misericordiam et iudicium* continencia, que non solum non delectant, sed tediosa sunt, et expectantur 5 sicut expetuntur fabule poetarum, uel earum simie. Differantur tamen, si non auferantur, et que scimus aut credimus miracula premittamus.

Mt. 22. 21.
Ps. 100. 1.

De Gregorio monacho Gloucestrie. ii.

Gregorium Gloucestrie monachum uidi, uirum iam senem, 10 et cum sit ipsa senectus infirmitas, multis afflictum aliis egritudinibus : calculosus erat et fistulosus tibiis et cruribus, semper tamen et assidue iocundus, et cum non cessasset ualitudinis infestacio, non cessabat a psalmis. Si quando post longos labores sompnus irrepsit dulcior, illa se dicebat hora derelictum 15 a Domino aut obliuioni deditum ; et cum grauius urgebatur, grates uberius effundebat Altissimo, quasi cum beato diceret Augustino, ' *hic ure, hic puni, et ne in furore tuo arguas me.*' Suis me comendaueram oracionibus cum primo transfretaui, et cum inualuisset tempestas ut pene nauis *operiretur fluctibus,* 20 in aliorum desperacione certissima de illius presumpsi meritis cui me commendaueram, eaque deuocione qua periture nauis

Mt. 8. 24.

3 que dei: *MS.* dei que.

periclitantes assolent Deum deprecatus sum, quatinus sua
misericordia et illius boni Gregorii meritis nos a fluctibus
indempnes eriperet, et in medio procelle conquieui modicum,
et ecce uidi dominum Gregorium per singulos nautas inceden-
5 tem, animantem eos et docentem, et singula corrigebat. Excitatus igitur omnia repperi summa tranquillitate silencia;
meritas Domino persolui gracias.

Hoc de ipso postmodum abbati suo Hamelino retuli, quod
ipse cum multa graciarum accione multis intimauit. Hoc autem
10 Gillebertus de Laci, uir illustris, qui se templo donauerat,
audiens, exemplo mei cum predicti Gregorii precibus et benediccione Ierosolimam peciit, et in mari Greco similiter ipsi
contigisse postmodum narrauit.

De beato Petro Tarentasie. iii.

15 Vidi postmodum beatum Petrum archipresulem Tharenthasie,
que montes inter Alpinos residet, uirum tante uirtutis et tot
illustrem miraculis, ut meritis antiquorum quos in ecclesia
colimus patrum equalis possit iustissime predicari, | cuius manu 24 *b*, col. 1.
Dominus solo tactu et prece curabat infirmos, demonia effugabat :
20 nec *attemptauit* quod non *perficeret*. Hic per dies undecim cf. Ov. *Ars*
cum Anglorum rege domino Henrico secundo apud Lemouicas *Am*. 1. 389.
moram fecit, cuius ego curam a rege suscepi, et regiis interim
exibendum expensis habui, hominem letum et hilaris in omni
casu faciei, mundum, modestum, humilem, omnino sicut multis
25 aliis et ut mihi uidebatur perfectum. Unum uidi miraculum per
manum ipsius a Domino factum, audiui plurima. Cum sero
esset die una, uenit multitudo magna ciuium Lemouicensium, et
secum hominem demoniacum deferebant. Veniebat autem post
eos Pictauensis episcopus, qui nunc est Lugdunensis archiepisco-

29 Lugdunensis : Lund. *MS.*

pus, Albemanus cognomine, natus a Cantuaria, uir eloquencie precipue, auctoritatis et celebritatis maxime, non ut temptaret, sed quod fere credebatur vere posset scire.   Is ad me in hiis uerbis accessit : ' Carissime mi, euoca nobis archiepiscopum, ut quod omnes predicant sine dubio testificari possimus ; uidi 5 aliquociens fantasias fieri, ubi predicabant miracula se uidisse, percepique semper simultatem, nec unquam verum aliquod uidi miraculum.'   Tum ego dominum Petrum adduxi ; qui posito genu manum imposuit infirmo spumanti et omnino uesano, procul dubio.   Aures apposuimus dominus Iohannes episcopus 10

Mc. 16. 14. et ego, audiuimusque dicentem, *Recumbentibus undecim discipu-lis*, et cetera.   Tenebant autem demoniacum contra le⟨c⟩tum, non enim ligauerant eum, quod ipsorum conciuis erat.   Dicta igitur breui oracione, post euangelium, iussit ei manus dimitti ; qui statim manu dextera os suum tersit, dicens, ' Mater Dei, 15 miserere.'   Resiliens ergo subito dominus Iohannes episcopus cum lacrimis ait, ' Vere sanus est eger ; hic solus episcopus est,

Isa. 56. 10. nos autem *canes non valentes latrare*.'

24 *b*, col. 2.   *Item de eodem beato Petro*.   iiii. |

Retulit mihi magister Serlo a Wiltunia, abbas Elemosine, 20 quod hic idem bonus archiepiscopus Petrus, cum interesset Cisterciensi capitulo, rogatus est a quodam monacho illius claustri, qui gibbosum habebat et retortum a natiuitate pedem, quatinus eius interuentu sanus fieret ; qui ducens monachum seorsum, et eum in scamno sedere fecit, et discalciato eo coram 25 ipso genibus orabat flexis, pedem illum nudum inter manus habens.   Accessit igitur magister Serlo, auremque apponens audiuit dominum archiepiscopum, ⟨qui⟩ cum quasi percussus a monacho resilisset, et respexisset monachum admiranter, ait,

cf. Mt. 18. ' Frater, *melius* est tibi unum *pedem habentem intrare in regnum* 30
9, &c.

celorum, quam cum duobus in Gehennam mitti,' et dimisit eum ;
et cum in Serlonem respexisset, ait, 'Frater Serlo, si me
Dominus ad fratris huius curam admisisset, ipsum amisisset.'
Quod quidem magis impotencie eius quam presciencie deputans,
5 sed ut probaret quod fiebat, Cisterciensi abbati omnia rettulit,
instanter petens quatinus monacho seorsum vocato iuberet eum
omnia fateri.   Qui iussus, ait, ' Pater, cum generosus et pulcher-
rime prosapie sim, uidens me illo pede cognatis meis dissimilem
et usque ad ludibria deformem, pre pudore abieccionis huc me
10 destinaui, nunc autem cum pedem illum dominus Petrus in
manibus confouisset, uidebatur mihi sentire salutis aduentum,
nactisque primitiis cogitabam illuc letissime reuerti unde pre
pudore tristis exiui.'

Item de eodem beato Petro.   v.

15   Aliud eciam mihi miraculum ipsum in crastina fecisse idem
Serlo narrauit.   Sermonem faciebat iussu Cisterciensis ad populum dompnus Petrus, quem interrumpens mulier quedam cum
magno eiulatu plangebat | sibi bursam domini recisam.   Indicens 25 *a*, col. 1.
igitur archiepiscopus omnibus silencium, multis precibus fusis ut
20 restitueretur lacrimose precatrici quod perdiderat petiuit, et uidens
hortamenta delusa, tandem ait, 'Magnum illum cum mitra
candida sumite, nummosque sub ascella eius sinistra.'   Sumptis
ergo ut verus propheta iusserat illis et redditis, quesiuit dominus
furis ab archiepiscopo quid de fure fieri uellet ; cui ipse, 'Sinite,'
25 inquit, 'eum abire, quia corripi potest, corrigi autem non.'
    Hunc Petrum aiunt aquam in vinum conuertisse, multos homines
paucis panibus miraculose pauisse, ut sciatis graciam Domini non
deesse petentibus et merentibus eam nostris eciam temporibus.
    In partibus eciam Burgundie celebre dicunt, quod miles

10 *perhaps* destinauit.

K 2

quidam non satis Dominum metuens, cum in usu peccati sui pertinaci more persisteret, sensit ulcionem immo correpcionem; adhesit scapule sue infixitque lacerta dentes et digitos, et cum nullatenus amoueri posset Ypocratis arte vel oracionum auxilio, mirabiliter se magnificabat misericordie mater. Quociens 5 miserabilis ille aliquam in eius nomine dedicatam intrabat ecclesiam demittebatur et non comparebat lacerta, sed semper in exitu adherebat ei, quod ut Petro per predictum innotuit, audita eius confessione penitenciam iniunxit ei, ipse autem peracta penitencia liberatus est.   10

De quodam heremita. vi.

Visibiles facit misericordias Dominus facta uel inchoata

Ps. 18. 13.   penitencia, docens cor uere penitens inuisibiliter et *ab occultis* liberari. Liberauit Dominus heremitam: hora cene uenit ad solitarium in heremo serpens modicus, et ingressus cellulam 15 quasi ieiunus supliciter se satis apud edentem habebat, supplicatu suo quasi postulans alimoniam. Ille zelum Domini

24 *a*, col. 2.   habens | etsi *non secundum scienciam*, audierat, ' *Omni petenti te*
Rom. 10. 2.   *tribue,*' et '*catelli de micis edunt.*' Micas tribuit, et diebus
Lc. 6. 30.
Mt. 15. 27.   omnibus venientem ita suscepit hospitem, donec tantus fieret ut 20 egredi non posset qua uenerat. Postmodum autem tractu temporis domuncule per angustiam locum igneis spiris inuoluit aduenticius, ut illa sola pat⟨er⟩et hospiti suo sedes. Fleuit igitur et

Ps. xxiv. 1.   *ad Dominum* totam *leuauit animam* tortuosi nutricius Zabuli, penitens, et edoctus quomodo caritas impensa fatue responde- 25 bat. Misertus igitur eius qui sua gracia non potest non misereri Dominus, ei salutis destinauit nuncium, virum scilicet ad uisitacionem eius aduectum, qui audito visoque ludibrio, penitenti precipit quatinus illius presenciam patienter habeat in diem

5 mater] matrem *MS.*

quadragesimum. Fit ita, dieque data non est inuentus, qui
nichil aliud in casula quam seipsum passus fuerat heremitam
inuenire. Qui visibilem disparere coegit hostem inuisibili potencia,
potens est et certe valde volens abolere que latent, nisi nos
5 obstinatos inuenerit.

De Luca Hungaro. vii.

Vidi Parisius Lucam Hungarum in schola magistri Girardi
Puelle, virum honestum et bene literatum, cuius mensa communis
fuit sibi cum pauperibus, ut viderentur inuitati conuiue non
10 alimonie questores. Hunc uocauit Dominus per regem Hun-
garie, per clerum et populum, ad archiepiscopatum Strigonie.
Huius mihi uitam et mores post archiepiscopatum narrauit Hugo
† v^i † a Cenomanno natus et Acrenss episcopus. Rex Hungarus,
de quo prius sermo, decessit, filium modicum, scilicet puerulum,
15 relinquens heredem. Accessit igitur ad Lucam archiepiscopum
frater regis, petens ab ipso in regem inungi et coronari. Corri-
puit ipsum Lucas et prodicionis arguit, qui contra ius et morem
et fas | exheredare uellet innocentem, et consentire noluit. Ille 25 *b*, col. 1.
regem se fieri ab alio eiusdem regni archiepiscopo, ad quem
20 nichil de coronacione regis pertinebat, obtinuit, quasi dixisset,

Flectere si nequeo superos, Acheronta mouebo,   Virg. *Aen.*
vii. 312.

et a Luca statim anatemate percussus est ; qui e uestigio Lucam
de absolucione sua minis terribilibus enseque nudato ad racionem
posuit, et spretus itemque excommunicatus ipsum uiolenter detru-
25 sit in carcerem, et suspensas ecclesias ab interdicto cessare coegit.
Cumque diu teneretur in uinculis Lucas, retulit ab Alexandro
papa tercio quidam amicus eius literas liberacionis eius ad ipsum
in carcerem occulte ad regem missas, quibus nullatenus uti uoluit

21 Acheronta] achonita *MS.*

Lucas, audito quod duodecim denariorum constitissent, ut omnes alie solent ad bullam, dicens se nolle per simoniam liberari. Aperuit autem sibi Dominus carcerem die Pasce, dum interesset rex misse solempni. Intrauit igitur Lucas capellam cum multa omnium admiracione, altarique nudato mantili, ceterisque proiectis 5 ornatibus, coram cruce iuxta regem stupidum timidumque sic ait, 'Domine Ihesu, cuius resurreccionem nemo preter Christianos asserit, in uirtute qua surrexisti, si dignum hunc regem tua visi-

Prov. 12. 7.   tacione decreueris, *uerte impium ut non sit*, sin autem, in manu forti et dextera Pharaonis ultrice in his quadraginta diebus sen- 10

Jo. 19. 37.   ciat *in quem transfixit.*' Et egressus capellam, item ab iniquis executoribus arciori deputatus est custodie, paciente omnia ferens, in oracionibus et laude Domini uigil et assiduus. Et factum est ut ante diem quadragesimum rex moreretur inpenitens. Successit ei frater eius unicus, violencia equalis priori. Hunc 15

2 Th. 2. 8.   eciam Lucas, datis quadraginta dierum induciis, *interfecit spiritu*

25 *b*, col. 2.   *oris sui* in ipsis, puerumque iustum heredem cum omni | solempnitate inunxit, cuius puericiam Lucas cum summa tranquillitate transegit, at iuuentutem non eque. Rex enim factus iuuenis amplectens alciora quam sustinere ualeret, re sua deficiente, pos- 20 sessiones ecclesiasticas dilapidare non horruit. Quem Lucas post multas lacrimosas amoniciones, obstinatissime pertinacie uidens flendo subiecit anathemati, et multis pro eo fusis ad Christum precibus, meruit ei a Deo graciam ut bona penitencia ductus ad ecclesiam Strigonie properaret, satisfacturus pro uoto Luce. Cui 25 Lucas cum omni clero et populo solempni processit obuius leticia, absolutumque suscipiens ducebat. Cantantibus autem aliis, flebat occulte Lucas. Cui rex, 'Quid est, karissime pater, quod inter tot gaudia flere libet?' Tum Lucas, 'Gaudere uere possum, nam anno reuoluto consimili die cum omnium nostrum 30

29 uere] *sic MS.* : *qu.* unde possum?

confusione et ira hoc eodem loco suscipieris mortuus.' Et
ita contigit.

De indiscreta deuocione Walensium.   viii.

In omni gente, ut alias dicitur, *qui timet Deum acceptus est ei.* Ac. 10. 35.
5 Rarus in Uualensibus nostris est timor Domini *secundum scien-* Rom. 10. 2.
ciam.   Cum domino Willelmo de Breusa, uiro armis eruditis-
simo, fuit, ut ipse mihi retulit, Walensis quidam, genere nobilis,
probitate acerrimus, qui noctibus singulis primo gallicantu a
lecto surgebat nudusque ad terram nudam genu flexo excubabat
10 in lucem orans ; abstinens eciam decenter erat, et tam artissime
circa seipsum custodie, ut si cognosceres eum supra hominem
angelis putares proximum.   Si uero uideres quam infrunitus in
congressibus, quam facilis ad sanguinem, quam sue salutis
necligens, quam aliene mortis auidus, quam letus scelere aliquo
15 uel homicidio perpetrato, non dubitares eum penitus iniquitati
deditum : adeo firmiter et tanquam naturaliter inest eis Walen- 26 a, col. 1.
sibus hebetudo mansuetudinis, ut si in aliquo videantur *modesti*, cf. 1 Pet. 2.
in multis appareant *discoli* et siluestres.   18.

De Helya heremita Walensium.   ix.

20 Vidi Helyam heremitam Walensem, preclare fidei et uite pro-
babilis hominem.   Secum hic fratrem suum Walenfreit habebat aliosque quamplures in foresta que Dena dicitur, non ex
decimacione aliqua, sed nomine proprio, qui non ex consilio Helie
sed suo animalia in pascuis que ibi habundant habebant plurima.
25 Co⟨n⟩tigit autem equam quandam ex illis abesse, quesitam diu non
adesse ; delata est inde ad eum ab ipsis querela, qui ait, ' Hinc
ad Austcliue abduxit eam Ricardus portitor multis uigiliis et laboribus antlatam ; inuenietis autem eam in tugurio iuxta portam

27 Austeline *MS.*

eius,' proferensque dedit eis quatuor denarios dicens, 'Date ei

Lc. 10. 7.   pro labore furti, ne defraudetur *operarius mercede sua.*' Factumque
est ita, et nichil contra inuentum. Hunc nemo ambigit in hoc
fuisse prophetam. Hic iam in fata concessit, et cum ipso est

2 Tim. 1.12. *cui credidit*, qui pro nobis propicietur.   5

De Cadoco rege Walensi. x.

cf. Mt. 10.   Cadocus, Wallie rex, audiuit Dominum dicentem, '*Qui non*
37.   *reliquerit omnia propter me non est me dignus*,' et relictis omni-
Gen. 3. 19.   bus in heremo solitarius labore manuum suarum et *sudore uultus*
sui panem quesitum iocunda et salubri deuocione comedit. Con- 10
tigit autem post aliquot dies et annos, quod successor eius, sorte
scilicet electus, faciens illac iter ad eum mitteret ut panem sibi
militibusque suis acciperet, qui respondit se modicum et quod
tantis non sufficeret habere, si tamen pro Deo peteret se daturum.
Remisit autem ad eum dicens, 'Si miserit, recipiam; sin autem, 15
mansionem eius et panem suum et ipsum flamma comburet.'
Cui Cadocus, 'Malo ipse panem habeat, quam simul comburamur,|
26 a, col. 2.   sed maledicti qui comederint.' Comedentibus autem illis, ana-
thema scientibus nec parcentibus, miles quidam Iltutus nomine,
stans in medio eorum, abstinuit et dissuasit. At illi obstinati et 20
deridentes eum caumate absorti perierunt; terra autem sub
pedibus Iltuti mansit, et saluatus est. Hec de Cadoco Brenin.

De aparicionibus fantasticis. xi.

Aliud non miraculum sed portentum nobis Walenses referunt.
Wastinum Wastiniauc secus stagnum Brekeniauc, quod in 25
circuitu duo miliaria tenet, mansisse aiunt et vidisse per tres
claras a luna noctes choreas feminarum in campo auene sue, et
secutum eum eas fuisse donec in aqua stagni submergerentur,

25 brekeinanc *MS.*

unam tamen quarta vice retinuisse.   Narrabat eciam ille raptor
illius quod eas noctibus singulis post submersionem earum
murmurantes audisset sub aqua et dicentes, 'Si hoc fecisset,
unam de nobis cepisset,' et se ab ipsis edoctum quomodo hanc
5 adepta † sit, que et consensit et nupsit ei, et prima uerba sua hec
ad uirum suum, ' Libens tibi seruiam, et tota obediam deuocione
usque in diem illum quo prosilire volens ad clamores ultra Lenem
me freno tuo percusseris.'   Est autem Lenem aqua uicina stagno
Quod et factum est ; post plurime prolis suscepcionem ab eo
10 freno percussa est, et in reditu suo inuentam eam fugientem cum
prole insecutus est, et vix unum ex filiis suis arripuit, nomine
Triunein Nagelauc.   Hic cum esset magnanimus arte possessionis terminos exiit.   Regem ergo Deheubard, id est Noruuallie,
sibi dominum elegit ; ibi diu moratus iactanciam domini sui non
15 tulit, qui cum sedisset in cena, familiam multam nimis et bonam
uiribus et armis respiciens, superbe intulit, ' Non est prouincia uel
regnum sub celo unde mihi facile non sit predam educere, et
sine bello reuerti : quis enim tanto mihi tante que familie mee 26 *b*, col. I.
resistere possit ? quis vero absque negocio a facie nostra fugiat ? '
20 Triunein hec audiens, probitatem et improbitatem suorum com-
patriotarum pensans, ait, ' Domine rex, salua magestate regia,
Breauc rex noster tanta uirtute sua suorumque prepollet, ut non
possis tu uel quisquam alius rex predam suam vi abducere, die
illa qua mane cacumina moncium libera sint et absque nube et
25 flumina uallium nebulosa.'   Rex, auditis hiis, iratus ligari eum
iussit et in carcerem proici.   Ad hoc quidam nepos regis, qui
diligebat Triunein, nomine Madauc, ait, ' Domine, non ulla
facecia cum indempnitate fame uestre ligari potest aut male
tractari, antequam mendax inueniatur.   Quod ait nebulas super
30 flumina detineri et cacumina libera, signa sunt serenitatis ; vult

---

5 adepta] *So the MS.* : *qu.* adeptus ?   12 *MS. apparently* triunem *here.*
13 Deheubard] *MS.* deheulard.   20 *MS.* compatriotatarum.

autem significare quod clara die nemo possit inde predam eicere.
Probemus an uera sit hec iactancia, nactique serenitatem, hunc
Triunein ducem nobis faciamus, qui parcium illarum situs nouit
qua ingrediendum et exeundum sit.' Annuit rex, ingressique
regnum Brehein a Brekenianc predam multam collegerunt. 5
Sedebat autem rex Brechein in balneo, et nemo ei dicebat.
Timebatur enim a vicio suo, nam omnem sinistri rumoris
nuncium in primo intellectu mali quasi a demone arreptus, eo
quod tenebat siue lapide, siue fuste, siue gladio, percuciebat
subito, et post primum iactum aut ictum aut impulsum penitebat, 10
et uel lesum uel illesum reuocabat, ut peraudiret. Audiebat
clamores nimios, et erat lancea proxima, unde factum est ut
exercitu suo contra hostes collecto nemo ei quicquam nunciare
presumps⟨er⟩it. Puer tamen ex nobilissimis illorum tandem in
medio prosiliens, ait, 'Scio quod pre timore nemo vestrum 15
preconem se regi nostro rumoris huius faciet, sed si mihi omnes
benedixeritis, nunciabo ei periculum;' et summisso capite
susceptaque ab omnibus manuum et linguarum benediccione, regi
astitit in termis, et ait,† 'Vestra terre reynos, id est Brecheniauc,
non pugnent amodo quasi animalia desunt.'† Prosilit ergo rex 20
a balneo, et in furoris impetu lapidem prope repertum in ipsum
proicit, sed non consequitur, et more suo reuocat, edoctusque
rumores, arreptis uestibus et armis, compeditum insilit in equum,
qui libere ipsum et quasi non compeditus a monte Cumeraic, ubi
tunc erat, usque in terram suam rapuit, ubi a muliere amonitus 25
est equum suum soluere a compedibus, qui statim hesit, et
compertis uinculis equi sui non processit donec absolueretur,
exinde autem maledicens femine properare non destitit quousque
cum suis obuiam habuit. Quo uiso sui securi et acres in hostes
inuolant, perdunt et mactant, et confecto eorum exercitu fere 30
toto, die crastina iussit rex omnes omnium manus dextras in
unum comportari, et in locum alium mentulas eorum, et in

26 b, col. 2.

tercium secus uiam fuge omnes pedes dextros, singulosque fecit
super hec eorum membra monticulos in memoriam victorie sue
post tantas iactancias, qui usque nunc extant quique secundum
inclusa membra nominati.   Quod autem aiunt Triunein a matre
5 sua seruatum, et cum ipsa in lacu illo uiuere unde supra mencio
est, imo et mendacium puto, quod de non inuento fingi potuit
error huiusmodi.

Item de eisdem aparicionibus.   xii.

Simile huic est quod Edricus Wilde, quod est siluestris, sic
10 dictus a corporis agilitate et iocunditate uerborum et operum,
homo multe probitatis, et dominus Ledeburie borealis, qui cum
uenatu sero rediens per deuia   mediam usque noctem uiarum 27 *a*, col. 1.
dubius errauit, uno tantum comitatus puero, ad domum in hora
nemoris magnam delatus est, quales Anglici in singulis singulas
15 habebant diocesibus bibitorias, *ghildhus* Anglice dictas, cumque
prope esset uidissetque lumen in ea, introspiciens multarum
nobilium feminarum maximam coream uidit.   Erant autem pul-
cherrime aspectu, venustoque habitu eleganter culte lineo tantum,
maioresque nostris et proceriores.   Unam tamen inter alias
20 notauit miles predictus ceteris forma facieque prestantem, super
omnes regum delicias desiderabilem.   Circuibant leui motu
gestuque iocundo, et castigata voce, reuerendo concentu sonus
audiebatur exilis, at non erat sermo earum intelligibilis.   Hac uisa,
miles accipit uulnus in cor, arcuque Cupidinis impressos uix susti-
25 net ignes, totus accenditur, totus abit in flammas, et a feruore pul-
cherrime pestis aureique discriminis animosus efficitur.   Gencium
errores audierat, nocturnasque phalanges demonum et mortiferas
eorum uisiones, Dictinnam, et cetus Driadum et alares, edoctus
offensorum vindictam numinum quomodo subitis eorum visoribus
30 subitas inferant penas, quam se illibata conseruent, et incognita

28 alares] *rewritten in erasure.*

L 2

secrete seorsum habitent, quam inuisos habeant qui consilia
eorum deprehendere conantur ut detegant, rimantur ut reuelent
quanta se sollicitudine claudant ne uisa uilescant; ulciones
audierat et punitorum exempla; sed quod recte cecus Cupido
pingitur, immemor omnium fantasma non pensat, ultorem non 5
uidet, et, quod lumen non habet, offendit inprouidus.　Domum
27 *a*, col. 2. circuit, adituque reperto irruit, ipsam rapit a qua rapitur, et
statim ab aliis arripitur, et dimicacione fortissima detentus
aliquandiu suis puerique sui magnis conatibus eripitur, nec
omnino indempnis, sed, quantum possint feminarum ungues et 10
dentes, pedibus lesus et tibiis; hanc secum tulit, et ea pro uoto
tribus diebus et noctibus usus, uerbum ab ea extorquere non
potuit, passa tamen est consensu placido uenerem uoluptatis eius.
Quarta uero die locuta est ei uerba hec, 'Salue, dulcissime mi,
et saluus eris, et prospero statu persone rerumque gaudebis, 15
donec inproperaueris mihi aut sorores a quibus rapta sum, aut
locum aut lucum unde, aut aliquod circiter illud; a die vero illa
decides a felicitate, meque sublata detrimento frequenti deficies,
diemque tuum inportunitate tua preuenies.' Ille se stabilem
fore fidumque semper in suis amoribus quacunque potest securi- 20
tate promittit.　Conuocat ergo vicinos et remotos nobiles, et
multitudine congregata solempni eam sibi matrimonio iunxit.
Regnabat in illa tempestate Willelmus Bastardus, tunc nouus
Anglie rex, qui portentum hoc audiens, probare cupiens et scire
palam an verum esset, utrumque vocauit ut simul uenirent 25
Londonias, veneruntque multi cum eis testes, et multorum
testimonia qui adesse non poterant, et maximum erat fatalitatis
argumentum inuisa prius et inaudita species mulieris, et cum
stupore omnium remissi sunt ad propria.　Contigit postmodum
plurimis reuolutis annis quod Edricus uenatu reuersus circa 30
terciam noctis horam ⟨cum⟩ quesitam eam non inuenisset, uocauit

3　claudant] claudunt *MS.*

eam et uocari iussit, tardeque venientem iratus intuens ait,
'Nunquid a sororibus tuis tam diu detenta es?' et cetera iurgia
fecit in aërem, nam illa sororibus auditis disparuit.   Penituit 27 *b*, col. 1.
ergo iuuenem excessus tam enormis et dampnosi, locumque petit
5 unde raptum fecerat, sed nullis eam fletibus, nullis eiulatibus,
reuocare potuit.   Clamabat per diem et noctem, sed ad insipienciam sibi, nam uita eius ibi defecit in dolore continuo.

Reliquit autem heredem filium suum et illius pro qua decessit,
Alnodum, uirum magne sanctitatis et sapiencie, qui cum esset
10 aliquantulum prouectus decidit in paralisim et tremorem capitis
et membrorum, qui cum omnibus medicis incurabilis uideretur,
a uiris discretis accepit quatinus ad apostolos Petrum et Paulum
quomodocunque posset properare satageret, sanitatem pro certo
accepturus, ubi corpora eorum Rome scilicet sepulta sunt. Quibus
15 ille respondit se nusquam iturum in iniuriam sancti Eþelberti regis
et martiris, cuius ipse parrochianus erat, antequam ipsi presentare-
tur, et se deferri fecit Herefordiam, ubi nocte prima coram altari
predicti martiris pristine datus est sanitati, et cum gratiarum
accione donauit in perpetuam elemosinam Deo et beate uirgini et
20 sancto regi Edelberto Ledebiriam suam, que in terris Uuallie sita
est, cum omnibus pertinenciis suis, que adhuc nunc in dominio
episcopi Herefordensis est, diciturque triginta libras annuas
facere dominis suis.

Audiuimus demones incubos et succubos, et concubitus eorum
25 periculosos; heredes autem eorum aut sobolem felici fine
beatam in antiquis historiis aut raro aut nunquam legimus, ut
Alnodi qui totam hereditatem suam Christo pro sanitate sua
retribuit, et in eius obsequiis residuum uite peregrinus expendit.

Item de eisdem aparicionibus.   xiii.

30   A fantasia, quod est aparicio transiens, dicitur fantasma; ille
enim aparencie quas aliquibus interdum demones per se faciunt|

27 b, col. 2. a Deo prius accepta licencia, aut innocenter transeunt aut nocenter, secundum quod Dominus inducens eas aut conseruat aut deserit et temptari permittit; at quid de his fantasticis dicendum casibus qui manent et bona se successione perpetuant, ut hic Alnodi et ille Britonum de quo superius, in quo dicitur 5 miles quidam uxorem suam sepellisse reuera mortuam, et a chorea redibuisse raptam, et postmodum ex ea filios et nepotes suscepisse, et perdurare sobolem in diem istum, et eos qui traxerunt inde originem in multitudinem factos, qui omnes ideo 'filii mortue' dicuntur? Audienda sunt opera et permissiones 10 Domini cum omni paciencia, et ipse laudandus in singulis, quod sicut ipse incomprehensibilis est, sic opera sua nostras transcendunt inquisiciones, et disputaciones euadunt, et quicquid de puritate ipsius a nobis excogitari potest aut sciri, si quid scimus, id uidetur habere, cum totus ipse sit uera puritas et pura ueritas. 15

Item de eisdem aparicionibus. xiiij.

Miles quidam a karissima sibi bona quidem et nobili uxore primogenitum primo mane post eius natiuitatem iugulatum repperit in cunis, et anno reuoluto secundum, et tercio similiter tercium, suis et omnium suorum excubiis flebiliter delusis. 20 Preuenerunt ergo ipse et uxor sua suique quartum puerperium ieiuniis et elemosinis et oracionibus et lacrimis multis, natusque est eis puer, quem cum eis ignibus lampadibus⟨que⟩ circumdantes tota uicinia, omnes in eum intendebant oculos. Veniens autem peregrinus quasi ex itinere fessus, hospicium sibi pro Deo 25 peciit, et deuotissime susceptus est, qui et assedit eis excubans; et ecce post noctem mediam sopitis omnibus aliis ipse solus peruigil uidit subito reuerendam matronam cunabulo imminen-
28 a, col. 1. tem et inuadentem | infantulum ut iugularet. Prosilit igitur

3 at] *MS.* et.　　　20 suis] *added in margin.*

inpiger ille, tenetque firmiter arreptam, donec omnibus excitatis
et circumstantibus a multis eorum agnita est, et ab omnibus in
modico, protestantibus ipsam esse nobilissimam omnium illius
metropolis matronarum genere, moribus, diuiciis, et omni hone-
5 state ; sed ad nomen suum, ad questiones alias, nichil respondet.
Quod et pater ipse multique alii pudori ascribunt ob inter-
cepcionem, suadentque dimitti ; ille constanter asserit demonem
esse, tenetque firmiter, et una clauium ecclesie proxime faciem
ad eius malicie signum exurit, et precipit ipsam sibi cito adduci
10 quam opinantur hanc esse. Que dum istam tenet adducitur,
similisque per omnia capte, similiter eciam exusta, uidetur.
Dicit ergo peregrinus admirantibus et stupidis, ' Hanc que nunc
aduenit optimam spero Deoque dilectam, et bonis operibus
inuidiam demonum in se prouocasse, unde et hec eorum nuncia
15 nequam et executrix irarum huic bone quantum ei licuit inuisa
similisque facta est, ut infamiam culpe sue refundat in istam.
Quod ut credatis videte quid dimissa faciet.' At illa per fenestram auolauit cum planctu et eiulatu maximo.

Item de eisdem aparicionibus. xv.

20　Quid super his et huiusmodi dicendum ? Paulus et Antonius
recte dicti heremite, quod, vasti nimis heremi palantes incole,
Deum in solitudine solum querebant, inuicem ignoti, admoniti
sunt in spiritu hic hospes fieri adueniens, ille suscipiens ; hic
aspectatus, expectans ille. Venienti autem et de via dubitanti,
25 e transuerso affuit currens centaurus, animal duplex, homo ab
imo pectoris, equs inferius ; hic ad questiones eius mugitum pro
uerbis edidit, manuque doctrinam vie fecit. Post hunc se sibi
ultroneum obtulit aliud quoddam pedibus caprinis, uentre
hispido, nebridem | habens pectore stellis stellatam, facie 28 a, col. 2.
30 ardenti, mento barbato, cornibus erectis ; huiusmodi autem Pana

dicunt antiqui ; *pan* autem interpretatur omne, unde tocius in se
mundi formam habere dicitur.   Hic uerbis discretis uiam docuit,
quesitusque quis esset, respondit se angelorum unum qui eiecti
cum Lucifero dispersi sunt per orbem singuli secundum merita
superbie sue.   5

Item de eisdem aparicionibus.   xvi.

Nunquid non et hoc fantasma est ?   Apud Louanum in
marchia Lotharingarum et Flandrie, in loco qui Lata Quercus
dicitur, aduenerant ut adhuc solent multa militum milia ut more
suo armati colluderent, quem ludum torniamentum vocant, qui 10
reccius tormentum dicitur.   Insidebat autem miles quidam ante
congressum equo maximo ; erat autem ipse pulcher, statura
aliquanto mediocribus maior, et uenustis armis decenter redimitus.   Innixus lancea suspirabat tam egre, ut a multis circumstancium annotatus, ad racionem poneretur cur hoc.   Ipse 15
autem cum alto respondit suspirio, ' Deus bone ! quantus mihi
labor est omnes hodie uincere qui huc conuenerunt.'   Exiit
autem uerbum hoc ad singulos, et ostensus ⟨est⟩ alternatim et
inuicem omnium digitis cum susurro inuide indignacionis.   Ipse
autem primus lancea in aduersos irruit, et tota die illa tam 20
fortiter agens, tantis eminens successibus, tam victoriose quibus-
⟨cun⟩que preualens effulsit, quod in iniuriam eius nulla tacuit
inuidia laudem, et in amorem eius pre admiracione tota conuersa
est malignitas odii.   Sed vere laus in fine canitur, et uespere

Hor. *Sat.* ii. laudatur dies.   *Filius* uidebatur *fortune*, sed in ultimo circa 25
6. 49.   finem et discessum omnium, ab ignobili nulliusque precii milite
facto sibi obuiam lancea percussus est in cor, subitoque mortuus.
Reuocate sunt utreque partes, et cum ab omnibus et a singulis |
28 *b*, col. 1. alterutrum singulis ostensus sit exarmatus, a nemine cognitus
est, et usque hodie inauditum quis fuerit.   30

17 labor] *added in margin.*

De Gradone milite strenuissimo.　xvii.

Gradonem miramini merito quasi stabilem inter procellas rupem, qui se semper spei metusque medius per labores Herculeos equa lance librauit, ut in neutrius exiret degener in-
5 famiam.　Filius erat regis Wandalorum, cuius ipse regnum egressus a puero, non importunitatem patrie uel patris districcionem fugiens, sed animum habens mundo maiorem, artari se finibus contempsit patriis.　Literis ergo primo sufficienter adeptis, armis demum assumptis, tocius orbis portenta perdo-
10 muit.　Qui cum non esset ipse monstrum instar Alcide secundum giganteam altitudinem, vel Achillis secundum fatalitatem, non inferioribus meruit titulis attolli, sed eciam maiori⟨bus⟩ uidetur ualuisse uirtutis et uirium.　Hic bellis excercitatissimus, piscibus et auibus et feris capiendis frequentissimus, pacis et werre
15 tempore tam preclarus enituit, ut nichil ignorare predicaretur, et, cum gladio dextere sue uix posset armorum turba resistere, pacis erat amator et assertor eximius, totumque mundum circuiens famosos ubique interfuit congressus, causa semper utrinque cognita quatinus fieret iniurie depressor et atleta iusticie, et quod
20 nunquam ab incepto resiluit nec actibus recusis retrocessit a voto, omnem eum habere sapienciam aiebant, linguas quorumlibet loquebatur regnorum, et frequenti felicitate successuum tocius uite uidebatur obedienciam optinere, tanquam opcioni sue parerent *animancia omnium motabilium* et haberent intelligen-　cf. Gen. 1.
25 ciam.　Hic insulam nostram, id est Angliam, ingressus, Offam²¹·
uidit regem strenuissimum, inter puericiam et iuuentutem iocundissimum tempus agentem, si quis | agnoscere posset; at 28 b, col. 2.
nostra sic tota prelabitur etas ut non uideatur dum adest felicitas, sed ad preteritam aperiantur oculi.　Rex hic Walenses in

---

2 Gradonem] *after this the MS. has* Gado *throughout.*　　　16 armorum] *qu.* armatorum?

modicum sue Wallie angulum et que de nomine regis eiusdem
dicitur adhuc fossa cinxerat, cuius egressum vel excessum pede
luebant et lugebant amisso.   Hic regnum suum ad summum
prosperitatis perduxerat multo studio multoque labore gradum,
acceperatque sibi coniugem filiam imperatoris Romanorum. 5
Multa inter Romanos et Anglos audiuimus ad utrorumque
lacrimas facta coniugia, quorum hoc unum. Venerant Romani
frequenter ad Offam ab imperatore missi, ditatique ab ipso
recesserant cum multa laude regis et regni, quos ut Roma
uidit uestibus et auro lucidos, innata statim exarsit auaricia. 10
Nec mirum : hoc enim nomen Roma ex auaricie sueque diffinicionis formatur principiis, fit enim ex R. et O. et M. et A. et
1 Tim. 6. 10. diffinicio cum ipsa, *radix omnium malorum auaricia.* Sugge-
runt ergo domino suo imperatori Cunnano (de quo monialis
uidens eum deformem dixerat,   15

Domnus Cunnanus nichil ⟨est⟩ nisi cunnus et anus)

quod Roma merito caput orbis est et domina terrarum omnium,
Angliam tributariam de libera fieri, nec absistunt eum ad hoc
animare, donec in suam inducunt auaricie sentenciam.   Sed
incipere aggredi hoc solum proibet, quod Gadonem superesse 20
sciunt omnis innocencie defensorem, nec usquam posse tam
arduum opus inchoari siue prope siue longe ad quod ipse non
uocaretur ad tuicionem iusticie.   Suspirat igitur diucius ad hoc
cum suspirantibus Romanis, uerbumque satis secretum habent.
Nesciens hoc agi, dimisit Offa Gadonem diutissime tamen 25
detentum et multa semper excultum reuerencia, qui non
quantum potuit sed quantum uoluit diuiciarum secum tulit,
Angliamque competenter honustus egressus est ad extremos |
29 a, col. 1. Indos, abinde nunciis hanelis et literis uocatus anxiis quasi qui
gladius erat in manu Domini, omnium ad quas inuitabatur 30
iniuriarum ultor ; cuius memoria quoniam in remotissimis agebat

remissior erat apud Romanos, fueruntque qui mortem eius et
modum et locum et tempus fingerent imperatori, ne timeret
Anglos inuadere.   Conuocatur ergo grauissimis imperium edictis,
factusque numerosus ac super numerum exercitus inprouisos
5 Offam et Anglos appulit, inprouisos ad se dico, quoniam a
Deo prouisos.   Nam Gado expeditis Indorum angustiis ad patris
sui regnum per mare properans, ventis voto suo peruersis,
sed in subsidium Anglorum a Deo conuersis, eadem die ad
litus idem ad quod impetitores et hostes, defensor et amicus
10 allabitur. Offe presentatur, aderatque collectis uiribus in Collo-
cestria, de qua natam predicant Helenam que crucem Domini
repperit, reuersique sunt ad eum nuncii, pace petita sed negata.
Gado igitur uidens faciem preliorum, a Domino se illuc aduectum sentit, libensque suscipit obedienciam.   Iam se foro parat,
15 preciosis quibus semper utebatur indutus uestibus, et centum
optimis et electissimis stipatus equitibus, ad tentoria properat imperatoris ; quem qui primus est intuitus cum omni properat attonitus admiracione nuncius imperatori fieri, dicitque
uirum aduenire maximum, respersum canis quasi semicanum,
20 sericis uenustissime redimitum uestibus, hominem secundum
similitudinem angelicum et iam a Deo glorificatum, et cum eo
circiter centum milites, quasi ex omnibus orbis partibus optimos,
maximos, et pulcherrimos.   Et notandum quod Gado semper
ad minus centum circumducebat.   Ad hos expauescens imperator
25 rumores, sciens quid contigerit, stupidus hesit, et consiliarios
aduentus sui prodicionis arguit.   Et ecce Gado medius eorum
ait | 'Si *pacificus* aduentus domini summi principis ? '   Impera- 29 *a*, col. 2.
tor respondit, 'Quid ad te, qui nusquam domi residuus es ? sed 1 Reg. 16. 4.
nunquid tuus *ingressus pacificus*, qui lites et rixas uenaris in
30 orbe ? '   Tum Gado, ut erat vir firmissimi cordis et immobilis
a ueritate, blande subintulit, 'Pacificus, quod cum gratia et

uirtute Dei pax erit innocencie; quod et uenatorem me dicis
licium, non errasti, nam eas inuestigo sollicitus et inuentas totis
prosterno uiribus; creatores earum odi, quas nisi fouere destite-
rint non amabo.' His dictis papilionem egreditur, suis additur
qui foris expectabant, salutansque Romanos abscedit. Non 5
proinde salutat quod diligat eos aut resalutari desideret, sed
bone consuetudinis reminisci iuuat, nullus enim faceti moris
omittendus est calculus, ne fiat obliuio boni quod tam facile
labitur; unde fit eciam ut ibi sit assuescenda facecia ubi non
debetur, et felix qui bonos conseruat usu frequenti mores. 10
Mirantur et metuunt Romani, quod sint Gadonis milites magnis
summitatibus et forma prestanti cultuque diuite preclues, et non
sibi solomodo sed omnibus quos ante uiderant preferendi.
Ingreditur ad Offam inprouisus Gado, cui tantum attulit securitatis et spei quantum Romanis intulerat formidinis et diffidencie, 15
edoctusque suum ius et eorum iniuriam, exercitum prior armatus
ad arma iusta commouet, regem ipsum et totam multitudinem
exceptis quingentis optimis in urbis medio statuit in loco
spacioso et uacuo; ipse cum suis tantum ad portam que primis
hostium prestabat incursibus congredi properat, iuuenemque 20
precipuum nepotem regis nomine Suanum proxime sibi porte
29 b, col. 1. presidentem predictis quingentis preficit.| Veniens ergo primus
Romanorum cuneus, Gadone pre timore uitato, Suanum irrum-
punt, quos ipse tanta virtute sustinuit et tanta restitit eis
fortitudine, ut oculis quibus alias Gadonem uiderant discre- 25
dentes ipsum se ⟨ib⟩idem inuenisse putarent, ualidaque multitudine certant opprimere, quem bellica nequeunt industria
superare.   Tandem ex eorum cuneis duobus fugatis et fusis,
ex quingentis ducenti ceciderant.   Inuadit trecentos cuneus
quingentorum antequam respirarent a lassitudine, missoque 30
milite ad Gadonem pro subsidio, responsum habuit Suanus ut

dimicaret fortiter. Paruit ille nichil obiurgans, et tam irreuerenter in hostes irruit et tam secure se ingessit in medios, ut non
uideretur congressio, sed agnorum fuga pre lupis, uel leporum
a canibus, instititque portam egressus, cedens eos usque ad
5 quartam aciem. Erubescens autem quod petisset auxilium,
uiuere uilipendit, ab hoste reuerti pudet, morteque sua redimere
parat timiditatis obprobrium, donec Gado misertus fugam ei
mandat inire. Ille non sibi consulens sed maiori prudenter
obediens, regem suum ut precipitur porta neclecta precipitanter
10 adit. Hostes autem ut multa *vis aquarum obice rupto* per   cf. Virg.
portam irruunt, de triumpho securi, sed eos in foro fortiter Offa *Georg.* ii.
suscipit, et ad firmissimum alliduntur obstaculum. A tergo   479–80.
igitur per eandem eis iminet portam Gado, et fere falci similis in
arundineto per medium miserorum irrumpit, vicum relinquens
15 quocunque graditur. Cedunt igitur et ceduntur inclusi, et quod
nec spes est uictis nec timor uictoribus, dedignantur persequi |
regemque reuocat Gado : vocantur ad pacem qui bellum attule- 29 *b*, col. 2
runt, et acceptis a rege nauibus mortuos suos Romam secum
sepeliendos reuehunt.

20   *De Androneo imperatore Constantinopolitano.* xviii.

Regnantibus Lodouico grosso in Gallia, Henrico primo in
Anglia, imperabat Constantinopolitanis Andronius, duobus filiis
preclarus, Andronio et Manuele. Misso autem a patre suo in
expedicionem Andronio et ibi commorante, concessit in fata
25 pater. Ocupauit ergo Manuel imperium illicite, quod iunior,
reuersumque reppulit Andronium, qui per prouincias et ciuitates
querelam tante deferens iniurie contra Manuelem fere dimidium
armauit orbem, obtinuissetque aduersus eum, sed Manuel
thesauri prodigus et auarus honoris, sciens Grecos moolles et
30 femineos, loquaces et dolosos, nulliusque contra hostes fidei uel

uirtutis, pro tempore sibi utiliter usus est eis, effusis copiis et simulatis promissis, induxitque viritim quasi ad ipsorum tutelam et personarum salutem cismontanos, pro ipsis scilicet periculis obiciendos, et, cum nullatenus parceretur pecunie, famelici per turmas aduolantes replebant terram, et pedetentim ingressi toto 5 se cursu in gentem magnam perficiunt. Victor igitur eorum opera·Manuel et ope, fratris uicti et omnino expulsi misertus ipsi regnum Parthis, id est Turchis, contiguum, utile satis et amplum sed longinquum, tribuit, accepta iuramenti caucione imperiique perpetua renunciacione tam ab ipso quam ab Andronio filio suo 10 et herede. Satis fecisse sic putat Manuel iusticie de inuasione et pietati de non euicta donacione. Mortuo postmodum Andronio patre, instaurat Andronius heres iteratque Manueli caucio-

30 *a*, col. 1. nem. Hiis fideliter obseruatis usque ad tempora Lucii pape, qui Alexandro pape tercio successit, rexit imperium predictus 15 Manuel felicissime, accepitque filio suo Manueli filiam Lodouici regis Francie, decessitque plenus dierum fideliter et feliciter, excepto quod filius eius nonnisi septennis relictus est, et in manu cuiusdam Greci qui ex officio protosaluator dictus est. Hiis auditis Andronius, sicut est uir pessime audacie, qui iam bis 20 negauit Christum adulans sibi a Thurchis auxilium, eciam nunc

cf. Mt. 26. *tercio* ut aiunt *negauit*, et ascita sibi magna manu Sarracenorum
34. per vicinas Manuelis insulas finitimasque prouincias querelam detulit, fingens protosaluatorem uxore domini sui abuti et sibi matrimonio uelle coniungere, ambosque in necem pueri Manuelis 25 coniurasse uel ipsum iam interfecisse, ut sub simulacione pietatis simul imperent, se cum lacrimis asserens pupillo fore tutorem fidelissimum, si fauoribus eorum et auxiliis id prosequi dignum ducerent, auferrique de medio scandalum et duplicitatem. His addit promissis munera lacrimans, omnemque iusti doloris simili- 30 tudinem. Credituretincustodem adoptatur ab omnibus et tutorem pupilli. Veniens igitur in manu magna obuias acies a protosal-

uatore destinatas contriuit, non bellica virtute confectas, at ab ipsis
earum ducibus ad mortem proditorie uenditas. Hec Greca fides.
Peruentum est tandem ad mare, quod Beati Georgii Brachium
dicitur.   Hinc premissis a ciuibus Constantinopolis Grecis †
5 quidem fauore Alex̄ † et eorum ope transfretans, per Portam
Dacorum admissus est dato precio et indempnitatis securitate.
Erant autem in Constantinopoli manentes per Manuelis attractum
quos Francos appellabant, ex ⟨omni⟩ fere nacione aduene, quos
Greci persequebantur | odio pessimo per inuidiam ; adeo enim 30 *a*, col. 2.
10 exhausta est uis eorum a bello Troiano ut post Aiacem, cuius
uirtuti dolus iniuste preualuit, nichil habeant in aliquo Grecorum
iactabile uel eminens, et eciam adeo ut facta sit eis inuidiosa
omnium scoria populorum et omnis abieccio plebis. Scimus
enim quod illuc applicuerunt proscriptorum et dampnatorum
15 fugitiue phalanges, et quos a propriis profugos egit sedibus innata
malignitas tantam inter Grecos adepti sunt autori[e]tatem, ut liuor
eorum in ipsos tanquam in rediuiuos exardeat Troianos.   Non
inuideo titulos origini sanctissime quam Dominus a cunis usque
ad diem obitus signis et miraculis est prosecutus ; nichil detraho
20 quos elegit Dominus ; de militibus michi sermo est, quoniam id
genus in illo defloruit exercicio † Troiani exercitus, nec est in illis
inuentum ad miliciam decus post Achillem, Aiacem, et Titidem.

De Gillescop Scoto viro strenuissimo.   xix.

Vidi uirum a Scocia cuius laus ibi eternitatem adepta est ;
25 nomen ei Gillescop, id est episcopus. Hic cum omnibus fere
ducum, principum, et regum congressibus illarum parcium inter-
fuisset, in singulis siue cum uictoribus siue cum uictis precium
utriusque tulit agminis, a iuuentute in senium felicis homo

4 *sic MS.*: *qu.* quibusdam fauore alexii ?   21 *something seems wanting : qu.*
⟨post exicium⟩ *vel simile quid?*

audacie, cui nunquam temeraria presumpcio nouerca⟨ta⟩ est, cum
in omne periculum quasi cecus irruerit, et raro uel nunquam
tante proteruitati sint negati successus; episcopus non ex officio
dictus, sed a corona caluiciei. Porro multe sunt vicine Scotis
insule quibus singulis reguli presunt, quorum unus cuius duobus 5
tantum distabat a Scocia milibus regio, uir laudabilis secundum
suam miliciam improbitatis, predicti Gillonis amicam rapuit in
antelucano dominice diei; quod ipse hora eiusdem diei prima
rumoribus auditis tam ferine tulit, ut inconsultis amicis non
expectata vel expetita naue, inermis excepto gladio, braccis in 10

30 *b*, col. 1. sella fissis, cetera nudus, auderet pontum aggredi, seipso | usus
clauo, remige, et uelo, idem nauis et rector eius, exercitus in
hostem et dux, et cum in omnia timenda preceps irruat secure
transit et applicat. Pone domum raptoris adit, clamque per
foramen modicum introspiciens inter trecentos aut plures con- 15
uiuas amicam suam amplexibus regis herentem uidet. Insilit
igitur amenter inprouidus, unoque regem ictu consummat et
exilit. Conuiue stupent, et quidam morienti dolentes, quos
autem magis improbus accendebat ⟨in⟩ iracundiam dolor, armis
prosequi elegerunt. Ille per medium equoris gladium in manu 20
cruentum tenens natatu saluti consulit, instar apri quem canes
oblatrant eminus, quos a congressu vulnerum arcet timor, et a

Virg. *Aen.* i. 37. *cepto desistere* rancor animi non permittit. Duobus tamen in
equore confossis domi tutus residet, audacissime nouitatis et
acerbissime auctor ulcionis. 25

  Idem domino suo regi Scocie, cum pro infirmitate non posset
hostibus obuiam ire tute, respondit, 'Domine, loco tuo me
mittens oras ut bene pugnem: securus esto quod cuicunque
cedat belli uictoria, tibi dico uel hostibus, ego de laudibus
omnium triumphabo.' Et triumphauit. 30

  Idem cum multos in fugam coegisset hostes uictor, cruribus
perforatis lata lancea, sociis ad spolia relictis, innitens haste pedes

rediens, cum a suis complicibus et ab eorum esset remotus
obtutibus, insiliunt in eum subito tres pedites ex uictis, primus
lancea, secundus cnipulo, tercius arcu. Inermis ille lancea
excepta, sed et illi preter predicta. Primum igitur in aduentu
5 lancea suscipit transfossum in cor, et sua sinistra lanceam ipsius
auertit, et suam extrahens recipit secundum per medium inguinis;
tercius ipsum titubantem repperit, et paruipendens amplexatus
est eum quasi eligens hosti pro uoto mortem. Ille autem inpiger
ei abscondit interim cnipulum sub pectore, et ab ipso alium sus-
10 cepit cnipulum per medium scapularum. Occumbunt ergo
quatuor, | sed ipse solus euasit, et a suis inuentus ad securitatem 30 *b*, col. 2.
se transtulit. Vixit idem inter tot pericula discriminum usque ad
senium, et ab huiusmodi casibus forte dictum est militare prouerbium, ' Vadis quo uis, morieris ubi debes,' tanquam quiuis posset
15 in omnem irruere mortem, et non preuenire diem suum. Bonum
est ut milites hoc credant ad excitandum et imitandum.

De moribus Walensium. xx.

Compatriote nostri Walenses, cum omnino sint infideles ad
omnes tam ad inuicem quam ad alios, probi tamen sunt, non dico
20 uirtute boni uel uiribus precipui, sed acerbitate inpugnandi et
acredine resistendi, sola scilicet improbitate probi, uite prodigi,
libertatis auari, pacis neclectores, bellicosi armisque prudentes,
et uindicte auidi, omnium rerum largissimi, ciborum sibi quisque
parcissimus, et cuiuis alii effusus, ut cuiusque alimenta cuiusque
25 sint; et omnino nullus inter eos querat panem, sed sine lite
sumat inuentum, et quicquid uictualium ad esum presto repperit.
Et ne redargui possint auaricie, tanta retinent uerecundia largitatis et hospitalitatis reuerenciam ut ante diem tercium nemo
queret ab hospite suscepto unde sit uel quis, ne unquam erube-
30 scat uel de licencia uiolenta suspicionem habeat a susceptore, uel

oporteat ipsum ad uocacionem respondere, ut tutus sedeat ab imperio.   Die autem tercia licet reuerenter querere.

De hospitalitate Walensium.   xxi.

Contra hunc morem contigit. Vir quidam illarum parcium hospitem suscepit, ipsoque relicto domi, sumpta lancea mane 5 facto in agenda sua perrexit, et pernoctauit alias, et secundo mane reuersus non inuento quem querebat hospite querit ab uxore quo deuenisset.   At illa, 'Iacebat diluculo, et aperto contra se hostio uisaque tempestate maxima uentorum et niuium, ait, " Deus bone! quam periculosa procella!" et ego respondi, 10 "Modo facit bonum perhendinare ignauo uiro in domo sapientis."

31 *a*, col. 1. Tum ille cum magno | gemitu ait, "Pessima femina, non perhendino;" et exiliit cum lancea, nec potui eum reuocare.' Vir se delusum dicens ipsam sua transfodit lancea, et cum eiulatu flebili uestigiis inhesit hospitis, diuque secutus lupum inuenit occisum, 15 et post illum circa semitam precedentis octo, et demum lanceam fractam.   Post hec ipsum a longe sedentem uidit,—unumque sed maximum lupum ipsi de proximo insilientem,—quem sequebatur. Tum ille properans abegit lupum, pedibusque hospitis sui prouolutus veniam sibi de uxoris delicto petit, enarrans ab illa ulcionem 20 Ille miser omnino exanimis fere lupum uidens expectantem quid fieret, 'Hoc,' inquit, 'tibi pacto mee te mortis inmunem concedo, ut te hinc dum quid mihi uirium et uite superest amoueas, quatinus in incursu lupi qui mihi tam improbe quasi adherere uidetur ipsum interficere possim.'   Secessit igitur in partem 25 rogatus, et lupus in uulneratum irruit, et ab ipso lancea transfixus est quam ei commodauerat qui astabat.   Seminecem igitur domum secum referens hospitem hospes, paulo post mortuum sepeliuit.   Hec fuit odii prima causa inter generaciones uiui et

2 imperio] *qu.* improperio.

mortui, et ulcionis mutue usque in hodiernum diem. Cumque
parentes uiui sine culpa sint, sine improperio non sunt, ob
causam facte suspicionis per uerbum uxoris inuide. Et quia de
Walensibus sermo cepit, ueniat in medium iudicium diu inter eos
5 quesitum et tarde productum.

De Luelino rege Walensi. xxii.

Rex Wallie Luelinus, uir infidus ut fere omnes decessores eius
et posteri, uxorem habebat pulcherimam, quam vehemencius
amabat quam amaretur ab ipsa, unde se totum armauit in insidias
10 castitatis illius, et suspiciosissima zelotipia decoctus nichil aliud
agebat quam ut non tangeretur ab alio. Peruenit ad eum forte
iuuenem illarum parcium elegantissimum fama, no|bilitate 31 *a*, col. 2.
morum, generis, et forme, statuque rerum et persone felicissimum,
sompniasse quod cum ipsa rem habuisset. Delusum se dicit rex,
15 et quasi de re veraciter acta stomacatur, dolet, et dolo comprehendit innoxium, et, si non obstet reuerencia parentum et timor
ulcionis, ipsum cruciatibus affliget ad mortem. Ut moris est,
vadem se offert pro iuuene tota cognacio, et cauere iudicio sisti.
Ipse negat, et iudicium statim fieri petit. Repulsi de repulsa
20 queruntur, et dum tenetur in uinculis uindictam differunt. Multi
ad iudicium sepe conueniunt tum iussu principis, tum alterius
inuitacione partis, et in omni contractu defecti plures inuocant
undequaque prudentes. Tandem unum consulunt quem fama
faciebat precipuum, et res non minus, quibus ille, ' Iudicia terre
25 nostre sequi oportet, et que statuerunt patres precepta longaque
consuetudine firmata sunt, nulla possumus racione destruere.
Sequamur eos, et antequam in contrarium decreta dictent publica
nihil nouum proferamus. Ab antiquissimis promulgatum est
institutis, ut qui regis Wallie reginam adulterio deturpauerit,
30 mille solutis regi uaccis cetera indempnis liber abibit. De

N 2

uxoribus similiter principum et magnatum quorumcunque secundum singulorum dignitates constituta est pena sub certo numero.
Iste acusatur de sompnio concubitus cum regina, nec inficiatur.
De ueritate criminis confessa certum est quod mille vacce
darentur.   De sompnio damus iudicium, quod iuuenis hic mille 5
vaccas in conspectu regis super ripam stagni de Behthenio statuat
in ordine, sole lucente, ut sint umbre singularum in aqua, et sint
umbre regis, vacce uero cuius ante, cum sit sompnium ueritatis
umbra.'   Approbata est ab omnibus sentencia hec et execucioni
mandata, licet obiurgante Luelino.   10

De eodem. xxiii.

31 *b*, col. 1.   Luelinus iste, cum esset iuuenis, uiuente Griffino patre suo,
ignauus erat et piger, et paterni consessor cineris, homo nauci et
defectus qui non exibat.   Cui soror sua post multa improperia
nocte ante Circumcisionem proxima cum fletu aduenit, dicens, 15
' Karissime frater, non sine magna confusione regis et regni huius
factus es in derisum et fabulam omnium, cum sis unicus et heres
regis.   Nunc autem oro, ut quod est leuissimum et sine periculo
facias.   Mos huius terre est quod hac nocte, que prima est in
noctibus anni, exeunt omnes iuuenes in predam, uel in furta, 20
uel saltem in audicionem, ut experimentum quisque de se capiat
in his ; in predam, ut Gestinus, qui longe profectus quod rapuit
absque negocio suauiter reuexit et anno illo magnis floruit
successibus ; in furta, ut Golenus bard, qui de domo porcorum
festucam unam retulit sine alicuius grunnitu, et quecunque voluit 25
illo anno sine querela uel sonitu furari potuit ; in audicionem uel
ascultacionem, ut Theudus (quod Latine dicitur Theodosius),
qui furtim accedens ad domum Meilerii, audiuit intro unum ex
3 Reg. 18. sedentibus dicentem, "uidi hodie mane *nubeculam a mari*
44.

ascendere, et facta est in nubem maximam, ita ut totum operiretur mare "; processus igitur inde arbitratus se nubeculam, id est
paruulum, a mari, i. Wallia, que semper in motu est, natum,
regem futurum, quod ei postea detexit euentus. Nunc autem,
5 karissime frater, saltem in auditum exi, quod sine omni periculo
est.' His excitatus puer, quasi a graui sompno surgente animo,
deuolutus in iram quam non nouerat, leui et prompta uoluntate
factus est ualidus et agilis, et ascita sodalitate plurium ad parie-
tem uiri cuiusdam restitit clam arectis auribus. Sedebant in-
10 terius multi et in medio eorum expectabatur bos in frusta
concisus, quem cocus eorum super ignem in lebete creagra
circumterebat; | qui et ait, 'Unum admirabile frustum inter alia 31 *b,* col. 2.
hic repperi, nam illud pessundo semper et sub aliis pono
subiciens, et statim apparet super omnia alia.' ' Hoc ego sum,'
15 ait Luelinus, 'quem multi conati sunt et conabuntur opprimere,
et semper contra omnium vota violenter irrumpam.' Letus
igitur tam manifesto pronostico patrem deserit, bella vicinis
indicit, fur argutissimus et vehementissimus in alienas irruptor
opes; precipitanter ad ipsum conuolat omnis nequicie manus, et
20 in breui ab ipso patre timetur, cuius post decessum omnes
potenter obtinuit Wallie fines in pace, excepta quam ipse suis
faciebat persecucione. Similis enim erat Alexandri Macedonis,
et omnium quos auara cupiditas fecit effrenos, largus, peruigil,
inpiger, audax, facetus, affabilis, dapsilis, improbus, perfidus, et
25 crudelis.

Hic quemcumque uidebat iuuenem boni fortisque principii
quoquo ipsum aut interficiebat dolo aut membra eius debilita⟨ba⟩t,
ne fieri posset in uirum fortem, sui memor salutis; qui subito
factus est omnium suppremus, dicens, 'Neminem occido, sed
30 obtundo cornua Wallie, ne possint ledere matrem.' Nepos igitur
Luelini Luarc cum esset bone indolis puer, procerus et pulcher,

2 *qu.* progressus . . . arbitratur?

magnas habens summitates et multa tam uirium quam virtutum indicia, presagiens rex ipsum magnum fore, timuit sibi, sed et multis adulacionibus nequaquam illexit. Diu tamen quesitum in tuto repperit, ubi puero non erat timendum, aitque, 'Dic michi, carissime, qua me racione uitas et fugis, certissimum tibi et tuis 5 refugium? scandalum tibi et toti generi tuo facis, nec est aliquid quod redimere possit infamiam quam inponis, nisi te nobis, quos unit sanguis, et conuersacio grata conformet; quod si quid times, quoscunque duxeris fideiussores dabo.' Ad hec puer, 'Hoelum,' inquit, 'peto fideiussorem, quem mandato tuo parentem in 10 32 *a*, col. 1. abdito tu | suffocare fecisti, Rothericum, quem osculo et amplexu sinistre suscepisti et cnipulo sinistre occidisti, et Theodosium, quem tibi coambulantem et colloquentem opposito pede tuo suis a prerupto rupis precipitasti, et Meilinum nepotem tuum, quem clam in dolo cepisti et cathenis honustum in carcere 15 mori coegisti,' et in hunc modum ei multos alios obiecit quos perdiderat.

Inter opera nequicie sue unum nobiliter et honeste fecisse dicitur. Tempore suo finitimis suis adeo grauis et pestilens extitit, ut rex Edwardus, qui tunc Anglis prefuit, pro 20 suis cogeretur supplicare uel ad defensionem armari. Missis igitur hinc inde nunciis, Sabrina interposita, collocuti sunt. Edwardus ad Austecliue erat, Luelinus in Becheslee. Ibant et reuertebantur inter eos in phaselis magnates, et post multa internuncia ad alterutrum, altercatum est diu uter eorum ad 25 alterum transire debuisset. Erat autem transitus difficilis difficultate fluctuum, sed non hac causa conflictus; allegabat maioritatem Luelinus, parietatem Eduuardus; Luelinus quod sui totam Angliam cum Cornubia, Scocia, et Wallia conquisissent a gigantibus, et se affirmabat in rectissimo descensu heredem, 30 Eduuardus quod a conquisitoribus suis eam sui obtinuissent

9, 10 fedeiussores *MS*.   23 betheslee *MS*.

antecessores.　Post multam igitur preliacionis rixam, ingressus cimbam Eduuardus ad Luelinum properauit.　Est autem ibi Sabrina miliare habens in latum.　Videns ipsum et agnoscens Luelinus, proiecto pallio solempni, nam se foro parauerat, usque
5 ad pectus ingressus est aquam et cymbam corditer amplectens ait, ' Sapientissime rex, tua humilitas meam uicit superbiam, et sapiencia triumphauit inepciam ; collum quod contra te fatuus erexi ascendes, et sic intrabis terram quam tibi hodie tuam fecit benignitas.'　Acceptumque humeris super pallium | suum sedere 32 *a*, col. 2.
10 fecit, et iunctis manibus sibi fecit hominium.

　　Hoc inicium pacis egregium, sed more Walensium obseruatum est usque ad potestatem nocendi.　Unde michi contigit respondere parabolam beato Thome, tunc cancellario domini mei, regis Henrici scilicet secundi.　Quesiuit a me, qui marchio sum
15 Walensibus, que fides, id est fidelitas, eorum, et quomodo credi possint : cui ego, ' Exulabat in Gallia Franco eques ab Allemannia, qui veniens per medium nemus Bihere uidit Lodouicum regem Karoli filium insidentem lapidi solum, ceperant enim ibi pueri sui ceruum, cumque uidissent alium ibi ceruum transeuntem,
20 insilientes relicto eo secuti sunt ceruum.　Querebat autem loqui ei, nec sciebat ipsum esse, diuertens tamen ad ipsum quesiuit ubinam esset rex.　At Lodouicus se celare volens, ait, "In modico hic erit," cumque descendisset miles, assurgens ei rex e diuerso sibi scansile tenuit, ut mos est, sella ne vergeret,
25 vidensque militem longissimo cinctum gladio, peciit sibi ostendi, cumque miraretur magnitudinem et formam gladii quem nudum tenebat, oblitus proposite celacionis, regaliter ait, "Affer mihi lapidem ut sedeam."　Franco timens gladium attulit, et repeciit ensem, tenensque, "Refer," inquit, "lapidem in locum suum."
30 Rex, cum uidisset ensem erectum, timuit et retulit.　Et ego vobis ex hoc facto notifico fidem Walensium, quod dum tenebitis

8 tibi] *qu.* tua ?

ensem supplicabunt, cum ipsi tenuerint imperabunt. Et ut
aliquid sciatis quo Franco deuenerit, rex a suis inuentus statim
retinuit eum pauidum et fugientem cum magna laude, suis
referens quam probe quamque facete coegisset eum referre
lapidem, et dedit eum Crespium in Ualesio in hereditatem.'   5

In rapina et furto gloria Walensium, et adeo eis utrumque
placet, ut improperium sit filio si pater sine vulnere decesserit.
32 *b*, col. 1. Unde fit ut pauci canescant. | Prouerbium ibi est, *Iuuenis
mortuus aut senex pauper*, scilicet ut cito quisque in mortem
irruat ne senex mendicet.   10

De Conano sine pauore. xxiiii.

Conanus sine pauore, sic dictus quod nusquam obstupuit,
uispilio duxque latronum, militem super Sabrinam manentem in
Glanmorgan, virum strenuum et habundantem, spoliare cupiens,
egressus est solus nemus quod toti eminet prouincie, multa 15
manu in nemore abscondita, struxitque innocenti nociuas
insidias; cumque circa uesperam uidisset militem ad domum
predicti properare militis et premisso puero ab ipso in hospitem
recipi, reuersus ait sociis suis, 'Hunc quem cupimus depredare
militem residere decet in pace, suscepit enim hospicio militem 20
qui sub nomine caritatis, ut nostratum est mos, illud peciit,
habetque secum hospitem in ipso Deum, contra quem omnis est
Verg. *Aen.* *inpar congressio.*'   Attolluntur in ipsum ad hec uerba uultus et
I. 475. irrisiones omnium, dicencium, 'Vath! quam recte sine pauore
dicitur!' et alia in hunc modum inproperia.   Ille mori malens 25
quam ignauie redargui, secutus est eos, veneruntque in conticinio
ad domum militis.   Insurgunt in eos canes, et uisa multitudine,
ut solent, egressi septa latrant exterius.   Iacebat in aula hospi-
tatus sub magnis et vicinis terre fenestris; intellexit per latratum

---

2 aliquid] *MS.* a' *perhaps for* autem: *if so, et* must be omitted.

exterius vim multitudinis superuenisse ; cum omni festinacione
et silencio sibi loricam iniciens, lanceam in manu tenens, in media
constitit area contra fenestras ascultans audiensque multitudinem
licet tumultum dissimulantem ; et ecce quidam nepos Conani, qui
5 quasi furtim aperta fenestra pedem intro posuit ut intraret.   At
ei miles inpiger lanceam inpingit in cor, retroque proicit, quem
frater eius per timorem resiliisse putans, obiectis obprobriis
pretergreditur, et ab eodem milite simili uulnere reiectus est.
Conanus igitur mortuis assumptis cum festinacione fugit, suis
10 dicens, ' Sciebam Deum intus esse : scio eciam Iudam Machab-
eum Dei fortissimum atletam dixisse, *Non in multitudine* 1 Macc. 3.
exercitus uictoria belli, sed de celo fortitudo est; ideo timebam 19.
hunc insultum producere, nec est oblitus Dominus | in nepotes 32 *b*, col. 2.
meos ulcisci superbiam obiurgacionis.'

15   *De Cheueslino fure.*   xxv.

Cheueslinus Noruualensis, frenum habens in collo, calcaria in
zona, cepit hospicium in Sudwallia in domo Traherii, cumque
post sobriam parcamque cenam diu sedissent in silencio, dixit
Traherio, ' Miramini omnes, et ob reuerenciam nostre consuetu-
20 dinis nemo querit, quis aut unde sim.   Cum tamen scire quisque
vestrum hoc cupiat, de boriali plaga Wallie sum, et me perduxit
ad has australes partes fama nobilis eque, quam uir marchio
noster et uester tanta obseruat diligencia ut iam per mensem
frustrate sint omnes insidie mee, conatusque uacuati, his ut
25 decuit calcarium et freni signis semper absconditis, sicut vos
nostis oportere.'   Risit ad hec et intulit Traherius, ' Merito certe
iustoque iudicio timidi predicantur vestrates a nostris et tam
tardi.   Mallet eciam quis nostratum causa laudis in inprobitate
furti stulte proterua interceptus acerbitate uitam dedisse, quam
30 segni elanguisse per mensem inhercia circa preciosissimum

11 *MS.* alletam.   14 *MS.* ulcissi.

furtum; et ecce quam abiecte ignauus es, qui non erubescis
tantum fateri obprobrium.　　Enuclea mihi quis hanc equam
habeat, ubi et quomodo custodiatur, et me hic cum uxore mea et
liberis expectabis in diem tercium a meo illuc aduentu, ut me
audias gloriose mortuum uel cum preda mirabiliter reuersum.' 5
Tum ille, 'Multas audiuimus vestratum audaces iactancias ut
plantam mirice ad scopam reuerti.　Cadolanus, quem satis nosti,
filius Uther, eam habet in Gesligair; die pascit in medio exercitus, nocte stat in angulo ulteriori domus sue, ut iaceat tota

33 *a*, col. 1. familia inter ipsam et hostium | unicum, quatuor autem ex optimis 10
seruis ut eam arte custodiant inter ipsam et ignem super bracha-
num, id est tapetum optimum; quod si mihi super equam
retuleris, decem vacce precium erunt eque et quinque brachani.'
Ille frenum arripit et calcaria, et cum nemo fur interceptus in
Wallia capi soleat aut redimi, sed statim capite puniri, quasi 15
securus de prope struit insidias, et se sic res habere ut audierat
aduertit.　Prima nocte domui vicinus astat, arrectis auribus, et
oculo insompni.　Erat autem nox suo conpetens operi sine stellis
furuissima: nactus horam iuxta hostium cnipulo suo foramen, quo
manum inmisit et apperuit sibi, quanto potuit silencio fecit, 20
hostium totum stare fecit apertum, veniensque furtim ad equam
soluit eam.　Conpertis vero quatuor illis qui super bracanum
dormiebant, furenti feruore animi ausus est fimbrias bracani, que
longe sunt et fortissime, caude iumenti ligare firmiter, ipsosque
quatuor per medium ignis maximi, qui cinere suo iacebat opertus, 25
extra hostium traxit, stupidosque reliquit.　Facto igitur clamore
totus ipsum sequitur exercitus, solis scintillulis ducibus quas in
bracano preferebat; quibus extinctis, domum reuersus est
securus, deditque iumentum et brachanum, acceptis vaccis,
obtinuitque sibi suisque quantum in ipso erat audacie laudem 30
aduersus boriales.

　　　　　　17 *MS.* errectis.

De furore Wallensium. xxvi.

Ut autem sciatis quam indiscreti et fatui furoris sint ire Walensium, puer quidam castri quod Sepes Inscisa dicitur, exiit ut
aquam, Waiam scilicet, transiret ; arcum deferebat cum duabus
5 sagittis, obuiusque duobus ex hostibus fugit ; fugientem de tam
prope secutus est alter eorum ut *iam tenenti similis* esset. Puer Verg. *Aen.*
autem ipsum una sagittarum suarum per medium pectoris trans- 12. 754.
fodit. | At ipse socio suo ait, 'Sequere ipsum, quia ego morior, 33 *a*, col. 2.
et mihi uitam meam ab ipso refer.' Secutus ille puerum quantum
10 pro uilla proxima potuit, ad socium suum rediit ; puer autem
ipsum a longe secutus est redeuntem, ut finem socii sciret, uidit-
que quod cum sanus ad uulneratum in frutectis uenisset, quesiuit
ille a sano utrum sibi uitam a puero retulisset, cumque sibi
responsum esset non, 'Veni huc,' inquit, 'ut susceptum a me
15 osculum feras uxori mee et filiis, quia morior.' Cum sanus
egrum oscularetur, qui suberat iacens eger cnipulo ei effodit
uiscera, 'Perde,' inquiens, 'tuam, qui meam mihi per ignauiam
non retulisti.' Superior autem ei similiter sua insecauit uiscera
cnipulo suo, dicens, 'Nullam facies de morte mea iactanciam,
20 solumque hoc mihi male contigit quod me mori cogunt uulnera
tua, antequam uxori tue basia similia liberisque tuis transfuderim.'
Ecce quam stulta quamque iniusta est ira Walensium, et quam in
sanguine proni sint.

De quodam prodigio. xxvii.

25 Maximum scio contigisse in Wallia prodigium. Willelmus
Laudun, miles Anglicus, fortis uiribus et audacie probate, uenit
ad Gillebertum Foliot, tunc episcopum Herefordensem, nunc
autem Lundoniensem, dicens, 'Domine, ad te confugio consilium

2 Ut] *MS.* Et.   23 *qu.* sanguinem ?
O 2

petens: quidam maleficus Walensis decessit satis nuper infideliter
in uilla mea, qui statim post quatuor noctes singulis ad uillam
noctibus repedans, non cessat euocare singillatim et nominatim
conuicaneos suos, qui statim vocati infirmantur et infra triduum
moriuntur, ut iam pauci supersint.' Episcopus admirans ait, 5
' Potestatem forsitan dedit Dominus angelo illius perditi malo, ut
in corpore illo mortuo se exagitet. Attamen effodiatur corpus
illud, et collo reciso fossorio conspergatur ipsum et fossa magna
aqua benedicta, et reponatur.' Cumque hoc fieret, nihilominus
errore pristino fatigati sunt ab eo residui. Nocte igitur quadam 10
33 *b*, col. 1. cum iam paucos reliquisset superstites, ipsum | Willelmum trina
citacione vocauit. At ille, ut erat animosus et inpiger, non
ignarus quid esset, nudato prosilit ense, fugientemque demonem
ad fossam usque secutus, ibi iam in fossa recidentem percussit in
caput collo tenus, cessauitque ab illa hora persecucio pestis 15
erratice, nec ipsi Willelmo nec alicui aliorum exinde nocuit.
Huius rei verum tenorem scimus, causam nescimus.

Item aliud prodigium.   xxviii.

Scimus eciam quod tempore Rogeri Wigornensis episcopi,
quidam, quem dicunt infideliter decessisse, per mensem aut eo 20
amplius et noctibus et diebus eciam palam in cilicio suo errabat,
donec ipsum uniuersa populi uicini turba obsedit in pomerio.
Manifestus [autem]-que fuit ibi per dies ut dicitur tres. Scimus
eciam quod idem Rogerus iussit crucem superponi fosse illius
miseri, ipsumque dimitti, qui cum uenisset ad fossam populo 25
sequente, uisa ut uidebatur cruce resiliit, fugitque alias, sanoque
consilio crucem abstulerunt, et ille incidit, et se terra post ipsum
clausit, cruceque superposita quieuit.

Item aliud prodigium. ⟨x⟩xix.

In libro Turpini Remensis archiepiscopi de gestis Karoli
Magni, cuius ipse coadiutor indiuiduus usque ad mortem fuerat,
scriptum repperi, quod miles quidam exercitus Karoli apud
5 Pampilonem decedens, omnia bona sua karissimo sibi cuidam
clerico pauperibus parcienda reliquit. Clericus autem ceteris
apte distributis equum militis unum optimorum tocius exercitus
auare diu detinuit, et tercio in sompnis ammonitus ab ipso
milite ne legatum pauperibus ipse sibi usurparet illicite neglexit.
10 Quarto igitur uigilanti aparuit, et ait, ' Iam iudicatus es, et
indurauit Dominus cor tuum ne peniteas, et quoniam eius
paciencia delusa monitisque neclectis honorem Deo superbe
negasti, die tercia post hanc viuus a demonibus rapieris in aëra
hora | tercia.' Hoc uerbum ut Karolo innotuit, circumcinxit illa 33 *b*, col. 2.
15 hora clericum cum toto exercitu. Stabant ergo clerici crucibus
et filateriis et cereis armati, laici gladiis et se decentibus armis ;
attamen facto maximo ululatu in aëre raptus est a manibus
eorum, et die quarta tribus inde dietis inter rupes omnibus con-
fractis membris inuentus.

20 ⟨*Item aliud prodigium.* xxx.⟩

Sedebat solus in domo sua miles a Northanhimbria circa
horam decimam post prandium in estate, et ecce qui diu ante
decesserat pater suus, vili pannosoque cilicio inuolutus, aduenie-
bat. Ille demonium ratus, ipsum a limine repulit, cui pater,
25 ' Karissime fili, ne timeas, quod pater tuus sum, et nichil tibi
sinistrum affero ; sed sacerdotem aduoca ut uideas causam aduentus mei.' Vocato igitur et plurimis accurrentibus presbitero,
procidens ipse ad pedes eius, ait ' Ille miser ego sum, quem tu

24 ratus] *MS.* ra*p*tus.

dudum pro decimarum iniusta retencione innominatum in turba cum aliis excommunicasti, sed in tantum mihi per graciam Dei communes ecclesie oraciones et elemosine fidelium profuerunt, ut mihi liceat absolucionem petere.' Absolutus igitur cum magna multorum processione usque ad foueam veniens incidit, que 5 sponte super eum clausa est. Nouus hic casus nouam diuine pagine disputacionem intulit.

De quibusdam proverbiis. xxxi.

Cf. *Gesta Romanorum,* c. 103, ed. Oesterley.   Miles quidam, hereditarius Francie senescallus, decedens ait filio suo, 'Fili karissime, per graciam Dei gratus es uniuersis, 10 et Dominus tecum est manifeste. Nunc autem hec ultima precepta mea conserues pro salute tua bonoque statu persone tue rerumque, et ut prospero gaudeant exitu cepta tua. Non liberabis iusto condempnatum iudicio; non bibes aquam ueterem que de se riuum non facit; non exal⟨t⟩abis seruum; non 15 duces filiam adultere; non credes rufo ignobili.' Filius igitur patre sepulto susceptus a rege in hereditatem officiumque

34 a, col. 1.   patrium, primum, gratus ipsi regi, | toti fuit acceptus Francie, erat enim uir mansuetus et sapiens et bene se conformans bonorum moribus. Minus tamen circa patris sui precepta 20 diligens, uxorem duxit filiam adultere, seruumque ruffum

Juv. 3. 78.   habens *Greculo esurienti* similem, notata ipsius sollicitudine, diligencia, rapidaque negociorum instancia, se felicem in eius arbitratur aduentu, pariter cum ipso Dei ad se benediccionem ingressam; ipsum igitur tam familie quam pecunie quam uniuer- 25 sis preficit rebus.

·   ·   ·   ·   ·   ·

26 *A leaf of the archetype of our MS. was wanting at this point.*

Conclusio premissorum.   xxxii.

Siluam uobis et materiam, non dico fabularum, sed faminum appono : cultui etenim sermonum non intendo, nec si studeam consequar ; singuli lectores appositam ruditatem exculpant, ut
5 eorum industria bona facie prodeat in publicum.   Venator vester sum, feras uobis affero, fercula faciatis.

Explicit distinccio secunda Nugarum Curialium.

⟨*Walteri Map, de Nugis Curialium, distinccio tertia*⟩

Incipit tercia. Prologus. i.

Cum a palacii descendunt palatini negociis, regalium operum inmensitate defessi, placet eis ad humilium inclinari colloquia, ludicrisque leuare pondera seriorum. Hoc tibi uultu placeat, 5 cum a philosophice uel diuine pagine senatu respiraueris, uoluminis huius inolibiles et exangues inepcias uel audire uel legere recreacionis et ludi gracia. Non enim fori lites aut placitorum attempto seria ; teatrum et arenam incolo nudus pugil et inermis, quem in armatos obtrectancium cuneos talem ultro misisti : 10 teatrum tamen hoc et hanc arenam si Cato visitauerit aut Scipio uel uterque, veniam spero dum non districte iudicent. Scribere iubes posteris exempla quibus uel iocunditas excitetur uel edificetur ethica. Licet inpossibile mihi sit hoc mandatum, quod pauper poeta nescit antra musarum, non difficile legere uel 15 Rom. 8. 28. scribere quod bonis sua faciat utile bonitas, (cum *omnia bonis* 34 *a*, col. 2. *cooperentur | in bonum,*) nec terre bone mandare semina que proficiant. Sed quis animum nequam et discolum excolat, cum Prov. 25. 20. dicat scriptura, *Acetum in nitro qui cantat carmina cordi pessimo* ? Carmina cantauit Sadius ; placet audire ?   20

De societate Sadii et Galonis.   ii.

Sadius et Galo, moribus, etate, forma pares, et armorum eruditi sciencia, priscique generis nobilitate preclari, paribus

7 *MS.* iñolibiles *apparently.*   15 *qu. add* est *after* difficile.   19 *MS. adds* et *after* nitro.

alterutrum se diligebant et honestis amoribus, unde satis inter
aduersa probati, remotis erant et proximis exemplar et prouerbium.   Gaudent enim ea felicitate fideles amicicie, quod inter
bonos conseruate laudes eciam ab inimicis extorqueant.   Erat
5 autem Sadius regis Asianorum nepos, in cuius ipsi pariter
palacio militabant, auunculo suo tam tenerrime dilectus, ut non
esset ei sine Sadio spiritus aut uita ; nec inmerito, quod secundum animi uirtutem et corporis habilitatem erat qualem te
uelles fieri.   Galo, licet aduena, pari per omnia beatitudine
10 diues, excepto tanto regis amore, suum sepe tacitus flebat
infortunium, quod forsitan alii uideretur successus, scilicet quod
a regina nimium amabatur et uehementissimis impetebatur
assultibus, in verbis et signis quibuscunque potest aut flecti
rigidus aut emolliri durus aut infatuari sapiens, tum manibus
15 tum oculis cupidis non cupitis, susceptis et non acceptis, nec
cessabant xeniola, silicet torques, anuli, zonule, serice uestes ; et
vere non est ociosus amor, non obliuiosus.   Nichil omittit
regina solicitudinis, nichil instancie ; totam se pronubam improbitate reddit, quicquid solet amor suadere furenti temptat.
20 ⟨Temptat⟩ et omnimodis Galo reuerenter et verecunde negacionem, et sine repulsa forma peremptoria, cupiens ipsam sine
desperacione suspendere donec resipiscat, blandaque castigacione proficere sperat.   Illa properat labentem retinere, laxisque
decurrit habenis ; | hic laborat *sic currere, ut* non *comprehenda-* 34 *b*, col. 1.
25 *tur,* seratis pudicicie foribus, et, quod non est modici coram ^{1} Cor. 9. 24.
Altissimo meriti, contra pulcritudinem et regine delicias carnisque
proprie miliciam castra castitatis obseruat, et consilio eius qui
nec fallit nec fallitur munera tandem spernit, refutat breuia,
nuncios horret, modis omnibus eam in desperacionem inducere
30 conatus.   Sentis, o Sadi, tandem socii sollicitudinem, et edoctus
ab ipso propriam facis.   Ingreditur ad reginam Sadius, et quasi

21 repulsa] ?repulse.   27 obseruat] ?obserat.

suorum nescius errorum *carmina cantat cordi pessimo* ; laudat
eam ab altitudine stematis, ab elegancia corporis et faciei,
morum eciam uirtutem asserit et super omnia miraculum
castitatis attollit, quod plena deliciis, quod omnibus habunda,
que desideria quamuis continencium excitent, nobilium et 5
electorum appetibiles eludat instancias, et cum non sit que sue
possit resistere uoluntati, nulli sit addicta voluptati. ' Uictam,'
inquit, ' se fateatur amodo Lucrecia ; sed nec sit vir qui tantam
sibi sperare presumat animi uirtutem. Unum tamen et unicum
scio quem de simili possum laudare constancia, si non ei Veneris 10
usum neget inpotencia. Sed quod in eo mirantur et stupent
alii, prorsus ei deesse non dubito.' Tum illa, ' Quis hic ?' At
ille, ' Certe qui cuiuis hominum incomparabilis est, sed qui
ditauit eum et dotauit omni felicitate Dominus, in hoc solo
dampnauit, sed ut ipse satis asserit saluauit.' Suspiciosa suam- 15
que causam aliqua parte tactam regina reputans, propius assidet,
inquirit attencius, quanta potest adulacione contendit audire
nomen, scire personam. Sadius ut secretum habeat serio
precatur. Illa certissime spondet. At ille, ' Meus,' inquit,
' Galo, cum omnia possit a mulieribus euincere, vacuum se 20

34 *b*, col. 2. penitus fatetur ab | opere, sed michi soli.' Dictis in hiis inge-
miscit in archano regina, nec lacrimas omnino continet. Salutat
cf. Ter. *Ad.* 228. eam Sadius, et *iniecisse scrupulum* putat, et licencia data
libenter abscedit. Properat illa sola secreto fieri ; properat
ille socio fabulari, qui sollicitudinem eius affectuosa gratulacione 25
prosequitur, et de sua quam ex hoc sperat et conceperat
erepcione letatur.

Sed secus est : nam illa non dormit, quam Sadius ad campliores
excitauerat angustias. Omnibus euolutis que docere potuit eam
amor, una placet sed periculosa sentencia ; per nobilissimam 30
puellarum palacii quod ob verecundiam per se non presumit
attemptare desiderat, si uerus est Sadius aut falsus. Instruit eam

et docet aditum, quo possit in Galonis amplexus illabi, nudamque se nudo iungere, manum iubet mittere pudendis, et ut casta referat utrum possit an non. Emittit ergo puellam, et inuidet emisse, cupitque iam abiecta regina puella fieri, lectoque proiecta
5 secum uersat 'Sic incedit et illac: ibi cubicularius, quem certe iam non amo nec nominabo, uenit obuiam ei sicut michi solet. O quam fidelis et benignus mihi semper ille, quam misericors et compaciens, et quam durus ille, de mea qui me tociens repulit, et meis extorsus amplexibus blanda conducebat oracione, sed certe
10 toxicata. Reginam et pulcherimam et dominam omnium me dicebat, et eciam suam. Suam? O quam bene suam, cui quantum licebat ancillabar, et ultra quantum dabatur! Quam blanda castigacione dicebat me sponsam et regi consecratam, et se iuratum suum, et se causa mei facturum omnia, sed adiciebat, preter hoc! Deus
15 bone, quantum erat illud hoc! Quicquid ego petebam erat illud hoc; illud erat omnia. Quid ergo dicebat omnia preter hoc? sed omnia preter omnia, quod est interpretatum nichil; et certe uerius dixisset, "Domina mea, gratia tui faciam omnia nichil."
Et utinam hoc | non recto sermone mihi recte sic intencionem 35 *a*, col. 1.
20 suam reuelasset, et repulsa me condempnasset eterna. Deus, quis unquam se tam crudeliter a talibus eripuit, sed et nudis amplexibus? Aut mihi iuuenum suspiria menciuntur, et eciam senum (sed verissimum speculum), aut facies hec posset cuiuis hominum persuadere furorem. O, sed eram immemor! Vere fidelis et
25 verus est Sadius, amisit genitalia. Nunquid et Galo fatuus, qui a me probra sua ⟨celauit⟩, qui se non permisit attrectari, qui me repulit ne repellerem ipsum? Vere si mihi fauisset iunctissimis ei nexibus adesissem, et si moram in eo reperissem, illuc manus errasset quo certissime posset deprehendi femina uel mas, aut
30 neutrum. O, non est ut credidi! falsus est Sadius, masculus est, certissimis apparet indiciis, quod mas, quod integer, quod absque defectu. Sed o miseram et fatuam me, puellam habilissimam et

cautissimam in opus immisi proprium! Quo mihi mens, quo
fugerat animus ? Illabetur ad ipsum, et se reuerencius et caucius
habebit, donec senciatur et in primis tactibus agnoscetur altera
quam ego, et si non, ipsa fatebitur, et in meas gratis accepta fiet
angustias : hoc semel erit aut bis antequam redeat, et quid quod 5
perseuerabit et quod amabit et quod amabitur ? Non credo, non
opinor, certa sum et sine dubio, quod eam ille iam—nam et me
dudum, si non esset capitis mei consecracio, si non essem sponsa;
sed et fides eum tenebat. Quid hic impedit ? Quid horum hic ?
Certe nichil, et certe factum est. Non est dictum omnia preter 10
hoc, sed super omnia factum est hoc. Quam leta, quam celeriter
hoc rapuit ab ore meo nuncium, quam sine questione ! vere *pigra*
non fuit, non timida, non *in uia fuit ursus*, non *in plateis leo*, cum
exiit. At iam nunc dies est. O quam velox in itu, quam secura,
quam in reditu tarda, quam timens. Nunc ursus in uia, nunc in 15
plateis leo. Sed ab illo violento detinetur ut eam sibi | perpetuet.
O quam non inuita uiolenciam patitur! Quid autem queror ?
quem uel quam iuste causari possum ? ego mihi fraus, ego
proditrix, ego mihi laqueus facta sum. Illa certe non erat ; non
fecit nisi quod ego, nisi quod omnis. Sed nunquid verus est 20
Sadius ? non, non : nichil est. Manifestum est quod potest :
quod si non posset illa venisset. Omnia bona signa palam sunt,
iam enim densior dulcis illa malarum incipit esse lanugo : nichil
in eo iusto pinguius ; nullus in oculis liuor, in corde nulla timidi-
tas. Nunquid posset effeminatus tot armorum penetrare cuneos, 25
pessumdare laudes omnium, propriam attollere gloriam in tantos
laudum apices ? Vera sum quod falsus est Sadius. Sed illa
quam in vota mea tam eleganter impegi, que meo iam gloriatur,
que me cum ipso necligit, que non mihi properauit, que non mihi
paruit tam ultro, que sibi voluntatique sue voluntaria fuit, illa 30
certe meas leta tulit delicias : et quid mihi dicendum, nisi quod
omnis amans amens ? Sed audiam quando, quomodo, si culta, si

Prov. 26. 13.

35 *a*, col. 2.

compta, si redimita recessit.' Et uocans sociam eius quam loquebatur, 'Heus, Lai, quando recessit Ero?' Tum illa, 'Nunc in
primo gallicantu.' Regina, 'Que missa crepusculo?' Lais,
'Eadem.' Regina, 'Quare tam sero?' Lais, 'Sero missa sero
5 redibit.' Regina, 'Causam nostram† et cur sit emissa nosti?'
Lais, 'Non, sed scio quod cum omni festinacione se preparauit
et opipare festiua seroque recessit.' Regina, 'Dolens est; unde
festiua?' Lais, 'Monilibus, anulis, ung⟨u⟩entis, purpura, bisso,
stibio, calamistro: nec ei defuit acus ad glabellam.' Regina,
10 'Me miseram! ad quid hoc?' Lais, 'Vere nescio: sed nullius
oblita fuit quod ad amatorem iture prodesse posset; uncta, lota,
compta, cerusata, plene redimita recessit; nichil auro, uestibus,
aut aliquo iuuamine fraudata queritur: omnia secum intuita,
nichil de citato reditu pensans.' Regina, 'Putabam eam tam
15 ydiotam,|tam omnium arcium nesciam.' Lais, 'Nesciam! O quam 35 *b*, col. 1.
bene prudentem in huiusmodi, si fateri fas esset!' Regina,
'Bona mi Lai, dic omnia.' Lais, 'Galonem, nescio quibuscum
licet signis, impetit.' Regina, 'Quid ipse tunc?' Lais, 'Dissimulat, tanquam alias ametur, ut amet.' Regina, 'Dicis ametur,
20 immo dicitur quod non potest.' Lais, 'Ero iam scit, si potest.'
Regina, 'Me miseram! Ero?' Lais, 'Ero.' Regina, 'Nostra?'
Lais, 'Aliam nescio.' Regina, 'Quomodo scis eam hoc scire?'
Lais, 'Certis eam coniecturis agnouimus.' Regina, 'Fallunt
interdum.' Lais, 'O super omnes amencias infelix amor, qui
25 cum summopere latere conetur, antequam ipse sciat scitur ab
omnibus; et si verbis detur audacia—' Regina, 'Bona Lai,
quelibet aude.' Lais, 'Educatum aiunt Galonem inter aduenas,
sed ad venas et cor penetrat.' Regina, 'Cuius venas et cor?'
Lais, 'Utinam non ad tuas, ut menciuntur aliqui, quia meum cor
30 omnibus impleuit angustiis; et cuius non? sed audio cardinem.'
Regina, 'Forsitan adest hec: alias egredere: festina, ne nos collo-
quentes inueniat. Heus Ero, uenisti?' Ero, 'Veni.' Regina,

'Quid actum est?' Ero, 'Perueni, tetigi, sed repulsa sum. Attamen non dubito quin possit.' Regina, 'Cur non statim redisti? Que mora placuit?' Ero, 'Queuis hora desiderio mora.' ... Ero, 'Quantum properaui nunc egressa! quomodo uenissem cicius?' Regina, 'Nunc ab hac hora precepti mei posses a decem redisse 5 milibus, sed egredi nisi culta noluisti: nunquid nuptum ibas?' Ero, 'Bonum erat ut placere possem ei donec scirem; et placui fere, sensique uirum integrum et promptum, si te sensisset; sed ut a⟨d⟩uertit quod minor, quod minus habilis, quod non idonea fui, sicut tu, statim eiecta sum.' Regina, 'Nunc scio quod nequiter 10 adulteraris.' Et crinibus arreptam pessumdedit pugnisque lesam et pedibus fere semimortuam sociis assignauit obseruandam cautissime ne quicquam ei liceat; et seorsum in lecto proiecta, nichil ibi tacuit | quod possit amor pestilens obscura docere corda, totasque tandem in Galonem refundit iras, et totis eum lacerat 15 quibus ira suadet conuiciis.

Feminarum ira crudelis et immisericors ulcio personam sequitur inuisam super omne quod licet. Conatus regina dolere fraudatos repercussa non cessat, et sicut uehemencia ferebatur amoris sic inclemencia grassatur odii. Qualibet incenduntur ad 20 iram offensa, sed eis ille tantum perpetuant odia cause quas facit amor, uel ablatus ab emula riuali uel ab affectato delusus. Delusam se regina sentit, et a concupiscenciis obtusam, nec credit sensui, sed contra proprii cordis omnia presagia, quod mirum est, ipso corde luctatur. Mandatum suum Galo de 25 ueniendo suscipit et adest, fitque palam e diuerso congressus, assultus, et defensio. Nam hec assilit, hic defendit; hec tela proteruie mittit, hic clipeo modestie suscepit; hec intentat Uenerem, hic Mineruam obiicit. Hic tamen eam tandem, forcium negacionum agmine facto, certissimam trudit in de- 30

35 *b*, col. 2.

3 *Some words spoken by the Queen are missing.*

speracionem. Regina, iam non regina sed tygris, sed ursa
truculencior, ab amore degenerat in odium, obtundique procaci-
tatem a constancia lamentans, tanquam lese maiestatis reum
quacunque potest trahit infliccione, et se Galonem persecuturam
5 asserit.

Dies adest regis Asianorum natalicius : assidebant ergo regi
dimidii mundi primates et precipui qui conuenerant ex mandato
conuiue. Cunctis autem epulantibus, Galo solus attonitis intende-
bat in mensam oculis. Erat autem emiciclum immensum regi
10 pro mensa, regique sedes in centro, quatinus eliminato liuore in
emiciclo sed⟨e⟩ntes regie sedis essent omnes equaliter proximi, ne
quisquam posset de sua remocione dolere nec de vicinia gloriari.
Galonis et Sadii simul | erat sedes. At regina peruigil, cuius ad 36 *a,* col. 1.
ipsum semper erant excubie, quam Cupidinis accenderat arcus,
15 quam grauitas extinguitplumbea, prima notat quam sollicita quam
sedula Galonis anima, nec dubitat quin secretissimum habere
desideret Galo quod tanto recordacionis ardore percurrit (?) ; quod
quanto credit occulcius et ei firmius celare propositum, tanto
cupit auidius ipsum ad reuelacionem eius inducere, cupiens
20 ipsum in facie tanti confundi principatus, cuius dolet introrsus
erubescere de repulsa.

Mos autem erat regi singulis natalicii sui diebus singula
regine donaria pro voto conferre. Peciit igitur et optinet
a domino suo pro donario sine nomine donum. *Iurauit* rex, et Ps. 109. 4.
25 *penituit eum,* quod non *iurauit Dominus.* Illa subintulit ut
Galonem fateri faciat stante mensa coramque discumbentibus
illud archane meditacionis inuolucrum quod clam secum uolua-
uerat tota refeccionis hora. Expalluit rex, et inhorruit, et
contristata est ab utroque termino mensa. Pre ceteris tamen
30 condolet Galoni precipuus eius amator Sadius, et primus orat
vota mutari. Rex autem inprouisi penitens iuramenti, tercium
se sentit innominati reum promissi. Videres confusionem

Herodis et saltatricis instanciam, Phebi ruborem et obstinaciam
Phetontis, regis huius angustias et regine deliros impetus.
Totus orat procerum cetus cum Galone micius agi, frustra
tamen ; que penitus intendit ulcionem degeneri prorsus incumbit incepto, uictoriam suam reputans quod a propria uincitur ira. 5
Procaciter igitur instat infrunita femina, quasi decus eius ex
dedecore uiri pendeat innocentis.   Galo sedet immotus, et quod
nullius noxe con⟨s⟩cius est, nullas timet insidias, ne⟨c⟩ quid agatur
aduertit.   Ad excitacionem tandem Sadii suspicit, et suspirio
meditacionem absoluit altissimo.   Dehinc regine preces et con- 10
36 *a*, col. 2. cessum | regis edoctus ingemiscit, ueniamque petit narratibus.
Et post longos instancium uirorum et negantis femine conflictus
incipit et ait :

   'Anno iam reuoluto, die Pentecostes, diutino febrium ardore
decoctus, aput Salonam in lecto sedebam egritudinis quinto die 15
post creticum ; festa lux erat, fessique laboribus et tedio custodes
mei cum reliqua familia solempnibus ludis intererant ciuitatis.
Egredi cupiebam armatus, uires meas, equm et arma temp-
tare ; loricam indui, galeam, et arma mihi uix aptaui cetera ;
debilis eram ; equm ascendi desuetudine mei pinguem et magis 20
ultroneum, urbeque relicta decerpsi uiam altissimi nemoris, et
a mane in uesperam nusquam frena tenui.   Rapuerat me cursor
equus ad partes remotissimas inopinum, quod ut aduerti uole-
bam reuerti, sensique quod amor mihi tantum fecerat errorem ;
amabam enim et non amabar ; nesciusque uiarum ad magnum 25
et mirificum delatus sum castrum.   Palacia mirabar intra precel-
sos muros altissima, domos eburneas, claritatem et raritatem
operum.   Aut latebant inhabitatores, aut nulli erant.   Transitum
feci per medium usque, mente uersans quod dolebam, et sine
meo uel sensu uel consensu, tam ab equo ductus quam uectus ad 30
palacium in muris interioribus, quod preminebat aliis mee
uisionis illustrissimum, respiraui, respexi, miratus sum.   Eques

iui per palacium, et neminem inueniens, per maximum thalamum et duos ulteriores ortum ingressus amplissimum, puellam
inueni sub floridissima cino, panno serico regaliter insidentem.
Descendere parabam, et debilis pre lassitudine cecidi, passus
5 aliquandiu suauem ad pedes eius extasim.   Illa uero nullo motu
similitudinem habebat uidentis aut uiuentis.   Surrexi clipeoque
cum hasta reiectis, coram ipsa suplex genua flexi, salutem dixi
suplicem. | Illa nichil. Adieci quicquid responsum mereri debuit; *36 b*, col. 1.
uerbum autem ab ea non extorsi, sed silebat instar ymaginis.
10 Puduit me sine signo reuerti, quodque fateri dedecus est, ipsam
supinam ut primicias pudoris acciperem uiolencia tota uiolare
paraui.   Cumque se tueri non posset, exclamat, Riuium aduocat.
Riuius aduolat.   Erat autem gigas inaudite stature, magnitudinis inuise, cuius *congressibus* preter dominum regem et cf. Virg.
15 Sadium miles omnis *impar*.   Armatus affuit, competencie sue *Aen*. i. 475.
caballum insidens, oculi sui super lorice ventacula accensarum
similes lampadarum.   Timui, fateor, et erubui, sed iam nunc pro
reuerencia regis et assidentis ei principatus misereatur mei regina,
ne subsecuta narracio mihi fiat obprobrium eternum.'   Rex
20 igitur et circumstancia tota misericordia moti ad lacrimas pro
Galone supplicant, et inuictissimam tygridem mouere non possunt, ut vel eorum aliquem respiciat ut resipiscat uel respondere
dignetur, sed solum Galonem inspicit, instans ut ceptis insistat.
    Incipit iterum Galo : 'Gigas vero, licet multo furore feruidus,
25 ad arma me reuerti iubet, inermem tanto dedignatus assultu.
Congredimur impare mihi nimis et periculoso congressu.   Nam
me leuiter et sine difficultate tota longitudine lancee sue deiecit in
furcam arboris proxime, tenuitque firmiter ibi conuicians et casti-
gans immotum, ut de suis gloriaretur uiribus, et sua uirgo de mea
30 gaudere posset ulta miseria.   Nunquid nondum sufficit, o regina?'   Rex orat, omnes adorant ydolum illud surdum, et eis
omnino mutum, excepto quod procedere iubet.   Galo : Deus in

quo sperabam mihi misit in subsidium aliam uirginem quam ignora-
bam, que predicte crudelissime uirginis profusa pedibus ueniam
meis postulabat erratibus ; osculabatur ei pedes vanis inundans
lacrimis, nam elatissime superbie uirgo gigantis mee confregit
36 *b* col. 2. adiutrici pede suo | tenerrima contra dentes labia. Nonne satis est, 5
regina ?   Quis mirabilior aut miserabilior usquam alicui casus ?
Sed scio non misereris.   Omnia fatebor.   Amor meus et longe
nobiliori dignissima puella pedem osculata gigantis, ore proh ! san-
guinolento meam allegabat ex egritudine longa debilitatem, et illi
dedecus esse maximum virum inanem uiribus et expertem san- 10
guinis ad singulare certamen coegisse.   Gigas erubuit, sed non
pepercit ; expectabat enim illius sue preces que sedebat immobilis et immisericors, et respiciebat non respicientem.   Tum mea,
cuius michi cor dulci condolebat amore, flens amare quia pacem
optinere non potuit, inducias in annum peciit, et se dedit obsidem 15
quod anno reuoluto die consimili, si non mors interuenisset, me
contra Riuium ad singulare certamen produceret, lacrimisque quibus iras omnes et omnium frangere posset corda tyrannidum, cum
puella⟨m⟩ non mouisset, gigantem flexit, et ad vota mansuefecit.
Dies instat, et mee salutis auctrix quingentis comitata militibus in 20
ianuis est ; gigas autem in manu quinque milium sequitur.   Hec
me fecit meditacio stupidum in mensa, quia mihi terribilis et
immensa.   Nunc autem, optime rex, optine ueniam probrose
nimium sequele.'   Tum illa, ' Certe gigantis illa puella, cui detrahis
quia te non attraxit, animi constantis est et firmi, laudabilis eciam 25
in his que tu uituperas ; sed tuus hic est mos, immo vicium.   Modo
fleas, erumpant lacrime, me que non sum gigas moture, uel illa
ueniat, tua laus, tuus amor, que gigantem uicit, cuius lacrimis
mortui resurgunt, ire placantur demonum.   O quam bene laudas
quam laudas, quam bene fletus eius ut asseris cantibus prestat 30

17 Rinum *MS.*

Orphei, qui non nisi sub ancipiti pacto meruerunt Euridicen.   Sed
quid ad has Amphion lacrimas ? he fecissent | Thebeos sine car- 37 *a*, col. 1.
mine muros.   Toti sudauit utiliter orbi monstrorum domitor
Hercules, hec tamen si voluisset flesset utilius.   Modo fleat illa,
5 iubeat rex clarissimus.   Hic oret : attende senatus, et certe
manebo salua regis et eorum reuerencia uictrix. Audiemus omnia.'
Galo, ' Predictis odibilius audietis, et maius obprobrium, quod
inter domini regis et assidencium ei preces tuasque negaciones ad
ultimum firmiter in meditacione figebam me die statuto, neque pro
10 fideiussione mea quam laceras neque pro alicuius alterius casus
dampno vel lucro, ⟨de⟩decore uel honore, in loco destinato contra
gigantem armatum nec inermem appariturum.   Condixeramus
tamen sub iuramento dominum nostrum regem et ipsum cum
utriusque partis exercitu plenius affuturos, quod nunc non opor-
15 tet, quia non erit mihi cum gigante congressus.   Aduocetur Hercules et in claua † uisit † debita sue uirtuti monstra, suo reseruatum
enigma sudori, Deo non homini titulos adiectos.   En audistis
omnia, nec unum iota ignominie mee uobis celatum est ; iacture
preterite pudenda timoresque futuros palam feci.   Quid amplius
20 est quo mihi nocere uelit aut possit regina ?   Iam mihi nil restat,
nisi uastas inhabitare solitudines et hominibus insueta loca, frequenciam omnium uitare gencium, et ut memoria mei quantocius
a facie terre deleatur, ut instar Empedoclis Ethne flammis insi-
liam, uel incumbam gladio Pirami, uel Neptuni me tradam belluis,
25 ne si diu uixero longum sim infamie signum et monimentum dede-
coris et probrosa ostensio digitorum.   Gaudeant hac luce, quam
uelox exuam, quibus uite conceditur libertas, qui loqui quod iuuat
audent, et tacere quod necem ingerit.   Caput huc aduexi liberum,
et inflictum est huic ori meo silencium, ne loquar amplius nisi
30 quod nolo, uel taceam nisi quod non oportet.   O le|talis et leto 37 *a*, col. 2.

16 *qu.* uincat.   24 *MS.* Pirini.

peior seruitus! Libera ligatis et flagiciosis est mens, et quo cupit indefensa transfertur; mihi, quod dampnatissimo nemini contigit, ligatus est animus; et *est infrunite fronti datus hostia miles,* dudum quidem miles, nunc monstrum militum et femine uictima, nescio quid purgatura delicti.' Conticet et exilit a mensa; nec 5 solus, nam principum plurimi regieque familie cohors electa dolentes eum conducunt. *At regina iam dudum graui saucia cura* dolores addit doloribus, eorum post terga vociferans, 'Ex ore Galonis audiuimus indicia sue timiditatis certissima, quod cum gigante non erit ei congressus. He sunt laudes empticie conducti 10 uulgi quibus extollebant ad astra Galonem; he sunt asserciones oris proprii, iactancieque superbe. Gigantem eum dicit; O utinam nunc demandetur, ut uideamus si gigas est! Certissime scimus omnes sub Hercule deperiisse gigantes. Hec est hominis exterriti vox et deuicti, castigati duriter et stupidi. Sane satis gigas est 15 qui quolibet elaciorem gigante nanum ictu fecit unico. Iam telo suo Dii timeant totaque caueant sedulitate, ne rediuiui Tytanes eis ungues iniciant. Sub Mulcibero sudent Steropes et Piragmon ut in moncium cumulos non sit inermis Iupiter; assumat eciam idem ipse fulmina, Mars cassidem, spicula Phebus, Pallas egidem, 20 Diana pharatras; aut si tanti sint gigantes quantos iste describit, struat inter aduersas acies prestigia Stilbon, ut reuerencie patris obuiam referant † inequaliadis †. Indixit prelia Galo: gaude. Sadi, qui doles, et innocenciam tuam ab inuidia leteris eripi.'

Sic hiis et aliis Galo conductus a regina conuiciis, egreditur tam 25 silencio rixe victor quam longanimitate triumphator incestus; iam ipso longius a ciuitate agente, reuersis aliis, Saldius eum ueris exorat lacrimis, et ait, 'Scio totum orbem tue concupiscencia milicie ueneranter ardere, teque manentem in regum desideriis et principum; sed te mihi cuncta debere nemo negabit, cuius animam 30

18 *MS.* multifero.   23 *MS. apparently:* in-equaliadis utdixit; *qu.* Inequalia diis, indixit, pr. G.?

Virg. *Aen.*
iv. 1.

37 *b.* col. 1.

in corde tuo tenes ancillam tue: sicut ergo me frena nullius potencie
tenere possunt ne tibi quelibet vota perficiam, nulla te calcaria
moueant meam uitare presenciam uel effugere societatem.   Credi-
bile satis est quod in omni narracione quam extorsit regina uerax
5 es, excepta confessione timiditatis, que nunquam in cor tuum
ascendit.   Singulare cum gigante certamen nolo, quod sic locutus
es, ineas ; sed in armis tuis me sub tui pretextu periculo subicere
placeat, ut sub nomine tuo nullo consciente salua tibi militum
indempnitate, ne uel uictus doleas uel a triumpho me uictore
10 frauderis, ut nullo possit casu fortuito de rupta societate nostra
liuor letari.'   Hec fidelibus lacrimis et supplici gemitu Sadius.
Substitit igitur Galo crebris singultibus suspensus a responso ;
cum loqui licuit ait, 'Gaudeat alma fides, et ab antiquis exul
diebus leta repatriet, securam se defensore Sadio decantare non
15 timeat.   Karissime mi, reperit amor tuus viam qua reuertar, ut tue
modus inuencionis conuertatur in modico, scilicet ut furtim arma
nostra mutentur, et in tuis ego quorumlibet opinione decepta cum
gigante congrediar, quatinus occiso me ueritas occisi manifesta sit,
uel superstite, tibi gloria triumphi clam depositis armis solempni
20 laude celebretur.   Addo etiam, quod ante congressum domino
meo regi, domine regine me tecum hoc pacto retentum intimes,
ut pro me duelli discrimen subeas.   Hoc eciam mihi prestet
amicicia tua, ut inter inicia conflictus, facta confluencium corona,
liberatricem meam aduoces, et ipsi soli reuelata doli nostri veri-
25 tate secum toto tempore conflictus consilium habeas consola-
cionis, si forte cum | ipsa uel ex nostris alique uel ex alienis alie 37 *b*, col. 2
conuenerint.   Cognosces illam maximis proximam, mediocribus
maiorem, alta ceruice, scapulis demissis, felici proceritate pre
ceteris uenustam, ut possit decor opertus ex hiis que sunt aperta
30 desideranter appeti.'
   Dictis hiis et fideliter obseruatis, ecce saluatum solempniter

27 proximam] proximans *MS.*

occupatum a cohorte gigantis usque ad partem mediam ; pars
altera regi quem dicunt Asianorum relinquitur, et impletur opipare.
Gigantis igitur erecto tentorio precioso, coram hostio tentorii
cunctorum in oculis pannis regaliter insidebat sericis uirgo que
Galonis leserat in ore uirginem, eo quo preuisa fuerat modo. 5
Gigas igitur armatus egreditur, ad cuius inmensitatem expalluit
tota corona, generali gemitu veram admiracionem confessa.
Gigas insidet equo maximo tanto ponderi satis apto, factisque
discursibus et giris exacerbat eum, et futuram edocet necessitatem,
et quasi lusibus ad seria preparat proxima.   Quicunque uident 10
mirantur et metuunt, et super Sadium leuant ululatum, et quanto
persequuntur fauore Sadium tanto persequuntur Galonem odio.
Audiunt ipsi nec mouentur, sed agunt inter laudes et conuicia
fideliter Sadius, fiducialiter Galo. Gigas igitur in Galonem irruit
obuium, diuersis se petunt ictibus ; gigas fractam linquit in scuto 15
Galonis lanceam, Galo gigantis equum a fronte consuit in armos,
et utrumque simul deicit. Videns igitur is ipsum cum equo
simul obrutum, tanquam ardua quercus ab ultimo securis ictu
corruentem, ait, ' Quia Galonem in tua potestate constitutum
armari permisisti, ne tibi foret inpar cum inermi congressio, 20
descendo, ne mihi fiat inequale cum pedite duellum.'   Descendit,
exsurgunt pedites, et in alterutrum fortiter insurgunt. Rex multo
deplorat gemitu nepotem, qui nullo subest periculo. Regina
38 a, col. 1. Sadii dat in uultum conuicia, multisque lacerat | absentem obpro-
briis.   Sadius eam decipi gaudet, cum silencio sustinens, et ut 25
amplius inuideat, auersus ab ipsa, quam consolari ceperat quatenus
datur amanter excolit.   Regina uidet et inuidet, illam electam, se
spretam arbitrans, iraque succensa dupplici duplicat et triplicat
utrique rixas.   Quociens aliquid sinistri Galoni casus affert,
omnium conuertuntur in Sadium oculi. Cogitatur et dicitur in 30
Galonem detraccio, sed in Sadium fit detraccionis ostensio.
Secundum formas bellancium uidetur inequalis congressio,

secundum ictus plena iudicatur equalitas et minoris maior audacia.
Retrocedit ex industria gigas, ut irruentis impetum quasset ino-
pino subitoque repulsu, sed tam prope, tam acriter instat Galo,
tam indefessus, ut omnino gigas a spe fraudetur, et ut fuga
5 spontanea iam fiat necessaria ; iam in amice sue tapeto vacillat,
et ipsum Galo repentino conatu propellit ut ad illam gigas talo
offendat et ultra corruat. Clamor hinc attollitur, illinc submisse
gemunt suspiria, nec celatur quibus est aut ira propensior aut
profusior leticia. Rex et sui desiderant et, quantum sinit date
10 reuerencia pacis, locuntur nutibus ut in iacentem Sadius irruat.
Galo tamen iusta facecia deiectum surgere precipit et ad arma
reuerti.

Gigas igitur exsurgit inpiger, et uisis dilecte sue lacrimis
immemor indulte proximo uenie, iam non quid comitas aut iusta
15 retribucio dictet attendit, sed toto feruore cordis preceps defertur
in hostem, fortiterque resistentem durissimis infestat assultibus,
et bene pugnantem bene pugnans efficit hostis. Eleuata tandem in
altum manu ictu consummare temptat unico duellum, et dum
in galeam descendit fortiter ensis in capulo fractus est. Timet
20 igitur gigas sibi, et se fere uictum corde fatetur ; sed more suo
Galo resilit, ut per omnia | bonus appareat, inducias giganti licen- 38 *a*, col. 2.
ciamque concedens alium querendi gladium, dicens, 'Querenda
est uirtute gloria non casu.' Letus ille suique, Sadii dolent
omnes amici, promptamque uictoriam queruntur in periculum
25 ultro conuersam. Hoc autem mihi uidetur iniuria preceps,
quod quis id scienter agat, unde letentur hostes, amici doleant.
Recedit gigas ad tentorium, et a cubiculario gladium grandem et
pulcherimum accipit, et abstractum agnoscit illum esse cuius
acumini non lignum, non os, non calibs, non aliqua resistunt arma,
30 seque deceptum dicit a baiulo prioris, ipsumque baiulum scindit
eodem a ceruice per spinam et renes in terram, dicens, 'Serue
nequam, hic mihi uictoriam in primis dedisset ictibus'; et addidit,

'Heus tu! qui loco Galonis mecum discrimen inisti, qui certe
Galone multo melior es, carceri meo te redde, si uitam tuam
morti preferre cupis.' Galo subintulit, 'Quantum tibi contulit
animi uel iactancie gladius ille, non ex tua uirtute prouenit sed
ex mea licencia, liceatque tibi si quid potes adhuc utilitatis adicere. 5
Securus sum ex vi corporis et animi uirtute, non ex armorum
adiecto; mea michi laus in adminiculum.' Gigas igitur iratus in
ipsum irruit, et ictu primo de clipeo Galonis quicquid contingit
fulminis instar abscindit, et secundo de lorica partem plurimam
et clipeo. Sentit Galo uidetque palam quod ipsum a facie gladii 10
nulla possunt arma saluare; scit eciam presidium uiribus et arte
querendum, et contra tam instantis morem periculi non fugere
sed fugare parat, et tam crebrum exibet in hostis uultum dextere
sue gladium ut nullatenus absque uulnere possit inter scuta
gigantis exire manus. Instat agens serio et licet non aduersum 15
hostem cogit esse retrogradum, et super amatam suam tandem
precipitem dedit ipsam pedibus eius offendiculum. Retulit ergo
pedem Galo, cumque sibi de uita timeat, | periculosum facit
securitatis iudicium. Surgere gigantem iubet, et ne timeat
hortatur, regine prestans unde Sadium laudet et in eius surgat 20
leta conuicia. Gigas ergo de uenia gaudens, et indulto prouide
fruens beneficio, tutus in ipsum insiliit et gladium tam forti
descensu Galonis infert umboni, quod lorica concisa summitate
pugionis faciei sue graue uulnus impresserit. Emanat inde cruor
et arma Galonis ad pedes usque perfundit; quocunque recedit 25
uel accedit uestigia plena relinquit, spectaculum amicis odiosum,
et inimicis gloriam. Galo, nec mirum, gladium timet, cui
peruium uidet quicquid obicitur; deludit ictus cedendo scutum
aliquando summopere curans ne firmum inueniat gladius obstaculum cui possit herere. Rex nepoti metuit, totumque cupit pro 30
salute sua regnum inpendere. Regina manum loris inicit, Sadii

23 *MS.* inserit.

vocat satellites, captiuum abduci precipit, et non assecuta quod
iubet a circo recedit, anceps an de Galone confuso gaudeat an
doleat de morte Sadii.   Galo uidens hostem solito ferociorem et
irreuerenter in se precipitem manumque suam tuto cecam errore,
5 manu⟨i⟩ prudenter et attente struit insidias, et ipsam inter agendum
ictu prepeti surreptam amputauit, gladiumque uelox arripit,
proprium in locum suum ponit, equm ascendit.   Triumphator
ergo uictum gigantem per nasellum galee regi sub nomine pre-
sentat Sadii, munus gratissimum, multaque graciarum accione
10 prosecutum.   Circumstant omnes victorem, vulnus optant uidere
faciei.   Rex magis inpaciens more manum apponit exarmare
caput, quod quidem ipse prohibet fieri, Sadiumque secum et
puellam abducit ut seorsum in secreto fiat armorum commutacio.
Galo cum | puella domi residet, Sadius ab omnibus expectatus 38 *b*, col. 2.
15 curiam petit.   Requiritur a rege wlnus, et de faciei stupet integri-
tate milicia.   Regina velox accurrit, cui Galo semper ad obprobrium in ore, Sadius ad laudem; aureas affert cum unguentis
preciosis pyxides; cui Sadius, 'Nichil unguentis tuis et mihi;
sciatis illum triumphasse qui signum habet adhuc uictorie, qui
20 uulnus accepit, qui iam non effectus est nanus, qui gigante maior
apparuit.   Ego sum ille, signum ad uestras derisiones, qui cum
puella stans falsas mihi laudes audiui a uobis et indignissima
Galonis obprobria, cuius iam, Deo gracias ! uirtus incomparabilis
omnes triumphauit inuidias.'   Ad hec regina quasi Gorgone visa
25 per stuporem obriguit, conaturque discredere quam horret ueritatem.   Proinde iam nemo dubitat de victore ; certi sunt de
triumpho Galonis et de fide Sadii ; iam clamor attollitur omnium,
et uictrices ei deferunt certatim aquilas ; iam uulnere viso
reuerenter ei supplicat rex et illate petit ueniam iniurie.
30 Cumque gaudeat tota solempniter ciuitas, regina sola tantum
habet undique confusionis, ut obtusa relangueat, serpenti similis

23 cuius] cum *MS*.

R

serotino, qui per estum interceptus adumbrari a feruore non
potuit, et in quoduis ultor obstaculum frustra totum virus euomit,
exinanitus in vespero sub herba latens insidias animalibus a pastu
redeuntibus struit, mortemque singulis cupit et manet impotens ;
sic hec vacua uiribus vanis intabescit desideriis, solam frustra 5
retinens nocendi uoluntatem.   Sane iusto Dei iudicio fine bono
gauisus est Galo, Venerisque fornace decoctus pudicicie puris-
simum exemplar enituit ; et reuelatis regina maliciis merito
fleuit in derisum et fa|bulam omnis ocii conuersa.

39 *a*, col. 1.

Fatua forsitan hec uidebitur et friuola narracio, sed fatuis et 10
friuolis, quibus nichil proponimus ; de talibus forte nobis erit
sermo cum inciderit, at non talibus ; quod possumus et scimus
benignis et argutis inpendimus, scientes quod absinthium et
thimum argumentosa degustet apis, ut electos ex amaris et
dulcibus conferat in thesaurum sapiencie fauos, ex friuolis his, et 15
a Deo sibi data gracia colligens quatinus eligat et diligat amaras
iusticie vias, ut Galo, nec obstinate cum regina probrosis conten-
dat inherere deliciis, eritque *carmen cordi cantatum* optimo.

De contrarietate Parii et Lausi.   iij.

Laudet lector et amet auditor, quod Galonis et Sadii serena 20
fuerit et sine nube societas, mirenturque Parii pariter et Lausi
nubem in amiciciis et fraudem.   De corde nata Luciferi prima
seuit in Deum inuidia scelus ausa supremum, et de celo deiecta
primam et precipuam orbis partem paradisum irrepsit, unde
victrix et victa detrusa quicquid extra reperit explorat et magnifice 25
memor nacionis quecunque deorsum uidet despicit, supra se
conatus erigit et degenerare dedignans superiora semper attemptat, tanquam gradibus ulterius et ulterius ascensis repatriare non
desperet.   Parem se facit omnibus et conformem, cum sit impetus
eius in impares ; nam semper in superiores insurgit.   Est enim in 30

8 *MS.* regine.

modicis parua, sublimis in altis, in tugurio pauper, in palacio diues.
Vicium quodlibet proscriptos habere videtur aliquos fines ; hec
omnes metas excedit, et quod in mundi tenetur terminis intabescit,
in omni vita terre, maris, et aëris pestilenter inhabitat, ut eciam
5 vermi uermis inuidere sciatur ; quicquid secundum melius et deterius in vita dicitur inficit, et ab inferiori suscepta superius inpe-
tit, et cum obtusa sit | in Deum audere, sublimia queque, quasi que 39 *a*, col. *2*.
Deo proxima uidentur, blasphema decerpit : celi deiecta, paradisi
profuga ; primo nobiscum exulavit, et in modico sibi de nostro
10 patriam fecit exilio.

Hec superbe solium Babilonis ingressa latenter regem eius
Ninum in singulis inuidiosum inuenit, inuidum reddidit, et qui
fuerat orbis amator et pax in odium eiusdem peruertit et malleum,
de cuius tirannide quam inuide satis exercuit et cupide contra
15 finitimos, liquet in auctoribus ; sed hec que Ninum interfecerat,
duos eius indignata cubicularios amicos inuicem et per omnia concordes Lausum et Parium, eo quod essent a rege primi, placuit ei
post ipsum eos euertere, et, quod pociori non potuit, peiori fucum
sue malediccionis affricuit.   Inuidet ergo latenter Lauso Parius,
20 iusto nequam, miti peruersus, et tractatibus obscenis insistit
peruigil, quomodo, quando, qua possit arte nocere.   Quicquid
ante Lausi placuit in moribus horret, totum in suam interpretatur
pessimus augur iniuriam ; quod ille domino suo deuotus assistit,
quod dispensanter et prouide ministrat, quod fideliter famulatur,
25 quod feliciter acceptatur a domino, quod eciam ipsius amator est
uerus et promocionis adiutor, duplicitatem dicit, beneficiique fidum
auctorem fraudis arguit.   Lausus ei tam ficcionis immemor quam
faccionis inscius omnem exhibet bona simplicitate societatem.
Par utrique uultus et in uerbis indempnitas aperta, dispar affectus
30 et opposicio cordium operta.   Equis placere certabant obsequiis

8 *qu.* celo?   15 *qu.* infecerat?   22 *MS.* totam.

amor et liuor, et tam bene caritati est hec adulacio simillima, quod expresse nemo deprendit vim similitudinis. Hos ut Nisum et Eurialum mirabantur homines, quos ut Pyrithoum et Thesea uidebat Deus. Iam flammas odii quas incenderat ultro

39 *b*, col. 1. non suffert ultra Parius; iam a fornace | nutritiua uiolenter erum- 5 punt, et in actum prodire cupit degenere diu decocta sudore medi- tacio ; iam omnimodam amico Parius mente concipit infrunita ne- cem, et cum ei cladem omnem exoptet, clam unicam et secretissi- mam querit, ne noctis in lucem nata prosiliat, in noticiam nequicia.

Solinus i. Mulieres Scithas scit in singulis oculis,geminas habere pupillas, et 10 necare quos irate respexerint. Scit mathematicos Tracie sola carminum violencia quibus affuerint occidere. Quid pestibus his occulcius ? Que mors ad accusandum inepcior ? Utrimque sus- picionis reperit argumenta, ipsos sceleris timet auctores, et quod ipse scit neminem latere credit, audet in Deum cui nudus est, et 15 in famam tremit armatus ; ut hominem simul et mortem extinguat, omne facit mentis adulterium, et in cogitaciones totus defluit alienas, ut nomine vocetur nouo, sicut hominis sic morticida. Venena placent, sed insolita, sed singularia, sed ut nocentissima sic latentissima, sic qualia nulla Scithas et Traces ; Circen preterit, 20 et Medeam, et quecunque veritatis habent uestigia pretermittit. Inuisum et inauditum procurat facinus, omne⟨m⟩ satagit mouere lapillum ; et quia nichil inuenit quod non ex uetustate prodeat, repercussa resilit obstinacio, redit tamen ad uetusta mens indaga nouitatis et inuencionis indiga. Memor igitur Herculis et Deianire, 25 Nessicum parat amico suo uenenum : et lintheis clausus interit infectis. Mortem Lausi loquuntur omnes, sed modum nesciunt, nec in eam quispiam quid loquatur agnoscit ; et cum nulla sit de proditore suspicio, nulla fit in ipsum prodicionis mencio. Mors cum homine decessit, cuius causam nullus inuenit. Queruntur et 30

8 cladem] *MS.* clamdem: *qu. transpose* cladem *and* clam ?   12 affuerint] *qu.* offuerint ?   20 nulla] *qu. add* apud ?   30 nullus] *MS.* nullius.

flent omnes, sed omnes excedunt lacrimas lamenta proditoris ;
crines auellit et se pugnis cedit homicida, seuiciam pietate palliat,
sub amoris pretextu ueritatem auertit odii, supra | cadauer se 39 *b*, col. 2.
proicit in tumulum, conuiciis et minis contra uim uetancium
5 sepeliri proteruat.   Morti Parius non homini parabat exequias,
et eam caute coram omnibus intumbat : accepta uix tandem consolacione foris qua non egebat interius, sublimi solus alta ceruice
superbit solio, sine consorte locum omnem obtinens.   At Ninus
veri doloris index Lausi filium superstitem inducit in palacium,
10 puerum quidem amabilis elegancie, moribus et forma nobilem ;
patricide suo traditur in officio patris erudiendus, lupus agnum
accipit in ulnis, et contra mentis arbitrium exultacionem exhibet
in uultu.   Puer felix eruditur in modico, et proficit in officio
decenter ; iam in conspectu Nini tantam habet graciam, ut tam
15 Lauso preferatur quam Pario.   Iam omne consilium habet cum
puero rex, nichil ei cum Pario ; | iam ad cultum capitis, manuum,
et pedum re|gis frequens est puer et sup. usus an*te*qu̲a̲m. | Furit ergo
fur hominum et furoris omnem exc i|tat audaciam : rediuiuo s*er*iore
consumitur | et in pristinas redit tante cladis auctor | angustias :
20 retro datur . . . omnium quecunque | fuerunt uel esse *possunt* mor-
a̲r̲u̲m̲ et de trium|pho patris armatur in filium.   Verba ministrat |
qui suggessit inuidiam ; omnem enim dirigit | iniquitatem auctor
scelerum, et ne creata de|ficiat vel errabunda vagetur, acubus
exhi|bet, semitas edocet, et gressus confirmat | impios.   Parium
25 ergo . . . mag*is*trat instruit et | in noue duplicitatis facinus
inducit.   Vo|cat Parius quem educauerat puerum : a lau|de speciei
sermonis et morum eius incipit, et ut | in execrabile mendacium
adulacio descendat, solum ipsum tanti regis familiaritate dignum,
tam secretis aptum dicit obsequiis, sollicitudinem eius laudat et

---

4 conuiciis] *MS.* inuiciis.   16 sqq. *The MS. is blurred and partially
illegible for about sixteen lines.   I have marked the points at which each line ends.*

asserit; in uno solo tamen tota blandicie castigat errorem, dicens,
   Cum te, dulcissime fili, natura supra modum beauerit, et in singulis tibi mem bris aptitudinem suam eleganter inpresserit, ne diis
faceret inuidiam, citra perfectum substitit, et ne tenerrimus oris dul-
cissimi flosculus ut visu sic tactu cunctos euerteret animos, feto- 5
rem innasci pertulit ; tibi, karissime, loquor ut filio pater, modis omnibus exhortari te cupiens quatinus ne domino regi circa cultum capitis et uultus tam propinquus assistas ; paulo temperancius et vi-
tancius age, ne te per frequenciam reddat odibilem, quod ipse tibi
per amoris celat reuerenciam, et licet pacientissimus egre nimis 10
tolerat.'   Hec ait Parius, et simul oborte lacrime licet infideles
fidem distillant puero.   Stupet miser et obrigescit ; fletum ei pre-
struit nimia doloris anxietas, et loquelam et interceptam animam
cogit a venis in cor.   Restituto tandem spiritu, magistro quantas
scit et preualet grates exsoluit, tota benignitate pedibus eius accum- 15
bens.   Quam dura nequicia que non miseretur et resipiscit ! Exsurgit a scelesto celestis, et pedes elatissime superbie linquit caput
humilitatis ; mentis meror egerrime transit in carnem, et afflicte
fortiter anime transcorporatur angustia.   Decumbit lecto ; non
exit grabatum.   Ninus quem perdiderat querit, inuenit, in sponda 20
lecti tristis assidet, et cui ualide compatitur hunc benigne consola-
tur.   Puer pre pudore faciem auertit, ne fetore mentito dominum
offendat.   Rex ueritatis inscius uehemencie passionis imputat,
medicos ei quoscunque potest optimos exhibet, et temporis tractu
non modico sanum ab eis accipit.   Puer sanitati deditus et officio, 25
nullatenus ad dominum suum presumit nisi uocatus accedere,
capite famulatum demisso prosequitur et auerso uultu totum regi
complet obsequium.   Ninus notatis his iam non credit eum bene
conualuisse, cerebrum ei lesum | dicit, uel adhuc debile; diu sustinet,
nec aliquid malignitatis aut fraudis imponit, in partem bonam in- 30
terpres optimus.   Parius igitur fere votum assecutus fraudis ne-

40 *a*, col. 1.
40 *a*, col. 2.

1 tota] *qu.* tocius?   11 oborte] aborte *MS.*

farie locum eius frequens occupat, accedentem arcet et arguit,
et quasi defectus eius implere cupiens, altero uocato subitus aduolat, castigacionibus, consiliis, et suis interposicionibus eum longe
detinet, uenientem uituperat, vitantem laudat, et incantacionibus
5 infatuat aduersis.   Diebus omnibus totus in lacrimas puer defluit.
Miratur Ninus et dolet, et sciscit⟨at⟩ur quid hec.   Ille stupidus ob
verecundiam silet.   Secrecius igitur affatur rex Parium, sub interminacione uera fateri iubet.   Ille proditor pedibus eius aduo-
lutus veniam hiis verbis exorat : ' Propicietur mihi clementis-
10 simus rex, ne fiam accusator et causa mortis puero quem enu-
triui et quem unico semper sicut patrem eius affectu dilexi ;
verbum autem hoc a uobis ipsius amore nimio celaui fateor,
quacunque miseracione delictum eius ueniam habeat ; hoc ego
merui mortem silencio tam fauore pueri quam mea simplicitate se-
15 ductus, et quod me nunc flentem et inuitum fateri cogit dominus
meus, ab ipso vix instanciis infinitis extorsi, et in quo certissime
noui mendacem, mihi contra meam iurauit sentenciam se multas in
cultu capitis et uultus regii perpessum angustias, et os vestrum
quod odore prenobili pomis estiuis et balsamo recenti precellere
20 non est dubium, sentine comparauit ; moriens et morte dignus hec
loquor.   Hinc est quod dominum meum tanto vitat odio, quod ab
ipso uultum auertit, caput inclinat, manum ori preponit, declinat
alloquia.' Quis hanc discredere verisimilitudinem possit ?   Quis
puer non deuitet dominum ?   Quis dominus non fiat sanguinarius
25 innocenti ? Quod unquam crudelius adinuentum est | scelus ? Que 40 *b*, col. 1.
nequiora uel a quibus excogitata uel audita sunt uenena ?   Quam
utrinque grauis et seua sedicio ! quam pestilens et crudelis iniquitas hec est in domo demonum *vestita dupplicibus* !   At Prov. 31. 21.
certe *timebit a frigoribus niuis.*
30   Rex Pario credulus, iam amenti similis, amatori suo fit inmiseri-
cors, et cum sit irato rege nichil immicius, differt tamen ulcionem,
experiens an possit misereri, cupiens magis indultor esse quam

ultor. Adsunt interim ludi solempnes annui ciuitatis, quibus ipse
rex interesse tenetur, regalibus insigniis et diademate redimitus,
uel in eisdem festiuis ornatibus mittere qui vicem eius supleat et
tocius anni principatum a rege primus optineat toto regno Babilonis. Iubet ergo rex puerum ad ludos ornari, proprium tante 5
solempnitatis equum ascendere, potestatem et imperium tocius
anni tribuens. Parius hiis intellectis *minus actum credens, quod*

Lucan. ii.
657.
restat agendum inpiger exequitur; regem non audet aggredi,
puerum inuadit, et modis omnibus sollicitat in retribucionem tocius
benignitatis exhibite uel exhibende, cum lacrimis orat nunc 10
primo ueris honorem hunc sibi nesciente Nino conferri. Pronus
ad carissimi promocionem nutricii puer facilis annuit. Parius
ergo die festo palacium egreditur, corona regia, uestibus, s⟨c⟩eptro
solempnis et equo. Ninus eminentem turris ascendit sedem, ut
de puero uideat quod procurauerat, et ecce Parius in porta 15
prenobilis, ad quem omnium oculi; moram facit, ut diucius
expectatus aduentu prefulgeat digniori, maiestatemque non minuat
precipitata leuitas, cum repente iuuenis ab abdito subornatus
irruit, et indigne maiestati iustam et iussam exhibens irreueren-

40 *b*, col. 2.
ciam, ad cubile tantarum prodicionum cor gladium | premit, ut 20
ferri frigiditas omnium temperet fornacem irarum. Excidit

Eph. 4. 25.
occisus, quoniam *occidit super iracundiam eius sol*; iuuenis
asilum altare proximum petit, accurrit urbis uniuersitas, et iam
non murmur hominum sed tumultus est. Rex autumans puerum
esse qui plangitur, sue uidere uenit auctorem iniurie. Parium 25
agnoscit mortuum et puerum inmorientem ei videt, dulcissimum
inuocantem inter lamenta magistrum, crinibus auulsis et pectore
tunso fidelissimi plangentem diligenciam nutricii. Delusum se
dicit ut videt Ninus, at modum ignorat; talamum interius euocato
seorsum a turbis puero secrecius intrat; puer ex doctrina defuncti, 30
demisso capite, manum ori preponens, in genibus astat. Rex
item iratus et aliam ei iam mortem in animo preparans, inquit,

'Quid naso manum apponis? Quomodo tibi soli factus sum abhominabilis? Nunquid oris mei tantus est fetor ut propius accedere nequeas?' Puer, 'Immo mei, domine, quod vito ne sencias.' Rex, 'Quis tibi reuelauit?' Puer, 'Docuit me Parius,
5 quem amabat unice, quod a me celauerant uniuersi, silicet oris mei tam nimium esse fetorem, ut uobis molesta fieret presencia mea; hinc michi propius attendendi presumpcio deperiit; hinc michi semper coram hanelitu meo manus, ne mea uobis inportuna sit feditas, et meo possit afflari uicio serena serenissimi uultus
10 vestri sobrietas. In retribucionem autem huius premunicionis et alias exhibite fidelissime cure, peciit a me mihi collatum a uobis honorem, et tulit. Ecce coram vobis totam hanc animam effusam, et me misericordie vestre genibus prouolutum, donec de pena debita doleam vel gratulari possim de uenia.' Ninus ad
15 hec non inmerito motus, in breui studio quid | contigerit aduertit, 41 *a*, col. 1. magnatesque suos Parii pestilentis duplicem edocet prodicionem et iustissimam liuoris ulcionem, Deo iudicante, puerumque restituit in graciam, et sedicionum auctoris cadauer in equleo suspendi iubet, ut manifestetur in mortuo quod male uixerit.
20 Misericors pater noster in *uirga* corrigit *et baculo* filios et in Ps. 22. 4. correpcione conseruat ab ultore furoris, donec plene contempnant, sicut Parius, qui statim conceptis primis aduersus Lausum ex inuidia motibus adquieuit odiis, et inde non restitit, sed totus institit; qui quot tolerauerit ex Lausi prosperis aduersa, uel ex
25 prouectibus depressiones, ex augustiis angustias, tot intelligere debuit castigaciones; at ipse contemptu perfecto Deum a se fugauit, quo propter homicidium fedum auerso *catuli leonum* Ps. 103 21. *rugientes* hunc a Deo *sibi quesierunt escam,* et datus est eis, et custodierunt eum, plenamque uoluntatem habentem ut filium
30 Lausi cum patre simul occideret, aliisque sibi saginatum nequiciis

---

7 attendendi] *sic: qu.* accedendi? 17 iustissimam] *MS.* iusticimam. 29, 30 *MS.* ut fil. Lausi . . . occid., plenamque uol. habentem.

vocauerunt cum placuit. Hoc modo quem Dominus dereliquerit,
ille custodit, cui derelictus est, ut ipsi semper impune deseuiat
cui deseruit, dampnosisque successibus inpinguetur ad mortem,
donec impleta sit iniquitas ad uindictam.   Audiant hec et
resipiscant liuidi, nec spernant quomodocunque rem eis mastica- 5
uerim, si quid utilitatis subesse uidebitur.

 Apis et dulcibus et amaris herbis insidet, et ex singulis aliquid
cere uel mellis elicit ; amator sapiencie quemlibet in aliquo
poetam approbat, et ab omni pagina quam baiulauerit recedit
docc⟨i⟩or. Instat enim et adheret litere, nec habet aliquam 10
inuisam nisi peruisam, aut neclectam nisi perlectam ; si quid
auctor opinatus est prouide, comprobat ; si vero (quod absit !)
41 *a*, col. 2. ubique fuerit inutilis, non auctoris imputat inepcie, | sed hebe-
tudini proprie, sepeque repulsis dum inprobe luctatur euincere
quod iuuet aut prosit, in nouas et meliores incidit argucias quam 15
penes se auctor habuerit. *Non sic impii, non sic*, sed oderunt
antequam audierint, vilipendunt antequam appendant, ut sicut
Rev. 22. 11. *in sordibus sunt sordescant adhuc.*

 Solum ex hoc placeo quod uetusta loquor : libetne tamen nuper
actis aurem dare parumper ?   20

De Rasone et eius uxore.   iiij.

Raso Christianus, unus ex hiis quos uulgo uauassores aiunt,
castrum habebat quod ipse fortissimum necessitate tuicionis
exstruxerat ; habebat enim frequentes cum vicina sibi paganorum ciuitate congressus, cui quidam admirabilis, quod nomen 25
dignitatis est, presidebat. Cumque ipsi Raso viribus impar
esset et numero, sua tamen et unici filii sui strenuitate preualebat,
cuius matre defuncta nouos ex coniugio sibi cupiens amicos
thoro priori secundam substituit, duxitque pulcherrimam ma-

<hr>

 6 *MS.* ultilitatis.   15 iuuet] *MS.* iuuat.

gnarumque diuiciarum dominam, cui sic anima eius conglutinata
est, ut zelotipie causa se graui diu et ancipiti deliberacione
suspenderit, utrum sibi prestet ad pudiciciam eius caute seruan-
dam Dan⟨a⟩em eam facere uel Procrin.   Dan⟨a⟩em audit auro
5 deceptam, et quecunque non amat scit amare posse forma,
probitate, uel auro; Procrin illectam Cephali laudat amoribus,
uxoriumque sapienter ei liberas fecisse licencias ait, et utrumque
felicem, ipsam quod ipse uxorius, illum quod illa inde pudica, .i.
merito et retributione; uidet clausam errasse, liberam se
10 clausisse, quod in libidinem exiit inclusa, quod se vallo pudicicie
sepsit exclusa, quod que timuit ausa est, que dilexit neglexit;
mauult beneficio meritorum amari quam carceris affliccione
timeri, timor enim sollicitus est ne timeat, amor anxius ut
ametur.   Soluit igitur a freno iumentum, ut | quocunque fames 41 *b*, col.1.
15 iusserit pabula querat, ultroneam extollens ad astra pudiciciam,
castitatem indagine castrove coactam castrati meritis equalem
asserens.   Illa uultu seuero, uerbisque certissimis comitantibus et
que rem comunt lacrimis, totam facit securitatem.   Ille deside-
rata vota complectens allacrimatur ei, et notatis uere fidei multis
20 argumentis rigore mollito a uiro pristino defluxit in uxorium;
iam nichil unico et optimo credit filio, immo ipse cum preclara
familia sua ceptis eius addicitur, quicquid est appetibile manui
sue subicitur, nec restat quod ipsa desiderio suo dignetur.
    Adduxit ei quadam die casus admirabilem cum maximo
25 comitatu militum ad ianuas, quem Raso coram sua quasi procus
adhuc tam acriter inuasit ut nullo possit argui senectutis incom-
modo.   Captus est autem ea die sua filiique sui uirtute
admirabilis et incarceratus, et clauis in manu domine.   Habebat
etatis admirabilis plus puero, iuuene minus, eratque ipsi statura
30 nimietatis utriusque media, corpus habile, facies quantum
Sarraceni potest amabilis.   *Capta est in oculis cius* domina, et Judith 10
                                                                    19.

26 nullo] *MS.* nulla.

quoniam ipsi facultas est omnium data, forte posset uotum
implere de facili; fit audax ex licencia, nulla se castigacione
cohibet, ab ipso sperat quicquid a sene deficit, singularem ei
carcerem facit tenebrosum et fortem, et zone clauem eius appendit proprie, districcione ciborum et potus captiuum conficit, et id 5
modicum quo utendum ei censetur per fenestram ut urso proicit.
Neminem patitur accedere quasi nulli fidem habeat, sciens quod
omnis superbia fame domatur, et quod Raso sue credit inpensum
fidelitati in iniuriosam ipsi cedit libidinem. Creditur, et laudatur qui credit, et laudat; uir fallitur, nec mirum, uerissimos 10
41 *b*, col. 2. enim amores exprimit | uxor ypocrita. Securus exit ad expe-
diciones et prelia Raso, et sibi ex fide uxoris domi uidetur
esse dum foris est. Nacta igitur libertatem lupa, susceptis ad
amorem sibi seruandum quascunque iubet caucionibus, eques
cum admirabili decepta custodia clam recedit. Insidet admira- 15
bilis equo Rasoni carissimo, quod et optimo et omnium inpari,
quibus in optata ciuitate receptis ad castrum suum Raso reuertitur; audit et dolet, et in hoc se maxime derisum dicit, quod
contra fabulas et hystorias et omnium ab inicio consilia sapien-
tum se femine crediderit; non tamen admirabilis, non uxoris, 20
non eorum que tulerunt, sed solius equi iacturam intemperate
plangit, nec filii nec familie consolacione leuatur.

   Post aliquot ergo dies in habitu pauperis ciuitatem ingreditur,
et inter sedentes ad elemosinam annotatur a sua, que, ut finem
timori suo faciat, eum admirabili suspendio dignum iudicans 25
tradit. Qui uoce preconia ciuitatem concitat, quatinus Rasonem
uideant publicum hostem, et reipublice sue pestem ducant ad
exterminium. Fit concursus et clamor populi; sonant litui et
tube. Ad clangorem igitur et tumultum excitatur qui excubat
prope filius Rasonis, et causa cognita, quamtocius in siluam 30
se cum armata familia latibulo proximam conferens cum silencio

       21 que] *MS.* qui.

prestolatur; et ecce coram omnibus saluatrix ciuitatis domina
multis conducta laudibus, et admirabilis disponens et moderans
omnia.   Inopinos igitur et inermes inuadunt rapide, filiusque
Rasonis admirabilem ictu primo mortuum deicit.   Domina super
5 optimum equum euadit facile, fit maxima strages equitum et
peditum, et tocius populi | dira direpcio.   Reductus ad propria 42 *a*, col. 1.
Raso inter tantas leticias mestus residet, uilipendens predam et
spolia, captiuos et mortem admirabilis, desolacionem ciuium, et
suam erepcionem, et quicquid actum est; cum non redibetur
10 equus, nichil reputat.   Mutat ergo uultum et habitum; simulat,
dissimulat, non curat cui similis fiat dummodo sibi dissimilis :
compositus et sibi quantum potest oppositus, eadem euasionis
die pauperibus assidet, et introductus cauet ne domine opponat
faciem, sed procurat ut retro precelsum cui ipsa insidebat sca-
15 mnum dorso ad dorsum sedeat.   Precatur in hora cene qui co-
epulabatur miles dominam quatinus cum ipso nocturno tempore
ad suas recedat quibus habundat ciuitates, allegans quod ab omni
timore Rasonis libera possit in deliciis tota gaudere uita.   Talibus et aliis paucis uerbis allubescit, orataque nouitatis amatrix
20 mulier ad sua facile desideria trahitur ; hora designatur ante luca-
num, locus porta meridialis.   Hiis ergo caucius Raso notatis, letus
egreditur, festinat et armatus a castro suo reuertitur in noctem et
in illa meridiali pernox excubat, securus in militem irruere si uenerit, ut ipsum interimat, uel dominam sub ipsius abducere typo si
25 preuenerit.   Sed que non dormit in desideriis mulier anticipat
horam; uidens uirum armatum adductum sibi optatissimum
equum offert quatinus ope sua conscendat eum.   At ille uisa
spe sua non inmerito inpiger descendit, equisque mutatis leti
properant ; falsa domina se falli non sentit, et nescia quo tendat
30 uota sequitur irrita.   Raso labore victus et longa uigilia dormit
in equo et ab uxore stertens agnoscitur.   Orat illa quod modi-
cum diuertat donec dormierit ; ille diuertit, sed | descendere timet, 42 *a*, col. 2.

lancea fultus sompnum capit.　Miles ergo cui non concessa
scandala delusus, totam concitat urbem, dominam fugisse
nunciat, et ecce ipsum cum manu armatorum multa prope locum
dormicionis.　Pessima illa, que non cessat scrutari qualiter
eripiatur, uenientem uidet et quibuscunque potest aduocat signis. 5
Illis iam prope agentibus, equs Rasonis non assuetus in congressu quiescere, leuato capite hinnit, et pedibus arenam terens
dominum suum a morte premunit; beneficio cuius excitatus
Raso primis incursibus resistit fortiter, filiumque suum quem in
proxima sperabat siluula familiamque voce precelsa euocat. 10
Illi spe sua nullatenus segniores velociter aduolant, et obuias
fortiter abrumpunt acies.　Raso equi sui celeritate quocunque
uult transfertur, et quibuscunque cupit hostibus imminet; familiam suam hortatur, et se totum impendit ulcioni.　At filius suus
sicut unicus unice patrem diligens uniformiter et omni conatu 15

Virg. *Aen.*
xi. 361.

satagit illam ulcisci que *causa malorum* extitit, qua tandem
decollata, cum capite ipsius triumphator abcedit.　Redit Raso
cum suis letissima trophea referens.　De cetero ceteris ait,
'Cauete, et ego uobis dico, Rasoni credite, quoniam que multa
euaserunt aues recia modico tandem capiuntur in laqueo, sicut 20

Prov. 1. 17.

hec auis.'　Scriptum est: *Frustra iacitur rete ante oculos penna-*
torum; huiusmodi pennatis raro frustra iacitur, non enim habent
oculos: hec auis, hec uulpa, hec femina tot bonas uiderat fidei sue
facies, tot audierat et non exaudierat diuitum preces, et a facie
Sarraceni captiui exlegis et attenuati capta exlex facta est et uilis 25
et adultera, legis et viri quibus[cun]que (secundum Veneris

42 *b*, col. 1.

loquor iura) se retibus debuit, se negauit | et sibi laqueum inde-
bitum et inopinum iniecit; hec pennas habuit quoniam auolauit,
oculis caruit quia se non cauit, eo quod sibi uisum est crimen
dulcius quo nocencius, quo Rasoni dampnosius.　　　　　　30
　　At non similiter Rolloni ut Rasoni sua nocuit innocencia.

13 hostibus] *MS.* hospitibus.

De Rollone et eius uxore.   v.

Rollo, uir magni nominis et preclare milicie, moribus et omni
statu felix, cum non esset zelotipus, pulcherimam habebat
uxorem, cuius amore languebat uicinus puer, forma, genere,
5 diuiciis, et optima indole omnes illarum parcium excedens pueros.
Nec quid speraret habebat ; fortissimis enim negatiuis depulsus Virg. *Ecl.*
secum lacrimosus intente querebat quid sibi deesset ad meritum ^{2. 2.}
amoris.   Rollonem tandem respicit, militem serenissime fame,
se uero puerum intra septa cunarum adhuc morantem nichil
10 egisse, nichil egregium gessisse ; iam se merito spretum dicit,
et nisi preualuerit non debere preponi.   Suam ait iniustam
peticionem, illius iustissimam negacionem.   Iam properat, iam
hanelat ad arma, iam omnibus interest ubique congressibus, et
edoctus preliorum astucias, uarietates, et casus, ab ipso Rollone
15 milicie cingulum accipit, ut proinde sibi fiat accepcior, et possit
domine familiarius loqui, uel significare quod dolet ; et si nonnisi tantum eam uidere debeat, idem fecerit.   Exit igitur quocunque ipsum magister amor euocat ad omnes armatas sediciones
uel rixas, et quamcunque torpentem aut sopitam reperit, excitat
20 et perducit ad summum, et non perductis omnium est potissimus
et potentissimus.   Euadit in breui laudes uicinie precellens
omnibus, et non transcensus ad maiores accenditur.   *Vincit* Cf. Virg.
ferratas acies, muros et turres, et qui transuehit ipsum animus ad ^{*Aen.*vii.622.}
omnes uictorias a seipso effeminatur, sed infeminatur, quoniam in
25 femineam transit impotenciam |, ut earum instar sine respectu post 42 *b*, col. 2.
uota currat, ouis intus et leo foris, et qui castra subuertit extero-
rum a domesticis curis castratus emollescit, plangit, precatur, et
plorat.   Illa non ut uirgo uel uirago, sed ut uir deuouet et
spernit, et quibuscunque potest modis in desperacionem trudit.

20 *perhaps* non *should be omitted.*   24 *qu.* sed pocius infeminatur ? *or*
non eff. sed inf. ?

Contigit ut die quadam iter facienti Rolloni in dextera illius tam
desiderate uxoris sue fieret obuius predictus iuuenis, quem ex
nomine designauit Resum, conductisque ipsis aliquantulum quasi
dominis et maioribus benignis et supplicibus uerbis, dicta salute,
migraret. Illa dissimulat insolenter. Rollo uero diu respicit 5
emigrantem toto suspensus in ipsum animo, tandemque reflectit
oculos erratque silens. Suspiciosa timensque sibi domina ne
quid aduert⟨er⟩it, querit quid hoc, quare diu respexerit non
respicientem. Cui Rollo, 'Libenter aspexi quod utinam semper
videam, nostri temporis prenobile prodigium, hominem genere, 10
moribus, et forma, diuiciis et fama et tocius terre fauoribus

Cf. Hor. *Od.*
ii. 16. 27 sq. insignem, et qualem non reperit scriptura *ex omni parte beatum*.'
Illa ex tanta laude plus animo concipiens, quam ore habens,
subintulit, 'Nec michi pulcher videtur, nec ipsum bonum audiui.'
Aliud autem in mente uersat, scilicet quod Rollo fidelis et 15
ueridicus est, et quod ab aliis audierat ipsius est assercione
credendum. Penitet iam ipsum repulisse, iam desperat posse
redimi quod actum est, et quem humillimum superba spreuerat,
superbissimum horret humilis optare. Cumque post iter thalamo
recipitur, flere libet, nec licet ob scandalum; dolores enim 20
criminis querunt latibula, et noctis filie secretos habitant seorsum
thalamos. Inde se proicit in secreta secessus intimi, exploratisque
plorando consiliis, una tandem et audax placet sentencia, nuncio

43 *a*, col. 1. temptare si uenire | dignetur. Desiderantis euolat legatus et arden-
tem concupiscencia reducit inflammate, iussusque recedit. Orna- 25
tum igitur Veneri sibique thalamum archanum summa secuturi
uota subintrant, et inter eundum inquit illa, 'Miraris forsitan,
dulcissime mi, que me tibi tam subito causa post tot tam
crudeles dederit negaciones; Rollo causa fuit, nam fame non
credideram, sed sua mihi, quem ueracissimum noui, persuasit 30
assercio te Appolline docciorem, Ioue leniorem, Marte leoniorem,
pro tempore, loco, et modo, nec est aliqua diis data preter

eternitatem felicitas, quam non tuis adiunxerit laudibus. Credidi, fateor, et capta sum, et ecce tibi desideratas offero leta delicias.' Et decumbit, et attrahit, . . . frenumque furori ponens respondit, ' Nunquam a Reso Rolloni pro benignitate retribuetur iniuria ;
5 inurbanum enim est ut ei thorum uiolem, quem mihi totus negauit orbis, et ipse prestitit.' Sic abscedit et abstinet ; potest et non est transgressus ; uicerat ipsam ut sibi pareat, uincit seipsum ut ipsa careat ; uictoria prior diu dilata, posterior cito collata, illa fugando longis quesita uigiliis, hec fugiendo breui sed
10 forti parta vigilancia ; illa dulcis et dilectans, hec amara et dolens, sed fructus earum mutatis inuenientur saporibus *in tempore* Mt. 13. 30. *messis.*

Sic contra fidem Nasonis a iuuene et cupido reddita est quantum in ipso est uirgo ; hec autem in ipso sue feruore
15 libidinis, in ianua Dyones, in precipicio promte ruine, in despera-cione continencie. Quis non miretur, et non hunc imitetur si possit ? Hic certe potuit fugam inuadere gracia preuentrice, et arreptus euadere gracia subsecutrice. Fortis hic, sed in eo fortis utrimque Dominus ; laudabilis hic, sed a Domino. Videbit hec
20 piger et expectabit graciam ; excusabit et incurrit offensam. Nos autem nunc non sic, | sed sciamus *sine Ipso nichil posse fieri*, 43 *a*, col. 2. et conemur tanquam ex nobis inicia sint, et nulli conatui desit Jo. 15. 5. spes et oracio ; accingamur vim facere Deo nobis ut assit, et nostram Ipsi placere sciamus uiolenciam ; virtus pallium appre-
25 hensa non linquit, sed quo traxeris ultro comitatur optata. Qui carni precipit, effugit iram, et qui sibi frenum ponit, a Domino dirigitur : Ipsi grates a quo gracie.

Explicit distinccio tercia Nugarum Curialium.

3 *something is wanting after* attrahit.   7 pareat] *MS.* parcat.
23 Deo] *MS.* donec.

Walteri Map, de Nugis Curialium, distinctio quarta.

Incipit quarta. Prologus. i.

AD nostram omnium instruccionem expedit ut nemo clausis oculis uel auribus uel aliquo sensuum inofficioso uiuat, sed ex rebus oportet extrinsecis intrinsecus edificari, per hec. Sane, quia ceci 5 sumus ad futura, presencia quedam palam sunt, et preteritorum aliquot que non uidimus uidere properemus. Que non audiuimus, non fastidiamus, sed Deo futura comendantes, informari festinemus ex his in quibus nobis Dominus imitacionem posuit aut fugam, nostrum semper orantes refugium, ut eleccionis pure 10 bonorum Ipse in nobis consecucionem, et fuge malignitatis Ipse faciat effugium.

Video iuuenes que uident et audiunt uel spernere uel paruipendere, multosque domi torpentes, quorum senectus aut uilis est aut mediocritatem non euadit. Puerum uidi, de cuius eciam 15 cognacione glorior, inter nos et a nobis educatum, semper *ab ore narrantis pendentem*, maioribus suis herentem, collegia bonorum querentem, forcia queque temptantem, nunquam ociosum, indefesse negociosum, acerrime indagacionis ad omnia honesta in tantum ut cum non esset literatus, quod doleo, quamlibet 20 literarum seriem transcribere sciret. Antequam esset annorum xx^{ti}. matrem nostram et suam Angliam exiuit, seque Philippo Flandrensium comiti solum alienigenam dedit, quatinus armis instrui mereretur ab ipso, ipsumque | preelegit dominum; nec iniuste, quoniam omnium huius temporis principum excepto 25 nostro strenuissimus est armis et regimine, postquam Henricus rex iunior decessit, nostri filius Henrici regis, cui nemo, Deo gracias! hodie par est.

Virg. *Aen.* iv. 79.

43 *b*, col. 1.

Decessit autem ille prenominatus Henricus apud Martellum
mense quo hanc paginam apud Salmurum scripsi, die sancti
Barnabe apostoli, anno ab incarnacione Domini M°. c. octogesimo
secundo, et sue natiuitatis xxvij°, vir noue adinuencionis in armis,
5 qui *miliciam* fere *sopitam* excitauit, et ad summum usque perduxit. Lucr. i. 29.
Eius possumus virtutes (qui eum uidimus ipsius amici et fami-
liares) et gracias describere. *Speciosus* erat *pre* ceteris statura et Ps. 44. 3.
facie, beatissimus eloquencia et affabilitate, hominum amore,
gracia, et fauore felicissimus, persuasione in tantum efficax ut fere
10 omnes patris sui fideles in ipsum insurgere fefellerit. Absalon eum
(si non maior hic uero fuit) comparare possis; ille unum habuit
Architophel, hic multos, et nullum Chusi; quod quidem hodie
manifestauit Dominus, qui omnes *misericordias Dauid fidelis* Isa. 55. 3.
domino nostro patri suo compleuerit, id est illas quas ipse fideli suo
15 Dauid habuit, quoniam *ex omni tribulacione eduxit eum Dominus,* Ps. 53. 7.
et super iram inimicorum suorum despicit oculus eius. Absalon suus
totam excitauerat Aquitaniam, Burgundiam, et ex Francis multos
in patrem suum dominum nostrum, et omnes Mansellos et Andegauenses et Britones, et ex quibus nobiscum militabant maxima
20 pars uacillabat ad ipsum. Manselli tamen et Andegauenses palam
nos obsidentes Lemouicas, spretis lacrimis et supplicacione nostra,
liquerunt et repatriantes coegerunt exercitum solui paucitate re-
manencium. Confluentibus autem ad ipsum Absalon uiribus orbis
in patrem suum apud Martellum iurauit, et ea die percussus ab
25 ultrice iustissima dextra martello mortis | euanuit, et uersa est in 43 *b*, col. 2.
sedacionem sedicio; quieuit igitur orbis *Phitone perempto.* Qui Claud. *in*
cum iussisset corpus suum Rotome sepeliri, ablatum est et in *Ruf.* i.
ecclesia sancti Juliani vi detentum a Cenomanensibus et ibi tu- Praef. 15.
mulatum; sed hodie iussit rex pater eius illud inde Rotomam
30 deferri, quatinus ibi sit eius imperpetuum memoria viri fauoris et
graciarum pleni. Qui quod diues, quod generosus, quod amabilis,

13 *qu.* fideles, *as the Bible text?*

T 2

quod facundus, quod pulcher, quod strenuus, quod omnimodis
graciosus, quod *paulo minor angelis,* totum conuertit in sinistram,
et peruersa felicitate fortissimus tam infrunito factus est animo
patricida, ut in summis desideriis mortem eius posuerit, sicut
aiunt Marlinum de ipso prophetasse, *Linx penetrans omnia exicio* 5
proprie gentis imminebit. Nichil inpenetratum liquit, omnem
lapillum mouit, totum fedauit prodicionibus orbem, prodigialis
proditor ipse prodigusque malorum, fons scelerum serenissimus,
appetibilis nequicie fomes, pulcherrima peccati regia, cuius erat
regnum amenissimum. Ut sciatis quomodo creator fuerit hereseos 10
proditorum ; pater suus totum sibi sedauerat ad pacem mundum,
tam ex alienis quam ex suis ; hic autem rumpi federa fefellit, et in
regem pacificum contra iuramenta iuratorum arma coegit, periurus
ipse patri, me vidente, multociens ; frequens ei ponebat scandalum,
victusque redibat, eo semper ad delicta procliuior quo securius ad- 15
uertebat sibi ueniam non posse negari. Nullas unquam meruit
iras quas non posset primis placare lacrimis ; nil concupiuit quod
non paucis extorqueret blandiciis, quippe qui quemuis hominem contra seipsum optinebat, quia contra conscienciam et fidem
Deo derelicto, qui malleus percussus in Martello penitens de- 20
cessit ut aiunt, sed ad pacem patris nullo potuit inflecti monitu,
quasi ' si decessero quiescam, | si non, impugnabo.' *Depositam ha-*
bebat in corde guerram ; fratremque suum Ricardum, cuius inta-
bescebat odio, reliquit heredem, et decessit iratus ; dissimiliter
respexit Dominus finem. 25

Epilogus. ii.

Hunc in curia regis Henrici libellum raptim annotaui scedulis
et a corde meo uiolenter extorsi, domini mei preceptis obsequi
conatus. Horrebam enim quod agebam, luctabar euincere quod
nequibam. Cum enim ab omnibus curiis sint Muse refuge, no- 30

22 *qu. add* diceret *after* quasi ? 25 *The chapter seems unfinished or imperfect.*

Ps. 8. 5.

Galfr.
Monum.
Hist. Brit.
lib. vi.

44 *a,* col. 1.
Ps. 55. 21.

stram super omnes abiurauerunt, quia prorsus ab eis auersam et
longe plus aliis aduersam, quia uexacio tantum quietis interpolari
non paciebatur ut ad sompnum sufficeret, nedum ad studium.   Co-
gebam eas et indignabantur ; verumptamen, audita morte domini
5 mei predicti regis, post biennium exequiarum exinanitus lacrimis,
ad puteal exsurgo, lucrum inestimabile nunc primo uidens quod a
curia liber sum, unde relegatus quiete noua percipio quam misere
fuerim ibi religatus.   Quiete dico recte quidem, si quies est
certis indiciis agnoscere tenebrarum absolucionem, et permittente
10 Domino, qui foras eum ad uincula misit, regnum ipsius omnibus
dominari.   Dati sumus illi cui cessit facultas et caro beati Job, et
tanto seuiorem eum sentimus et nos ad uictoriam impromciores
quanto sumus a paciencia remociores.   Scrutatur et euertit orbem
antiquus ille dierum, omnium corda possidet et obtentu mundi   Dan. 7. 9.
15 gloriatur ; preua⟨ri⟩cator serpens spiris omnia cingit, aut nichil aut   Cf. Claud. *in*
modicum extra relictum est.   Dudum a prauis exactoribus fiebant   *Ruf.* i.
iniquitates sub alicuius cause pretextu, saltem ut aliqua similitu-   *Praef.* 3.
dine iusticie velamen haberet nequicia.   Nunc autem et iusticia
periit, et facies eius non requiretur.   Immo pace deleta penitus
20 apertus est in rapina furor, | et tam obstinate frons omnis induruit,   44 *a*, col. 2.
ut pudor et reuerencia nichil sint.   Iam nemo lesus queritur aut
querere potest cur hoc, quia racio nusquam est, et nemo respondet
ad hoc.   Et mihi nunc primo placere potest puteal, quia cum orbe
mutate sunt Muse, et iam non oportet ab antris earum loqui,   Claud. *l. c.*
25 nec in regulis arcium artari.   Quidlibet ut libet agimus, et non est   14.
distinccio uirtutis et uicii.   Redeat Cato, reuertatur Numa, Fabii
reddantur, et reuocentur Curii, fiant rediuiui Rusones, id agetur   Martial. v.
quod agitur.   Nam ubi nichil humanitatis, non utetur sapiencia   28. 3, 4.
Cato, Numa iusticia, Fabius innocencia, comitate Curius, pietate
30 Ruso: cum nichil eorum unde boni fuerunt, † nimirum stupidi sunt.

25 Quidlibet] *MS.* + in regulis *lined through.*   27 Rusones] *MS.* rusores,
30 *something is wanting such as* in precio habeatur *or* estimetur.

Si Neronem, si Vitell⟨i⟩um, si Catelinam suscites, se reperient in-
maniores plurimos.   Si Mamertum a manibus excites, nichil ad tot
Rufinas facient Elycon et Pierus.   Dormiat ergo cum Homero
Maro, cum Catul⟨l⟩o Marsus; vigilent et dictent Cherulus et Clu-
uienus, Bauius et Me⟨u⟩ius, et me nichil *intcrstrepere* prohibebit. 5
Talium tempora sunt poetarum.   Obiurgare non possunt Muse,
nec iniurias ulcisci, nec in artibus causabuntur, quod alias ubique
fit.   Ideo tutus˙et inermis aggredior quod trepidabam.

   Tales nunc inueniat libellus lectores; hii me poetam facient, sed
non sic impii legunt, *non sic*, et ideo misellum hunc uentilabunt, 10
ut puluerem; oderunt enim antequam audierint, uilipendent antequam appendant, inuident priusquam uideant.   Incidencia uero si
notare fas est, incidit.

   Amicum habui, uirum uite philosophice, quem post longa
tempora multasque visitaciones annotaui semel habitu, gestu, 15
uultuque mutatum, suspiriosum, pallidum, laucius tamen cultum,
loquentem parcius et grauius, insolita simultate superbum;
pristina perierat facecia, morosaque iocunditas; egrum se dicebat,
et male│sanus erat.   Soliuagum uidi, meaque quantum reuerencia
mei sinebat declinantem alloquia.   Veneris arrepticium uidi.   Quic- 20
quid enim uidebatur, totum erat proci, nichil philosophi.   Spes
tamen erat, ut post lapsum resurgeret.   Ignoscebam quod igno-
rabam; ludum putabam, et erat seuum serium.   Uxorari tende-
bat, non amari; Mars nolebat fieri, sed Mulciber.   Tamen mihi
mens excidit, et quia mori pergebat, commoriebar ei.   Locutus 25
sum et repulsus.   Misi qui loquerentur, et ut noluit eos audire,
dixi, '*Fcra pessima deuorauit unicum meum*': et ut omnes amicicie uices implerem, epistolam ei scripsi, mutatis nominibus nostris, me qui Walterus sum Valerium uocans, ipsum qui Iohannes
est et ruffus Ruffinum.   Pretitulaui epistolam sic.   30

cf. Martial
i. *Praef.* v.
5. 6: Hor.
A. P. 357:
Juv. i. 80:
Virg. *Ecl.* 3.
90; 9. 36.
Ps. 1. 4.

44 *b*, col. 1.

Gen. 37. 33.

    1 reperient] *MS.* reperientur.   2 Mamertum] *qu.*=Claudian?   3
Rufinas] *qu.* Rufinos?   2.4 Tamen] *qu.* Tandem?

NOTE.

The following Epistle is current separately in a number of manuscripts. The text of it was printed among the spurious works of St. Jerome (Martianay V. 337; Migne, Patrol. Lat. xxx. 254). I subjoin to the text of the Bodleian manuscript (which I take as the basis of the text) the variants of the two oldest copies which I have found, viz. Bodl. Digby 67 f. 80, of cent. xii–xiii (D): and Trin. Coll. Camb. O. 7. 7. f. 64 b, of cent. xiii early (T). The rejected readings of Bodl. 851 (O) are given apart from these.

Particulars of some of the manuscripts and commentaries are reserved for a special note.

Dissuasio Valerii ad Ruffinum philosophum ne uxorem ducat. iii.

Loqui prohibeor et tacere non possum. Grues odi et uocem ulule, bubonem et aues ceteras que lutose hiemis grauitatem luctuose preululant; et tu subsannas uenturi uaticinia dispendii, 5 uera, si perseueras. Ideo loqui prohibeor, veritatis augur, non voluntatis.

Lu⟨s⟩ciniam amo et merulam, que leticiam aure lenis concentu placido preloquuntur, et potissimum philomenam, que optate tempus iocunditatis tota deliciarum plenitudine cumulat, nec fallor.

10 Gnatones diligis et comedos, qui dulces presusurrant illecebras, et precipue Circen, que tibi suspirate suauitatis aromate gaudia

O.   7 Lu⟨s⟩ciniam] Luciniam.   10 comedos] commendas.

---

1 Incipit epistola Val. ad Rufum de dissuasione uxorandi D.   Dissuasio ual. ad ruffinum ne ducat uxorem T.   2 *om.* Loqui . . . possum T.   et tacere] sed tacere D.   3 *om.* bubonem T.   lutose] lutuose D.   7 Lusciniam] Luciniam D; Lucinam T.   8, 9 potissimum &c.] potissime phil. que opt. temp. deliciarum iocunditate cumulant T.   10 comedos D.   11 *om.* tibi T.

D *has rubrics to the various paragraphs e.g.* l. 1. Exemplum de auibus luctuosis; l. 7. Exemplum secundum de auibus letificantibus. *These I have omitted.*

plena perfundit, ut fallaris. Ne sus fias aut asinus tacere non possum.

Prov. 23. 31.   Propinat tibi mellitum toxicon minister Babel; *blande ingre-*
Ezeti. 1. 12. *ditur* et delectat, et *impetum spiritus* tui conducit : ideo loqui prohibeor. 5

Prov. 23. 32.   Scio quod *in nouissimo ut coluber mordebit* et uulnus imprimet impar omni tiriaco : ideo tacere non possum.

Multos habes voluptatis tue persuasores in capud tuum |
44 *b*, col. 2. facundissimos, me solum elinguem preconem ueritatis amare quam nauseas ; ideo loqui prohibeor. 10

Virg. *Ecl.* 9. 36.   Reprobata est fatua *vox anseris inter olores* tantum delectare doctos : ea tamen senatores edocuit saluare urbem ⟨ab⟩ incendio, thesauros ⟨a⟩ rapina, se ipsos a telis hostium.   Forsitan et tu cum senatoribus intelliges, quia prudens es, quod organ⟨iz⟩ant tibi olores interitum et anser salutem strepit ; ideo tacere non possum. 15

Desiderio tuo totus inflammaris, et speciosi nobilitate capitis seductus, chimeram miser nescis esse quod petis : sed ⟨et⟩ scire deuoues quod triforme monstrum illud insignis uenustetur facie leonis, olentis maculetur uentre capri, virulente armetur cauda vipere ; ideo loqui prohibeor. 20

Hor. *Ep.* i. 2. 23.   Illectus est Ulixes simphonia sirenum, sed quia *Sirenum uoces et Circes pocula nouit,* uirtutis ⟨uinculis⟩ sibi vim fecit, ut vitaret uoraginem.   Ego autem in Domino sperans conicio quod Ulixis imitator eris, non Empedoclis, qui sua philosophia ne

O.   3 toxicon] *text* toricon, *marg.* toxicon.   6 imprimetur.   7 tiriaco] toxico.

1 Ne sus &c.] Ut sus f. aut as. ideo tacere D ; Ut as. f. aut sus T.   3 Propinat ... minister] Propinant ... ministri DT.   toxicon DT.   7 tyriaco D ; tiriaco T.

12 edocuit] docuit DT.   12, 13 ab incendio ... a rapina DT.   14 organ^{iz}ant D ; organant T.   *om.* tibi T.   15 et anser] anser uero D.   17 esse nescis quam petis.   sed et scire D ; quod et scire T.   18 triphorme illud m. T.   21 Illectus] Delectatus DT.   22 uirtutis] ueritatis D.   uinculis sibi DT.   23 conicio] adicio DT.   24 sua] sui T.

dicam melancolia uictus, Ethnam sibi mausoleum elegit, et parabolam quam audis aduertes, quod timeo. Ideo tacere non possum.

Tandem validior est tuus ignis ille quo tibi conuenit pars
aduersa, quam ille tuus quo in me accenderis : ne maior
5 minorem ad se trahat et peream, ⟨ideo⟩ loqui prohibeor.

Ut spiritu loquar quo tuus sum, pensentur ignes lance
qualibet, equali uel inequali, vertatur in periculum capitis mei
quicquid ⟨agas quicquid⟩ iudices : indulgendum est michi, qui pre
amoris impaciencia tacere non possum.

10 Prima primi uxor Ade post primam hominis creacionem
primo peccato prima soluit ieiunia contra preceptum Domini.
Parentauit inobediencia, que citra mundi terminum non absistet
expugnare feminas ut sint semper indefesse trahere in con-
sequenciam quod a matre sua traxerunt. Amice, contumelia
15 uiri est uxor | inobediens : caue tibi.

Veritas que falli non potest ait de beato Dauid '*Inueni uirum
secundum cor meum*'. Hic tamen egregie precipitatus est amore
mulieris ab adulterio in homicidium, ne unquam sola *veniant*
scandala. Diues est enim omnis iniquitas societate plurima et
20 quamcunque domum intrauerit suis tradit inquinandam conuiciis.
Amice, Bersabee siluit, in nullo malignata est : nichilominus tamen
facta est stimulus subuersionis uiro perfecto et *mortis aculeus*
marito innocenti. Numquid ⟨in⟩nocens erit que contendet ⟨et⟩

45 a, col. 1.
Act. 13. 22.
(1 Sam. 13.
14.)
Mt. 18. 7,
Lc. 17. 1.

O.   6 tuus] *apparently* cinius   7 *om.* in   12 inobedienciam   20
c̦oinquinandam (conuiciis = fellow-vices)

1, 2 et parabolam . . . timeo *om.* T.   et parab.] sed parab. D.   3 ignis tuus
ille T.   *om.* ille D.   conuenit] conuiuit D.   4 ne maior] timeo ne maior
D.   5 peream]+ideo DT.   7 equali et inequali D.   vertatur]+in DT.
8 quicquid]+agas quicquid DT.   12 inobediencia et citra D.   absistet]
absistit T.   13 ut sint] que semper erunt D et sint T.   16 non potest falli T.
18 ab homicid. in adult. T.   veniant sola T.   20 inquinandam DT.   21 *om.*
tamen T.   23 innocens D nocens T.   contendet] contendit DT +et T.

eloquencia, ut Dalida Sampsonis, et forma, ut Bersabee, cum huius sola pulcritudo triumphauerit et nolens? Si non es amplius secundum cor Domini quam Dauid, crede quod et tu precipitari potes.

Sol hominum Salomon, thesaurus deliciarum Domini, sapiencie singulare domicilium, crasso tenebrarum fuscatus atramento 5 lucem anime sue, odorem fame sue, gloriam domus sue feminarum fascino amisit, et postremo *incuruatus coram Baalim* ex ecclesiaste Domini mutatus est in membrum Zabuli, ut adhuc maiori uideatur detrudi precipicio quam Phebus in casu Phetontis, qui de Apolline Iouis factus est pastor Admeti. Amice, si non es 10 sapiencior Salomone, quod nemo est, non es maior quam qui potest a femina fascinari. *Oculos tuos aperi et uide.*

Optima femina, que rarior est fenice, amari non potest sine amaritudine metus et sollicitudinis et frequentis infortunii. Male vero, quarum tam copiosa sunt examina ut nullus locus sit expers 15 malignitatis earum, cum amantur amare puniunt et affliccioni uacant *usque ad diuisionem corporis et spiritus.* Amice, et⟨h⟩icum est *Videto cui des* : et⟨h⟩ica est *Videto cui te des.*

Vexilla pudicicie tulerunt cum Sabinis Lucrecia | et Penolope, et paucissimo comitatu trophea retulerunt. Amice, nulla est 20 Lucrecia, nulla Penolope, nulla Sabina ; omnes time.

O.   4 Salamon   6 *om.* odorem fame sue.   18 ethica] eticum 20, 21 et paucissimo . . . Penolope] *om. per homoeot.: supplied in margin in contemporary hand.*

   1 Dalila D.   huius] eius T.   2 et nolens] et si nolens D.   sed n. T. 5 fucatus DT.   6 odorem fame sue DT.   6, 7 feminarum fascino] amore mulieris D.   am. mulierum T.   7 *om.* postremo T.   Baalim] balaam D. 8 mutatus] factus T.   *om.* in T.   8, 9 adhuc uid. maiori precip. (grauiori) detrudi D.   maiore T.   10 Admeti]+regis T.   10, 11 si non es Sal. maior D.   12 potest] possit T.   fasc. a fem. D.   13 phenice, non potest amari T.   15 vero] autem DT.   expers sit D.   17 diuis. anime et corp. D.   17, 18 ethicum, ethica DT.   21 time omnes DT.

Marginal references:
cf. 3 Reg. 19. 18.
cf. 4 Reg. 19. 16.
Heb. 4. 12.
cf. Ecclus. 12. 1.
Didache 1. 6.
45 *a*, col. 2.

Ingresse sunt acies in Sabinas Scilla Nisi et Mirra Cinare, et secute sunt eas turbe multe omnium viciorum exercitu stipate ut gemitus et suspiria et tandem infernum captiuis suis faciant. Amice, ne preda fias inmisericordium predonum, non dormias in 5 transitu earum.

Iupiter, rex terrenus, qui eciam dictus est celorum rex pre singulari strenuitate corporis et incomparabili mentis elegancia, post Europam mugire coactus est. Amice, ecce quem bonitas super celos extulit, femina brutis comparauit. Poterit et te 10 femina cogere ad mugitum, si non es Ioue maior, cuius magnitudini nemo alius par fuit.

Phebus, qui sapiencie radiis tocius orbis primiciauit ambitum, ut merito solis nomine solus illustraretur, infatuatus est amore Leucotohes, sibi ad ignominiam et illi ad interitum, et ecliptica 15 diu vicissitudine varius factus est frequenter sui egenus luminis, quo totus ⟨uniuersaliter⟩ egebat mundus. Amice, *ne lumen quod* Lc. 11. 35. *in te est tenebre* fiat, Leucotohen fugito.

Mars, qui deus bellancium dici meruit triumphorum familiari frequencia, in quibus expedit maxime prompta strenuitas, nichil 20 sibi metuens a Vulcano ligatus est cum Venere, inuisibilibus quidem cathenis, sensibilibus tamen; hoc autem ad applausum satirorum et derisum celestis curie. Amice, meditare saltem cathenas quas non uides et iam in parte sentis, et eripe te dum adhuc sunt rupti⟨bi⟩les, ne claudus ille faber et turpis, quem

O.   3 ut gem. et susp. ut tandem infamiam *marg.*: al. infernum

---

1 Cilla DT.   2 et secute] *om.* et T.   3 ut gemitus (gemitum T) et susp. et tandem infernum DT.   4 preda ^sis uel fias^ D: fias pr. T. ne dormias T.   6 qui et rex cel. dictus est DT.   13 illuxc*r*aretur D. 14 Leucotoes DT.   et illi] *om.* et DT.   15 uiciss. diu D.   freq. sui luminis expers DT.   16 uniuersaliter *habent* DT.   17 fiat] sint D: sit T. 18 bellantium deus T.   21 ad applausum &c.] et ad pl. sat. et derisum D: ad pl. sat. et ad der. T.   23 iam] adhuc *corr. to* iam *prima manu* T.   24 ruptibiles sunt D: reptibiles T.

Virg. *Ecl.* 4.
63.
45 *b*, col. 1.

Deut. 9. 6.

Hor. *Ep.* i.
2. 42.

nec deus est mensa dea nec dignata cubili, te sue Veneri suo more concatenet et te sui similem, turpem et claudum, uel | quod magis metuo loripedem faciat, et non possis, quod saluat, *fissam* habere *ungulam,* sed alligatus Veneri dolor fias et derisio uidencium dum tibi applaudunt ceci et videntes minantur.   5

A falso dearum iudice reprobata est Pallas, quoniam delectare non promisit sed prodesse.   Amice, numquid et tu sic iudicas?

Video te iam fastidienti animo tota celeritate percurrere que legis, et sentencias non attendere sed expectare scemata.   Frustra *expectas dum hic turbidus amnis* effluat, aut dum hec feculencia 10 secedens pura sibi fluenta subroget; similes enim sui fontis oportet esse riuulos, turbidos aut claros.   Sic impericiam cordis mei vicium oracionis exprimit, et strumosa diccionum imparitas delicatum offendit animum.   Huius imbecillitatis michi conscius, diuertissem me a dissuadendo libenter; sed quia tacere non potui, 15 ideo locutus sum ut potui.   Quod si michi esset tanta stili virtus quantus est scribendi animus, tam elegancia tibi verba transmitterem et tam nobili maritata coniugio, ut singula seorsum et simul omnia suum viderentur auctorem benedicere.   Sed qui⟨a⟩ michi omnia debes quecumque nudus adhuc et infecundus amator, 20 non dico sterilis, promereri potest ex omnibus, michi aurem

O.   20 nudus adhuc amor et infec. amator.

___

1 dignata] dedignata T.   1, 2 concathenet   D: s. m. conchatenet T.
2 uel] immo DT.   5 ceci] uel ceteri D.   *om.* et videntes minantur DT.
6 quoniam] quia T.   8 precurrere T.   9 *om.* et D.   10 effluat]
defluat D.   aut dum] *om.* dum DT.   11 sibi] tibi T.   12 inpericia T.
15 *om.* me T.   16 *om.* ideo D.   17 elegencia T.   uerba tibi T.
19 viderentur] urerentur D: uid. suum T.   19 sqq. Sed quia &c.] Sed
quia m. om. deb. quecunque nudus adhuc amor et si infecundus non dico sterilis
mereri potest ex omn. his mihi interim aurem prebe pat. D: Sed quia om.
michi debes quecunque reçenş (*marg.* nudus *prima manu*) amor et adhuc recens
mereri potest (*rest as text exc.* aurem mihi) T.

interim prebe pacienter, dum euoluam quod implicui, et a me
ne requiras purpurissum oratoris aut cerusam, que me nescire
fateor et fleo, sed scribentis votum et pagine ueritatem accepta.

Iulius Cesar, *cuius amplitudini artus fuit orbis*, die qua nobile cf. Juv. x.
5 filum ipsius ausa est occare seua nimis Atropos, Tongillo, humili 168 sq.
quidem sed diuino, quia stilos predocenti, aurem humiliter
inclinauit in valuis Capitolii; quodsi et animum, penas ei
dedissent quibus ipse. Tu uero michi stilorum tuorum prenuncio
aurem inclinas ut *aspis ueneficis*; animum adhibes ut aper cf. Ps. 57.
10 latratibus : placaris ut | dipsas cui sol incanduit a cancro; tibi 5, 6.
45 b, col. 2.
consulis ut spreta Medea ; tibi misereris ut equor naufragis. Quod
manus contines, reuerencia regie pacis est. Amice, humiliauit
se licet citra perfectum domitor orbis fideli suo, et pene pedem
retulit quia pene paruit, peneque succubuit, quia non plene
15 obediuit : nichil illi humilitas multa profuit, quia non plena. Quid
tibi conferet tua tam ferina inhumanitas et rigor inflexus et
horror supercilii, qui ultro irruis in latronum insidias inermis?
Humilia te, sodes, ad modum humilitatis eius qui totum sibi
mundum humiliauit ⟨et audi amicum tuum⟩. Et si Cesarem
20 errasse credis, quia consilio non credidit, exaudi et attende
quid aliis contigerit, ut prosit eorum tibi lesio. Indempnis est
enim castigacio quam persuadent exemplaria. Nescio quo refugio
tutus es, aut quo asilo torpescis. Cesar immisericordes per-

O. 11 Media 14 peneque] *sc.* poenaeque. 23 asilo] *marg.* al. consilio

---

2 ne] non D. 3 accepta] accipito D. 5 filum] filium T. ipsius] eius D.
ausa] *so marg. prima manu: text* uisa T. seua] seue*ra* D. Tongilio D.
6 quia stilos] et st. D. 7 quodsi] qui si D. 9 aurem] animum T. 13
citra] circa T. 13 sqq. fideli suo &c.] fideli suo et pene pedem retulit quia
pene paruit et pene succubuit quia pene obediuit et non penitus. Nichil enim illi
multa humilitas profuit D : fideli suo et pene succubuit quia pene obediuit et non
penitus (*marg.*: sed plene succubuit quia plene non obediuit). Nihil illi humilitas
profuit multa T. 16 conferet] confert D. 17 ultro in latr. insid. irruis, *om.*
inermis T. 18 ad humilitatem eius T. 19 et audi amicum tuum DT.
20 quia cons.] qui cons. DT. 23 aut] et D.

fidos respexit et non est reuersus : tu, si unquam tale gigna-
sium euasisti, pios impios inuenisti.

Aug. *de ciu.*
dei xviii. 3.
Hist. Schol.
in Gen. 15.

    Phoroneus rex, qui thesauros legum populis publicare non
inuidit, sed his primus Grecorum studia deaurauit, die qua *uiam*

cf. Josh.
23. 14,
3 Reg. 2. 2.

uniuerse carnis ingressus est ait Leoncio fratri suo 'Ad summam 5
felicitatem michi nichil deesset si michi semper uxor defuisset.'
Cui Leoncius 'Et quomodo uxor obstitit?' At ille 'Mariti
omnes hoc sciunt.' Amice, utinam semel maritus fueris et non
sis, ut scias quid felicitatem impediat.

    Valencius imperator octogenarius et adhuc uirgo, cum audisset 10
die fati sui preconia triumphorum suorum recoli, quibus ipse
fuerat frequentissimus, ait se tantum una uictoria gloriari, et

cf. Sophocl.
ap. Cic. *de*
Sen. 47.

requisitus 'Qua?' respondit 'Qua inimicorum nequissimum
domui carnem meam.' Amice, hic imperator inglorius migrasset
a seculo, nisi ei fortiter restitisset cum qua tu familiariter assen- 15
sum pepigisti.

46 *a*, col. 1.
Hieron. *adv.*
Iovin. 1
(Martianay
70).

    Cicero post repudium Terencie uxorari noluit, dicens | se
pariter uxori et philosophie operam dare non posse. Amice,
utinam hoc tuus animus tibi respondeat, uel tua michi lingua,
et saltem loquendo eloquencie principem digneris imitari, ut 20
michi spem facias uel uanam.

    O.   1 respexit] *text* repperit *marg.* al. respexit.   3 legum] *marg.* al. regum.
publicare] *text* supplicare *marg.* al. publicare.   4 sed hiis] qui.   5 uniuerse
carnis] ueritatis.   6 felicitatem] felicitatis.   19 lingua *suppl. in marg.*

---

    1 respexit] repperit DT.   gign.] gi*m*n. D.   tale gign.] tales gi*m*nasios T.
3, 4 qui thesauros &c.] qui legum thes. populis puplicare non inuidit, sed is D : qui
regum thes. populis *publi*care non inu. sed is T.   4, 5 uiam uniuerse carnis
D : uiam ueritatis T : uiam uniuersitatis *al.*   6 si ux. m. semper T.   7 at
ille] ille ait T.   8 utinam]+tu DT.   10 Valencius] Valentinus D.   11–12
ipse fuerat] erat D.   12 una se tantum uict. gloriari D : una tantum gl.
uict. T.   13 Qua (2)] Quod DT.   14 *om.* imperator DT.   15 fortiter ei D.
17 T*e*rrencie T.   18 operam non posse dare T.   19–20 utinam &c.]
utinam hoc tibi an. tuus resp. ut loquendo saltem eloq. princ. dign. ymitari et D :
ut*in*am tuus an. hi*c* tibi resp. uel loquendo saltem eloq. princ. dign. imitari et T.

Canius a Gadibus ⟨Herculis⟩, poeta facundie leuis et iocunde, Martial i.
reprehensus est a Liuio Peno graui et uxorato historico quod ⁶¹. 8, 9.
multarum gauderet amoribus his uerbis ' Nostram philosophiam
participare non poteris dum a tot participaris : non enim eo iecore
₅ Iunonem amat Ticius quod multi vultures in multa diuellunt.' Cui
Canius ' Si quando labor resurgo caucior : si paululum opprimor
alacrius resumo aerem. Vices noccium dies reddunt leciores, sicut
tenebrarum perpetuitas inferni est instar. Sic lilia primeua verni
solis deliquata teporibus varietate tum Euronothi tum Zephiri
₁₀ leticia effusiore lasciuiunt, quibus uno spiritu fulmineus Auster
occasum facit. Hinc Mars ruptis resticulis in mensa celesti
recumbit conuiua superum, a qua uxorius Mulciber suo fune longe
religatur. Sic leuius ligant multa fila quam una cathena,
suntque michi a philosophia delicie, tibi solacia.' Amice, utrius-
₁₅ que istorum uerba probo, vitam neutrius : minus tamen ledunt
multi morbi salutis vicissitudine interpolati quam langor unicus
qui doloribus irremediatis non cessat affligere.

Pacuuius flens ait Arrio vicino suo ' Amice, arborem habeo in cf. Gell. xiii.
orto meo infelicem, de qua se prima uxor mea suspendit, et ²·
₂₀ postmodum secunda, et iam nunc tercia.' Cui Arrius ' Miror te Cic. *de*
in tantis successibus lacrimas inuenisse,' et iterum ' Dii boni, quot *Orat.* ii. 69.
dispendia tibi arbor illa suspendit!' et tercio ' Amice, dede michi Quintil. vi.
de arbore illa surculos quos seram.' Amice, et ego tibi dico, 3. 88.

O. 5 Iunonem] *text* ciceronem : *marg. al.* iunonem.   9 teporibus] temporibus.
10 Auster] *marg. al.* lips.   12 Mulciber] multifer.

---

1 Canius] Cannius D.   Gadibus]+Herculis DT.   iocunde]
iocose T.   2 *om.* Peno T.   historico] hystoriographo DT (hist-).
4 *om.* enim T.   5 diuellunt] distrahunt D.   6 caucior] fortior DT.
paulum D.   7, 8 sicut tenebr. &c.] sed tenebr. perp. instar inf. est DT.   9
teporibus T : t⁻peribus D.   tum euri tum nothi tum zeph. DT.   10 Auster]
libs DT.   11 Hinc] Sic T.   12 qua] quo T.   Mulcifer D   13
una] sola DT.   14 suntque] sic   solatium D.   16 uicissitudinis T.
21, 22 quot tibi sus dispendia T.   22 *om.* Amice T.   23 dico tibi D.
Amice . . . ne] amice timeo ne T.

metuo ne et te oporteat arboris illius surculos mendicare cum inueniri non poterunt.

46 a, col. 2.
Hieron. l.c.
191.

Sensit Sulpicius ubi ipsum calceus suus premebat, qui ab | uxore nobili et casta diuertit. Amice, caue ne te premat calceus que auelli non potest.   5

Aug. Serm.
194. (Mai,
Nova bibl. i.
454).

Ait Cato Uticensis 'Si absque femina posset esse mundus, conuersacio nostra non esset absque diis.' Amice, Cato non nisi sensa et cognita loquebatur, nec quisquam feminarum exe-

cf. Metell. Numid. ap. Gell. i. 6.

cratur ludibria nisi lusus, nisi expertus, nisi pene conscius. Hiis fidem habere decet, quia cum omni ueritate locuntur; hii sciunt 10 ut placet dileccio et pungit dilectum ; hii norunt quod flos Veneris rosa est, quia sub eius purpura multi latent aculei.

Metellus Mario respondit, cuius filiam, dote diuitem, forma nobilem, genere claram, fama felicem, ducere noluit 'Malo meus esse quam suus.' Cui Marius 'Immo ipsa erit tua.' At ille 15 'Immo virum oportet uxoris esse ; logicum enim est " Talia erunt predicata qualia subiecta permiserint." ' Sic facecia uerbi Metelli diuertit ab oneribus dorsum eius. Amice, *si oportet*

2 Cor. 12. 1. uxorari, *non expedit quidem.* Utinam sit amor non cecus [non] in causa, non census; ut faciem uxoris eligas, non uestem, et 20 animum, non aurum ; et tibi nubat uxor, non dos. Sic si quo

O.   3 Sulpicius] Suplicius.   8 feminarum *suppl. in marg.*

---

1 metuo] timso D.   surc. arb. illius T.   cum]+iam D.   3 sensit sulptilius (*marg.* sulpicius) ubi calc. suus ipsum T.   4 casta et nob. se diuertit T.   caue tibi ne pr. D   ne]+et T.   5 potest] possit DT.   8 sensa] uera D : de-prehensa T.   nec] ne D.   8, 9 execrabatur D : execr. fem. lud. T.   9, 10 Hiis fidem &c.] Hiis igitur fid. (DT) adhibere debes (D) qui DT.   10, 11 hii sciunt . . . dilectum] hii sc. ut (quia T) pl. delectatio et pungit delictum DT (*supplied in margin of* T *in contemp. hand*).   13 Metellius D.   15 tua erit DT. 16 ux. esse op. T.   est enim D.   17 permis. subiecta T.   18 Metellii D. 17, 18 Sic facecia . . . dorsum eius *supplied in marg. of* T.   18, 19 si ux. op. D. 19, 20 Utinam &c.] Utinam sit (Verumtamen D) amor in causa non census et faciem T : et faciem D.   20, 21 et animum] *om.* et D.

modo fieri potest, predicari poteris, ut liuorem non ducas a sub-
iecto.

  Lais Corinthia, prerogatiua pulcritudinis insignis, tantum- Gell. i. 8.
modo regum et principum dignabatur amplexus ; conata est tamen
5 Demosteni philosopho participare thorum, ut note castitatis eius
miraculo soluto videretur ipsa sua specie lapides mouisse, ut
Amphion cythara, attractumque blandiciis attrectat suauiter.
Cumque iam Demostenes emolliretur ad thalamos, petiuit ab
eo Lais centum talenta pro concessu. At ille in celum suspiciens
10 ait ' Non emo tanti penitere.' Amice, utinam et tu in celum
mentis acumen erigas et id effugias quod necesse est penitencia
redimi.

  Liuia uirum suum interfecit quem nimis | odit ; Lucilia suum 46 *b*, col. 1.
quem nimis amauit. Illa sponte miscuit aconiton, hec decepta
15 furorem propinauit pro amoris poculo. Amice, contrariis contendunt uotis iste ; neutra tamen defraudata est fine fraudis
feminee, proprio id est malo. Variis et diuersis incedunt semitis
femine ; quibuscunque anfractibus errent, quantiscunque deuient
inuiis, unicus est exitus, unica omnium uiarum suarum meta,
20 unicum caput et conuentus omnium diuersitatum suarum, malicia.
Exemplum harum experimentum cape, quod audax est ad omnia
quecunque amat vel odit femina, et artificiosa nocere cum vult,

---

  O. 16 neutra] *text* nos*t*ra *marg.* al. neutra. fine] sine. 19 in-
uiis] *text* iniciis *marg.* al. inuiis.

---

  3 Lais] Thais DT. 6 *om.* ipsa T. 7 attrectat] tractauit D. 8
iam] ita T. petiit D. 9 concessu] consensu D. susp. in cel. T. 10
celum]+nunc D. 11 erigas ut D. 10, 11 et tu nunc mentis ac. in cel.
erigas ut T. 12 redemi T. 13 Liuia] Lucia D. quem] q̄m. (quoniam ?)
T. 14 achoniton D. 16 *om.* iste T. fine] sine D. 17 malo .i.
proprio T. diuersis modis (*marg.* uel semitis) D. 18 quantiscunque]
quibusc. ^{uel quantisc.} D. 19 inuiis] in uiis T. unica] una T. 20 capud T.
om. suarum T. 22 *om.* amat vel T. et artif. est cum nocere D.

quod est semper ; et frequenter cum iuuare parat obest, unde fit ut noceat et nolens.   In fornace positus es ; si aurum es, exibis aurum.

Deianira Tirintium interula uestiuit, et monstrorum malleum monstri sanguine ulta est, sibique processit ad lacrimas quod ad 5 leticiam machinata est.   Amice, traiectum telo Herculis sciuit et vidit Nessum Testias, nichilominus tamen Nesso credidit in Herculem, et quasi sponte, quem uestire debuit interula, uestiuit interitu.   Insani capitis et precipitis animi femina illibrata semper uoluntate precipuum arbitratur quod uult, non quod ex- 10 pedit ; et ut pre omnibus placere cupit, placitum suum omnibus preferre consueta est.   Duodecim inhumanos labores consummauit Hercules : a terciodecimo, qui omnem inhumanitatem excessit, consumptus est.   Sic fortissimus hominum eque gemendus ut gemebundus occubuit, qui celi arcem humeris sine gemitu 15 sustinuerat.

Tandem que unquam inter tot milia milium sedulum sollicitumque precatorem perpetua contristauit repulsa ? uel que constanter precidit uerba petentis ? fauorem sapit eius responsio, et quantumcunque dura fuerit, semper in aliquo uerbi sui angulo 20 habebit aliquem tue peticionis fomitem implicitum : quelibet Mart. iv. 81. *negat*, nulla *pernegat*.

O.   12 consueta] consulata.   14, 15 gemendus ut *added*.

1, 2 quod semper est et freq. . . . fit ut frequenter noceat &c. D : quod semper est et ad malum promta et frequenter cum amare parat et obest &c. T.   2, 3 exibis aurum] ex. purior DT.   6 leticias est machinata T.   telo] telis T. 8 quasi]+non D.   11 cupit]+ita D.   11, 12 plac. suum omn. semper pref. consulta est D : plac. suum pre omn. pref. consueta est T.   13 Hercules] Alcides DT.   14 consumptus] exuperatus D : superatus T. 14, 15 eque &c.] eque gemeb. occub. ut gemendus D : *om*. eque gemendus ut T. 15 arcem] axem T.   sine gem. humeris D.   16 sustinuit DT.   20, 21 semper habebit aliquem petic. fom. inplic. T.

Irrupit aurum in pro|pugnacula turris Acrisii, valloque mul- 46 *b*, col. 2.
tiplici signatam Dan⟨a⟩es pudiciciam soluit. ⟨Amice,⟩ sic uirgini
que terram triumphauerat de celo pluit incestus ; sic quam non
fallit mundus vincit sullimis ; sic arborem quam non mouit Fauo-
5 nius euertit Aquilo.

⟨Perictione,⟩ virgo vergens in senium et fama castitatis priui-
legiata, tandem *Apollinis oppressa fantasmate* concepit peperitque Hieron. *adv.*
Platonem.   Amice, ecce quam illibatam seruauerunt vigilie *Iovin.* i
deflorauit illusio per sompnium, ut semper omne rosarium aliquo (Martianay
10 turbine sua purpura spoliaretur.   Sed bene, si quid[em] sic bene, iv. 186).
quod patrissauit Plato in sapiencia et quod simul factus est heres
numinis et ⟨nominis⟩ patris sui precipui.

Amice, miraris an indignaris magis quod in parabolis tibi
significem gentiles imitandos, Christiano ydolatras, agno lupos,
15 bono malos ? Volo sis argumentose api similis, que mel elicit
ex urtica, *ut suggas mel de petra et oleum de saxo durissimo.* Deut. 32.13.
Gentilium noui supersticionem ; sed omnis creatura Dei aliquod
habet exemplar honesti, unde Ipse tum leo tum uermis tum
aries dicitur.   Plurima peruerse agunt increduli ; aliqua tamen
20 agunt que, licet in ipsis intereant, in nobis habunde fructum

O. 3, 4 sic ... sullimis] sic q. n. f. m. vincit hī/liter vincit sullimis : *marg.* al.
similis (?).   6–12 virgo . . . precipui] *omitted in text, supplied in lower margin
by the corrector.*

---

2 Danes DT.   so!uit pudic. T.   *om.* Amice T (*habet* D).   3 non]
nunquam D.   4 mundus] humilis DT.   mouit] mouet T.   6 Peric-
tione &c.] Pennutia u*i*rgo u*i*rgens D : Uergentio uirgo u*i*gens T.   8 *om.*
ecce DT.   10 spolietur DT.   sed bene si quid sic (sit T) bene DT.
11, 12 simul &c.] similis factus est nominis et numinis precipui D : simul factus
est heres num. et patris nominis precipui T.   *After* precipui D *continues*
Amice, artam tibi (p. 157. l. 3) *omitting all that intervenes.*   14, 15 agno
canes, denique bono malos T.   16 ut suggas] et tu sucgas T.   et oleum]
om. et T.   18 unde ipse Christus t. ar. t. l. t. uer. T.   20 agunt *om.* T.

Gen. 3. 21. facerent.   Quod si illi zonas habuerunt *pellicias*, sine spe, sine
Rom. 10.   fide, sine caritate, *sine predicante* profecto, nos si fuerimus asini aut
14.   sues aut aliqua inhumanitate brutei, quo fidei, quo caritatis, quo
spei merito digni reperiemur cum uideamus prophetas, apostolos,
Mt. 5. 8.   et precipue precipuum Illum *mundi cordis*, quem soli cernere pos- 5
Clem.   sunt ⟨mundi⟩ oculi? Aut si illi studio suarum arcium se afflixerunt,
Recogn. 2.
22.   nullo future felicitatis intuitu, sed tantum ne animas haberent
ignorantes, quid nobis erit pro neclecta diuina pagina, cuius finis
Ps. 118.   veritas est, et illuminacio *lucerna pedibus et lumen semitis* ad lucem
105.   eternam? Utinam hanc eligas, utinam hanc legas, utinam hanc 10
cf. Gen. 24.   *introducas in cubiculum tuum*, ut *introducat te rex in suum!* Hanc
67.   dudum floribus veris tui subarrasti; hec in estate *expectat* tua *ut
Cant. 1. 3.   facias uuas*: huius in iniuriam non ducas aliam, ne in tempore
Isa. 5. 2.   vindemie *facias labruscas.* Veneris te nolo fieri sponsum, sed
Isa. 61. 10.   Palladis.   Hec te *ornabit monilibus* preciosis: hec te [ornabit| 15
47 *a*, col. 1.   et] *induet ueste* nupciali.   Hee nupcie gloriabuntur Apolline
Mart. Cap-   paranimpho: harum fescenninas docebit cedros Libani Stilbon
ella i (p. 12,   uxoratus.   Spem huius tam desiderate solempnitatis deuote
Teubner).   concepi, sed in timore; causa huius tota hec leccio facta est; ad
hunc finem tota hec licet lenta properabit oracio; huius rigore 20
dissuasionis homo totus armatur, cuius multo calibe preduratos
sentis aculeos.

O.   2 asini] *apparently written* azini.   3 inhumanitate s̄iu̱iaṯe s̱im̱iḻes̱
brutei.   17 cedros] cedrus.

---

1 facerent] faciunt T.   1, 2 zon. hab. pell. causa pudicicie sine spe sine
f. sine utilitate sine car. sine predicatione T.   6 Aut si illi suarum arcium
se multis studiis afflix. T.   9 lucem] uitam T.   10 hanc (2 & 3)
om. T.   12 tui ueris T.   ħ. in estate tua expectas T.   13 non] ne T.
15 hec te &c.] hec sponsa orn. te T.   17 phecenninas T.   cedros T.
19 *om.* causa T.   20 properabat T.   20, 21 huius rigore &c.] huic rigor
huius diss. T.

Conclusio epistole premisse. ⟨iiij⟩.

Dura est manus cyrurgici, sed sanans. *Durus est et hic sermo,* Jo. 6. 61.
sed sanus, et tibi utinam tam utilis quam deuotus. ⟨Amice,⟩
artam, ut ais, infligo tibi viuendi regulam. Esto. *Arta* enim *est* Mt. 7. 14.
5 *via que ducit ad uitam,* nec est semita plana qua itur ad gaudia
plena ; immo eciam ad mediocria ⟨per⟩ salebras euadimus. Audiuit Iason quod per mare adhuc tunc nullis deuirginatum ratibus
aut remis, et per tauros sulfureos, et per toxicate serpentis vigilias
sibi viandum esset ad aureum uellus ; et sano consilio licet non
10 suaui usus abiit et rediit et optabilem thesaurum attulit. Sic
absinthium ueritatis acceptat morose mentis humilitas, fecundat
officiosa sedulitas, in fructum producit perseuerancie utilitas. Sic Hor. *Ep.* i.
sementem exerit pincerna pluuiarum Auster, consolidat scopa 7. 8.
uiarum Aquilo, in ubertatem promouet florum creator Zephirus.
15 Sic dura principia dulci fine munerantur ; sic artus callis ad
ampla ducit palacia ; sic angustus trames ad *terram uiuencium.* Ps. 26. 13.
Sed, ut maiorum testimonio michi fides habeatur, lege Aureolum

O. 4 artam . . . esto *om. in text, supplied in lower margin.*   infligo] infigo.
regulam] racionem (?).   11 morose] viciose.   13 exerit] asserit.

---

1 et hic] *om.* et T.   2 *om.* tibi T.   3, 4 Amice artam (arctam T) tibi
ut ais DT.   4 *om.* enim DT.   5, 6 ad uitam &c.] ad uitam. Immo
ad summa queque fastigia per salebras euadimus nec est uia plana
⟨et mediocria⟩
que ducit ad gaudia plena D : ad uitam. immo ad summa queque fast. per sal.
euad. Non est uia plana que ducit ad g. p. T.   7 *sq.* per mare &c.] per
mare adhuc tutum intactumque rat. et rem. D : per mare adhuc intactum
⟨uel nullis deuirginatum⟩
rat. et rem. T.   10 attulit] retulit DT.   11 morose DT.   12, 13 utilitas.
Sic sementem &c.] utilitas. Sic sementem exerit pinc. &c. D : utilitas. Sic irrigat
pinc. &c. T.   15 munerantur] metiuntur D.   16 sic angustus]
et ang. DT.   17 Sed ut maiorum &c.] Sed ne longo te dispendio suspendam
et ut maiore testimonio fides mihi habeatur D : Sed ne te longo disp. susp. et ut
maiore test. f. m. adhibeatur T.

Theofrasti et Medeam Iasonis, et vix pauca inuenies mulieri inpossibilia.

Finis epistole premisse. v.

Amice, det tibi Deus omnipotens omnipotentis femine fallacia non falli, et illuminet cor tuum, ne prestigiatis oculis tendas quo 5 ego timeo. Sed ne *Horestem* scripsisse videar, vale.

Juv. i. 6.

47 *a*, col. 2. Scimus hanc placuisse multis, auide rapitur, transcribitur in-tente, plena iocunditate legitur. Meam tamen esse quidam, | sed de plebe, negant. Epistole enim inuident, decorem suum ei uio-lenter auferunt et auctorem. Hoc solum deliqui, quod uiuo. 10 Verumptamen hoc morte mea corrigere consilium non habeo. Nomina nostra nominibus mortuorum in titulo mutaui, sciebam enim hoc placere. Sin autem, abiecissent illam, ut me. Volens igitur huic insulse prouidere paginule, ne mittatur in cenum a fago, latere mecum eam iubebo. Scio quid fiet post me. Cum 15 enim putuerim, tum primo sal accipiet, totusque sibi supplebitur decessu meo defectus, et in remotissima posteritate mihi faciet auctoritatem antiquitas, quod tunc ut nunc uetustum cuprum preferetur auro nouello. Simiarum tempus erit, ut nunc, non homi-num; quod presencia sibi deridebunt, non habentes ad bonos 20 pacienciam. Omnibus seculis sua displicuit modernitas, et queuis etas a prima preteritam sibi pretulit; unde, quod non potuerunt epistolam meam, mea spreuerunt tempora. Nec moueor, quod mereor. Hoc solo glorior, quia ab inuidia tutus sum; nichil in me reperiet quod mordere dignetur. Non enim canis os rodit 25

cf. Hor. *A.P.* 476. siccum, *nec vene uacue adheret hirudo.* Karacter hic siccus et exsanguis sola fiet liber inepcia. Si mouerer, et mirarer magis, quod Gillebertus Foliot nunc Lundunensis episcopus, vir morum

***

1 *om.* vix T. 1, 2 imposs. mulieri DT. 5 et] sed T. 6 *om.* ego T.
Colophon: Expl. ep. Val. ad Rufum de dissuasione uxorandi D.

et sapiencie thesaurus, diues et clarus, stilo limpidissimo lucidus, quia scripsit delirus dictus est, cum nichil apcius suo opere possit inueniri, nisi quod legi mirabilem illum cocum dicentem,

Ennius est lectus ⟨saluo⟩ tibi Roma Marone.   Mart. v. 10. 7.

5 Deinde vero plangens Homerum ait,

Et sua riserunt tempora Meonidem.

Quis in scriptis Homero maior? quis Marone felicior? quis con-uiciatores horum attendens, non ferat suos pacienter? Quis offendatur a malicia sui temporis, cum omnia secula consimilem 10 habuerunt? Scribas ergo, Gilleberte, securus, ut | diuine legis 47 *b*, col. 1. inter occulta luceas, dulcesque nodos mellea soluas eloquencia; suaui serenitate salebras apperi salubres asperum planans iter, et reflexos dirige calles. Iam senectus et librorum usus tibi ceci-tatem inducunt, et tuam faciunt ut dudum cecucientis Meonii 15 suauiloquam senectutem. Iam non corporeis oculis, sed quibus angeli Dominum uident, Ipsum et sua uideas et contempleris, ut per has tenebras te perducat *in admirabile lumen suum*, qui cum 1 Pet. 2. 9. Deo Patre et Filio et Spiritu Sancto uiuit et regnat Deus per omnia secula seculorum. Amen.

20 Iam incipiunt torpere liuidi; meminerunt quidem quid scripserit; resipiscunt et penitent, digni certe penis Empedoclis uel Eudonis penitencia. Quis Empedocles uel qua pena decesserit liquet in auctoribus: sed si placet Eudonem audiamus.

De Eudone puero a daemone decepto. vi.

25 Miles quidam ex hiis qui dominici dicuntur in Francia, baro-nes in Anglia, filium unicum Eudonem heredem reliquit diuicia-rum magnarum in castellis et uicis et redditibus copiosis, puerum

4 Ennius] *MS.* Eminus.   21, 22 Empedocl.] Empediocl. *MS.*

procerum et pulcrum, sed ignauum et stolidum, magnique prodito-
rem patrimonii. Cum ergo stultus et copia non consenescant,
factus est in derisum Eudo uicinis, et hereditas eius illis in predam.
Singulis igitur porcionibus suis areptis et direptis, expulsus est
fatuus, et diuisus a propria regione, pre pudore transfuga, circuit 5
exul alienas. Cui post diutinam contigit mendicitatem ut die
quadam extra ciuitatem in qua mendicauerat cum fragmentis pa-
num sui questus sub umbra proxime silve quiesceret, inspectaque
uictus exilis et uiliter conquisiti feda tenuitate, sed et recordato
quantum degeneret et quam inconueniens sit suo paupertas ge- 10
neri, prorumpit in lacrimas et in lamenta se proicit, micas pellit |
et crustulas, uestesque respiciens ad pannositatem nauseat, pallet
ad pita⟨n⟩ciam, iam se uilem sciens omnibus, ipse sibi uilescit et
sordet, et si se possit effugere, non expectet : sedet anceps, et fluctuat et ex incertitudine sui deportatur ab ipso flagiciosus animus ; 15
cum ecce subitus ei uir astat mire magnitudinis et multa feditate
faciei terribilis, suaui tamen et blando satis ipsum confidere iubet
alloquio, mentisque sue sibi diuinat angustias, subsidium spondet, perditas ei promittit diuicias, et adicere desideriis alciora,
dummodo se suo subiciat dominio consilioque fruatur. Suspicit 20
ille, stupet et horret ad noui spectacula monstri. Suspectum
habet ex ' dominio ' demonem, ait tamen : ' Tu quis es ? Nonne
tu nostrum Eue tuis persuasisti consiliis exilium ? Qui armasti
Caim in Abel, qui Cam patris fecisti derisorem, Pharaonem
tyrannum in populum Israel, populum obstinatum in Moysen, 25
Datan inuidum in Aaron, Architop⟨h⟩el periurum in Dauid, Absalon animo patricidam, Jezabel facto detestabilem, tuis adinuencio-
nibus reddidisti ? Quid autem tuarum conor agmina fallaciarum
enumerare, cum innumera sint, et cum nec una sit uel fuerit quam
tu non creaueris ? Et finem earum quis ignorat ? Quis tuorum 30
nescit consiliorum exitus et promissionum retribuciones pessimas?

17 blando] blande *MS.*   23 *qu.* tu⟨es qui⟩?

47 *b,* col. 2,

Quis non omnis milicie tue dampnosa nouit stipendia ? Scimus
quod omnes occupant recia tua semitas, et omnis esca tua semper
in hamis. Venit en ista blandicies in hamo, quam si deglutiero,
preda sum.'

5   Hec ait, et infremuit, totoque stupidus hesit horrore. Nec
mirum ; horrent enim ut aiunt quibus de nocte proximi sunt
fures aut cerue. De cerua, nescio racionem, sed fures horripilacio-
nem non faciunt, sed qui cum eis comitantur demones. Hic | igitur   48 *a*, col. 1.
'*expauit merito cui proximus e⟨s⟩t Satan astans*' et aloquens
10 in uera uisione secum. Sic miser diu disputat : ' Si quod iubet
hic egero, deceptus sum, *infernus domus mea est* ; sin autem,   Job 17. 13.
manus eius non effugiam.'   Dan. 13.
                                                                              22, &c.

Tum ille, qui solerter ex omnibus ab inicio collegit astuciam,
coniectans quid esset in causa more, subintulit : ' Non te turbet
15 timor inferni, quia longeuus es, et tibi longa satis penitencie
tempora restant. Addo quod ante mortem tuam te tribus
premuniam signis manifestis, tempore competenti, uicibus in-
terpolatis, ut inter singula spacium habeas penitudinis. Sed non
credes ; ais enim, ' si blandiciem tuam deglutiero, preda sum.' Hec
20 nobis inflixit a casu Luciferi Dominus nostre gentis odia dede-
cusque perpetuum, unde cum distinguendum sit, nocentes et innocentes pari persecucione dampnatis. In primeua namque superbia quam ex noui plenitudine decoris nostra contraxit ingrata Deo
familia, choruscum illum principem multi secuti sunt *ad aquilo-*   cf. Isa. 14.
25 *nem*, alii scismatis artifices, alii coadiutores, alii seductores alio-   13.
rum, alii consencientes, alii dubii quid ageretur, omnes contra
Deum superbi uel sapiencie necligentes. Deiecti sunt igitur a
vindice dextra, tam librata, tam iustissima lance, quod non defuit
ignorancie venia nec iniquitatis ulcio. Fit igitur iam quod qui
30 plus cruciantur ex inmanitate meriti plus affectant ex innata nequicia ledere. Sunt autem ex his magnatibus hi quorum cupit

29 iam *obscure in MS.*

et potest inmanitas ardua scandala, que vitanda censes, efficere. Sunt autem hii qui merito timentur, in quorum manus dati sunt reprobi, quos completa dampnauit iniquitas. Isti sibi traditos docti sunt copia stabilire, promouere successu, defensione tutos, prouidencia cautos reddere. Faciunt autem hec hiis quorum eis 5 prosperitas utilis est, et salua dampnacio cum voluerint. Hii blandiuntur, ut perdant; eleuant ut allidant; hii merito detestabi-

48 _a_, col. 2. les orbi predi|cantur. Et heu! nos illa fucamur innocentes infamia. Procul enim a nobis sunt rapine peculiorum, subuersiones urbium, sanguinum sitis et fames animarum, et plus mali velle 10 quam possumus. Sine morte nobis sufficiat nostram omnino complere licenciam. Ridiculis fateor et ludificacionibus apti, prestigia struimus, fingimus imaginaciones, fantasmata facimus, ut veritate contecta vana ridiculaque simultas appareat. Omne quod ad risum est possumus, nichil quod ad lacrimas. Ex illis enim exuli- 15 bus celi sum, qui sine coadiutorio uel consensu culpe Luciferi vagi post fautores scelerum fatue ferebamur. Quos si deicit indignos celo Dominus indignans, misericorditer tamen tum in uastitate solitudinis tum in locis habitacionis pro qualitate delicti puniri permittit. Nos antiquitus populi decepti dixere semideos 20 aut semideas, pro forma corporis assumpti uel apparicionis nomina ponentes discretiua sexus. Ex locis autem incolatus uel permissis officiis distinccius appellamur Monticole, Siluani, Driades, Oreades, Fauni, Satiri, Nayades, quibus ex eorum inposicione pre-

cf. 1 Jo. 1. 1. sunt Ceres, Bacus, Pan, Priapus, et Pales. Verumptamen que ui- 25 dimus ab inicio notauimus, quia concessa nobis a Deo rerum cognitarum experiencia, docemur astuciam, et ex preteritis futura conicere; presencia quoque sicut spiritus, ubicunque moramur aut quocunque terrarum transferrimur, metiri certissime scimus, nostrisque deditis et susceptis palam facere curamus, ut proinde 30 status omnium hominum manifestos habeant, possintque si uelint

3 reprobi] _obscure in MS. perh._ improbi, _as_ W.

in ⟨in⟩cautos irrumpere subiti, paucisque surripere multitudinem, et
totas tractare pro uoto prouincias, nec nobis interesse licet si pro-
phana peregerint. Manifestare possumus eis, ipsi secundum
quod sunt miserentur aut perdunt. At tu nos ex librorum times
5 sentenciis, cum non simus ex his qui caueri docentur. Immo
certe meo fratrumque meorum consilio tua sperabitur a vena-
toribus animarum condicio, fatalemque tibi prenunciabimus diem,
ne quod ipsi cupiunt, _obdormias in mortem._ Preuidebimus enim Ps. 12. 4.
tibi pro salute tua | diem tuum, ut possis illum penitencia preue- 48 _b_, col. 1.
10 nire. Nec fallemur, omnium enim rerum experienciam didicimus
tam celestis quam terrene, periciam phisice silicet astrorum,
specierum, herbarum, lapidum, et lignorum noticiam, causasque rerum omnium ; unde sicut tu solem a die media descensurum scis
et ad occidua vergentem cognoscis, horamque sui notas occasus,
15 sic nos fallere non potest finis euerse carnis uel ad ruinam pre-
parate. Sumus autem ex hac sciencia nostraque mansuetudine
boni consilii magnique, cum permittit Dominus, auxilii. Quid mo-
raris aut hesitas ? Ut scias quod non scelerose uel crudeliter aga-
mus, unam audi si placet ulcionem, qua frater meus Morpheus in
20 monachum animaduertit, quam nos crudelem dicimus.'
  'Pictor erat monachus, et sui sacrista monasterii. Quociens autem
contingebat monachum nocturnis ymaginacionibus vexari quibus
preesse Morpheum sciebat, in ipsum omnia congerebat maledicta,
cumque dabatur oportunitas et quandocunque parietibus, corti-
25 nis, fenestris vitreis ipsum defiguratissime pingebat, et fidissime.
Quem per sompnia frequenter hortabatur et exorabat Morpheus
ne personam suam deuenustaret ad tantum populi derisum, et
tandem eum amonuit desistere sub interminacione consimilis
iacture. Monachus autem minas et preces et sompnia paruipen-
30 dens non abstitit. Morpheus igitur nocturnis apparicionibus illius uicinie uiris optimis persuasit xenia monacho mittere, vinum,
escas, argentum, aurum, anulos, nebrides a sinibus uxorum raptas,

homini silicet in his que pertinent ad Domini famulatum labo-
ranti, sepius occupato ne possit epulari cum fratribus, ornatum
altarium, vestium, librorum procuranti, semper autem oranti pro
fidelibus, quasi dicerent 'ne uel in uictualibus deficiat homo tante

48 *b*, col. 2. religionis uel uir tantarum | arcium in gerendarum materia rerum 5
Deut. 32. 15. senciat inopiam.' *Impinguatus* igitur in breui monachus, *incrassa-*
tus, d⟨il⟩atatus, recalcitrauit, et ignorans quo duceretur a deliciis, a
vino uenit in Venerem, uiduamque uici proximi pulcherrimam ada-
mauit, et cum se sciret ad amorem ineptum tam facecie defectu
quam feditate faciei, muneribus intendit armare fallaciam.   Hec 10
autem iacula post repulsam pulcritudinem et facie⟨i⟩ facibus extinctis, verborumque fascino retroacto, post omnes Minerue triumfos
penetrare dicuntur egidem.   Duram et rebellem prima repererunt
donaria, sed improba tandem instancia vicerunt. Votis igitur
conuenientibus, non erat eis locus conueniens.   Inpediebat apud 15
ipsam hominum feminarumque frequencia, penes ipsum reuerencia monasterii.   Cupiebatur hinc Veneris opus et illinc, et
utrinque timebatur infamia.   Voluptati tandem querentibus aptitudinem occurrit, surreptis ecclesie thesauris, uidueque diuiciis,
opulenter effugere presenciam obtrectancium et populi tumultum, 20
ut in absentes loquantur; liceat omnibus quecunque uoluerunt;
dum simul lateant, non erubescent.   In loco silencii noctu fugiunt
ut preparauerant.   Euigilant in hora sinaxis ex more monachi,
queruntur horam transisse pulsandi, causam querunt, altare phi-
lacteriis nudatum uident, scrutantur arcius et non inuentis thesauris 25
sciscitantur ubi sacrista, secuntur eum et consequuntur.   Illa dimittitur de qua nichil ad eos.   At ille miser ferreis inicitur uinculis,
et in carcere linquitur altissimo solus, aqua vinum, fame cibum, exili
victu crapulam plectens, nuditate pellicias, harene redimens asperi-
tate stratorum mollicies, sobrietate coacta crapulam, cruce carceris 30
thalamorum delicias, lucem obscuritate, merore leticiam.   Cui
49 *a*, col. 1. post multam affliccionem Morpheus | astat insultans.   'Hec sunt.'

inquit, 'picture tue digna stipendia ; pingebas, et ego de retribucione studebam.   Hec arte mea, non uirtute sed permissione
Dei, perpetrata scias et sencias.   Licet eciam si uelim in te seuire
durius, quia *tollens membra Christi fecisti membra meretricis.* 1 Cor. 6. 15.
5 Nichil habes defensionis contra meos impetus, sed nec tibi licet pro
cathenis manus erigere ut signo crucis armeris.   Sed iam certe,
quia uictor sum et tu victus et vinctus miserabiliter, miseret
me tui, teque iam ab his eripiam uinculis, et quasi non fueris
is qui probra fecerit delicti tui delebo fidem, fameque resti-
10 tuam pristine, dummodo iures ut nulla me de cetero pictura
deformes.'   Iurauit monachus.   Morpheus eum appositis herbis
et violencia carminis absoluit, seque monacho similem factum cathenis eisdem alligat.   Monachus igitur instructus ab ipso quid
ageret, lecto solito decumbit, orat, gemit, tussit, ut audiatur, ho-
15 ramque nactus consuetudinalem surgit, pulsat ; conuocantur et
conueniunt monachi.   Ille substitutus ei post fugam in officio suo
primus aduertit quod redierit a uinculis.   Abbatem hoc edocet et
monachos.   Mirantur, accurrunt, querunt quis eum soluerit.
Ille querit a quibus uinculis.   Dompnus abbas ei fugam obicit
20 et uidue raptum, furtumque thesauri, cathenas et carcerem.   Hic
omnia constantissime negat.   Non uidit uiduam, nec sensit vin-
cula : manum eleuat et magna cruce coram se facta uesanos
eos dicit.   Rapitur ergo violenter ad carcerem, ut iterum iniciatur
vinculis.   Reperitur ibi ligatus consimilis, frater meus, contor-
25 quens os, nasum, et oculos, et fingens eis multimodas yconias.
Respectant hinc inde monachi, similitudinem liberi stupent et
ligati, miranturque quod utrumque vident | in altero, preter quod 49 *a*, col. 2.
monachus flet, ille ridet et deridet eos ; et ut monachus discredi
non possit, cathenis exilit abruptis in aera cum magno foramine
30 tecti.   Stupet abbas et conuentus, pedibusque flentis et irati
fratris aduoluti veniam errori suo petunt ; fantastica se dicunt
illusione deceptos ; viduam eciam solari satagunt, et eos deinceps

omni suspicione semota famaque firmius restituta reuerencius habuerunt.'

'Hec Morpheum fecisse scias, et me fratrem eius, qui talibus et tam urbanis frequenter usi lusibus, non trahimus ad gehennam, non in inferno torquemus, non cogimus ad peccata quempiam, 5 nisi venialia tantum. Inter viuos ludicris exercitamur, aut serio iocundo. Nichil ad nos de mortuis, uel perdendis animabus Crede mihi solum in hoc, ut iunctis manibus tuis inter meas mihi fidelis existas, et omnium inimicorum tuorum dominaberis.'

Hiis et huiusmodi seductus fabulis, Eudo libens adquiescit in 10 pactis, sibi iurato promissoque firmiter quod ei tribus signis mortem cum fuerit proxima prenunciabit. Recedunt simul, et per quascunque transeunt prouincias collegas sibi colligunt sine lege vispiliones. Die dormiunt, nocte uero, scelerum amica, furtorum fautrice, per inuia furtim errant, nec ignoranter deuiant. 15 Dux enim eorum Olga, quem nulla latet semita, quem eciam, postquam ventum est ubi delinquendum erat in prouincia Beluaci, consiliarium, exploratorem, stimulum, instigatorem crudelitatis habent, et omnis iniquitatis quam exercere solent exercitus qui se tali domino committunt ut committantur. Fallit autem auctor 20 fallacie phalanges plurimas suis associari domesticis. Coniurant

in patres filii, iu|uenes in senes, in amicos amici, totaque libertate de plano ruit in innocenciam malicia. Plene penitusque cedit eis in predam prouincia. Supra modum timentur, quia sine modo seuiunt. Omnem omnium eos edocet statum Olga, magister 25 Eudonis et dominus. Hoc ei nomen suum confessus est doctor eius, qui cum mendacii sit amator et auctor, ea suis veritate fidelis est, qua magis quam mendacio nocere potest. Hinc omnes cauere sciunt insidias et inprouisos ubique surripere. Quocunque raptum prosiliunt, more formicino reuertuntur honusti. 30 Vacuantur igitur a facie furentum castella cum uillis, et ab ipsis occupantur.

Iam sua plene possidet et potenter inuadit aliena ; quique fuerat ignauus et iners, frequenti successu fit astutus et audax, et in omni sperans discrimine similia perpetratis. Cum autem sit victoriosus ad votum, nulla placet ei sine strage victoria ; diem 5 perdidit qua numerum sciuit perditorum. Super omne quod expedit delicie sibi sunt prede clericorum et rapine de patrimonio Christi. Animaduertunt igitur districcius in ipsum Beluacensis episcopus, metropolitanus, et summus pontifex, plenaque populi malediccio. Sed *ceco ponunt offendiculum, et maledicunt surdo ;* Lev. 19. 14. 10 dissimulanter enim et indignando pertransit, *oculos habens et non* Ps. 113. 5,6. *uidens, aures habens et non audiens.* Placet igitur impio domino *seruus nequam,* quem sanguine replet, cadauere ditat, seuicia Mt. 18. 32. iugi letificat, indomita complacat rabie, et ad scelerum suorum satiandam esuriem castra suis implet complicibus. Malis ubique 15 pessimos preficit, vires illis adicit et potestatem auget qui nequius in innocentes insurgunt, et qui misereri nesciunt super omnes constituit. Nulli suorum parcit qui parcere uelit, nullum ei bonum impunitum, | nullum malum irremuneratum ; et cum nec 49 *b*, col. 2. parem in terra nec rebellem reperit, instar Capanei a celo prouo- 20 cat inimicos. Cimiteria spoliat, violat ecclesias, nec timore viuo- rum nec pietate mortuorum absistit ; et ualde iustum est ut qui de Deo non habet reuerenciam, nichil timeat ante ruinam, sed exaltetur semper ad precipicium cor, ut longeua nequicia subita securi precidatur. Percellitur anathemate, nec timet ; vitatur ab 25 omnibus, nec horret ; famam fugit et querit infamiam. Omnia cassauit omnium consilia ; iam ipsum nemo reprehendit, nemo castigat, sed, desperantibus amicis et silentibus, ut lapis a uertice abruptus totum lapsus ad ima decurrit irreuocabilis, ita liber et expeditus et dimissus ab omnibus, magnis saltibus ad tartara 30 tendit, et ut mare ventis, ita maledictis attollitur et intumescit, affliccioni tempestuosius uniuersorum imminens, et licet petita

suscipiat rapiatque negata, nulla potest affluencia sedari, nec
totam terre depasta preciositatem satiatur ambicio.

Iam satis Olga securus, seruique tenens sui animam certissimis
astrictam vinculis, se die quadam ipsi soliuago sub umbra nemoris
obuiam facit. Consident et confabulantur, recordatisque nouis 5
iniquitatum et scelerum propriis inuentis, laudatur Eudo, ridet
Olga ; victos fratrem suum et se discipulosque fatetur eorum
tante cladis et immanitatis artibus. Serio tandem Olga suspi-

2 Cor. 11. rans, et post longam meditacionem *in angelum se transformans*
14. *lucis*, ait, 'Karissime mi, quocunque tendunt hec ludicra, con- 10
silium anime tue ne differas ; displicet mihi quod maiorem exerces
nequiciam quam meam deceat fatalitatem, et licet tibi rideam,
non libet quod te derideant qui tibi struunt ad perdicionem
insidias. Hec enim sunt opera Sathane, Berith, et Leuiatan.
Scias quod a nobis et eciam ab angelis Domini sunt abscondita 15

50 a, col. 1. iudicia dominici pectoris ; sed que fato decurrunt, | uel secundum
elementorum federa prenotata sunt, que per astrorum ortum,
occasum, et motum significata, que secundum celestem aut
terrenam phisim ab eterno preordinata, quod certa rerum series
tenet et quod eterne glutino racionis coheret immobiliter, que 20
secundum diuine disposicionis ordinem instant, et que iuxta
creacionis condicionem perseuerant, aliquatenus nouimus, et
eorum ex preteritis et presentibus habemus prescienciam. Sed
que Deus auertere nocitura per misericordiam uel profutura per
iram pie iusteue decreuerit, occultata sunt hec a filiis terrenis et 25
celestibus. Hec sunt que preiudicant astris, elementis imperant,
et in thesauris delitescunt Altissimi. Spiritus solus Domini
preuidere potuit luctum et gaudium ex dissimilibus Helye precibus, Niniuitarum timorem et erepcionem ex prophecia Ione,
rubri maris diuisiones duodecim. Hinc tibi, karissime mi, timeo, 30
ne te, dum omnipotenciam prouocas, repentinus ultor anticipet,
et mihi, quod inde prouidenciam non habeo, redundet in obpro-

brium et pactorum infamiam. Ergo, quod solum superest, ab
anathemate fac absoluaris, et quociescunque peccaueris, veniam
pete; nec diffidas, quia nulla scelerum immanitas superare
potest vel equari misericordie Dei, dummodo non desperes.'
5 Miratur Eudo, et ait, 'Iam te non demonem sed angelum
Domini dico, non modo dominum meum sed et patrem.'

Recedunt ab inuicem; properat Eudo, pontificem petit et
absolucionem obtinet, pausat aliquamdiu, nec bene resipiscit.
Iterum incipit, iterumque ligatur et meretur absolui multociens.
10 Tandem has episcopus ludificaciones expertus horret, et ipsum
hac varietate deteriorem dicit quam obstinacione continua certo-
que furore priori. Clamat igitur ad Dominum cum lacrimis,
exorcisatum habet populum ut maledicat ei terra, prouocat
ultricem a celo dexteram. *Excitatus est* igitur ad tantos eiulatus Ps. 77. 65.
15 *tanquam dormiens Dominus*, hostemque suum ab equo currente
deicit, visitatque superbiam eius infraccione cruris. At ille
signorum Sathane primum intelligens, ab episcopo vix obtinet
ut audiatur, | delicta fatetur, Olge tamen celato dominio; sed inco- 50 *a*, col. 2.
lumitati restitutus, omnia despicienter et superbe negat, et in
20 ipsum ulcisci satagit episcopum, quod delicta non metuit et iurata
reposcere. Periurus igitur et se priore peior, in Christum et in
electos eius insurgit. Attamen aliquando signi memor et vite
breuis deuotissime supplicat, et exauditur, et peierat. Tum enim
se morti proximum timet, tum sibi vite satis superesse mentitur
25 contemplacione signorum sequencium, donec ille cuius est custodie deputatus ei sagitta quam puer inanem casu emiserat oculum
eruit. Verius igitur terrore signi secundi, licet in modico, penitens, festinus ad episcopum conuolat, et miseria vulneris inflicti
post tot periuria meretur admitti. Sed statim decrescente dolore
30 vulneris, crescit amor iniquitatis, unde tam sepe sese deterior
tocius ecclesie nausea fit et populi contemptus. Adicit ergo terciam suam Olga cui traditus est et ultimam Egipti plagam,

primogeniti sui tam unice sibi karissimi mortem, ut sua post
ipsum sibi vere vita uilescat. Funereis igitur indutus in lecto
cineris et cilicii decumbit, tam verissime penitens, tam fideli
contricione miser⟨r⟩imam affligens animam, ut infra modicum temporis firmiter hereat ossibus attenuata cutis, et vix in corpore 5
spiritus teneatur. Iam ei serio licet sero penitencia placet, ad
omnes properat quoscunque molestauerat, et ut erat persuasor
efficacissimus omnes ad misericordiam sui flectit tam eloquencia
singulari quam manifesta miseria. Quibus omnibus comitatus
cum manu maxima Beluacum petiit.   10

    Episcopum extra muros inuenit ad rogum maximum quem in-
cenderant iudices ciuitatis ut phitonissam inicerent. Agnoscit
eum a longe pontifex, et horripilacione frigida totus obrigescit.
Claudit ab eo uiscera ne misereatur eius, firmatque sibi cor ne
medeatur infirmo ; statuit obnixe ne deludatur amplius, et totus 15
obdurescit in calibem. Adest ille solito micior et sperato | multum
humilior, non minus miserabilis per lacrimas oculi retenti quam
per iacturam eruti ; pedibus episcopi prouoluitur ante rogum, pro
quo cum uera merito debeant perorare lamenta, principum preces,
et luctus populi, non proficiunt, non mouent eum nec sollicitant. 20
Solitas habet in memoria fallacias. Instat ille totum eructans ab
imo virus, quodque clausum semper tenuerat proditoris Olge dominium et secreta pessima reuelare non cessat. Instat absolui
semel et dari sibi penitenciam, spondetque tenere quantumcunque difficilis aut dura fuerit. Hoc episcopus cum iuramento negat ; 25
ille vera contricione multoque rugitu lacrimosus asserit. Negat
episcopus et pernegat, et totus in contradiccione persistit. Ille
uero tam vero corde, tam veris lacrimis instat, ut iam obtineat
ab omnibus inimicis suis veniam, et per se veniant interueniant-
que fletus illorum oculorum, quos contra se coegerat frequenter 30
emittere lacrimas ad Dominum. Iam extorsit ab inimicis amiciciam, terram placauit, celum aperuit, iusticiam Dei flexit, et a

50 *b*, col. 1.

misericordia confessio miseri suscipitur. Cor autem episcopi
longe factum est ab eo; Deus exaudit, iram temperat et humi-
liatur, homo contempnit et superbire uidetur, et ad inportunam
principum et plebis instanciam se respondet securum quod Eudo
5 nec vota nec promissa tenebit, et non esse miserandum obstina-
tissimo tyranno. Tum ille tota priori vita sua miser, et nunc
primo certissime miserabilis, a pedibus inmisericordis exsurgit
episcopi, qui nondum *septuagies sepcies* impleuerat, et qui quo Mt. 18. 22.
maiori cunctorum exoratur angustia tanto seuiori crudescit
10 obstinacia. Tum ille tantis inundans fletibus, tam dolorosis
irrugiens gemitibus, ut nemo circumstancium preter episcopum
posset cordis aut oculorum lacrimas continere, subintulit, 'In
illas manus Sathane tradat animam meam Dominus, in quas me
confiteor dedisse corpus, ut nulla possit | unquam miseracione 50 *b*, col. 2.
15 redimi, si non deuotus impleuero quicquid inflixeris ad penitenciam!' Pontifex igitur iratus, incredulus, et induratus, quasi
temptans et irridens, stultis precipitauit sentenciam labiis, dicens,
'Infligo tibi pro peccatis ut hunc rogum insilias.' At ille, quasi
vita cum precepto suscepta se letus intulit, tam ultro, tam cito,
20 tam in intima rogi, ut nemo sequi posset ad extrahendum, donec
totus consumeretur in cinerem.

Lector et auditor disputent si miles rectum habuit zelum et *secun-* Rom. 10. 2.
dum scienciam, qui precipitatam indiscreti pontificis et iracundi
secutus est sentenciam. Qui pastor ouile negat oui venienti de
25 deserto, non aperit antequam balatum audiat, non suam dicit,
cognoscit eam et non ignoscit, immo repulsam eam anticipat?
Prodigo pater occurrit filio, clementer amplectitur et acceptat,
stola prima vestit et *vitulo saginato* saciat. Durus hic pater Lc. 15. 22,
venientem reppulit, *petenti panem* obicit *lapidem, ouum* roganti 23.
Lc. 11. 11,
30 dat *scorpionem*; non patris verbera, non matris ubera, vitrici 12.
gladium, nouerce venenum baiulat.

30 vitrici] victrici *MS.*

Z 2

De quodam monacho Cluniacensi contra votum suum in castris
      militanti. vii. (= *Dist.* I. xiv.)

Queri eciam potest de salute monachi Cluniacensis, qui cum
se ibi relictis multis castellis et opibus infinitis reddidisset, post
paucos annos a filiis et omnibus terre sue optimatibus ad regi- 5
men relicte dicionis repetitur, quatinus scilicet habitu retento ad
expedicionem eorum et consilium in castris militet, et multis lacri-
marum instanciis optinetur, et ab abbate dimittitur.   Exire
iubetur sub armorum interdicto, rebusque reformatis ad pacem
ad penitenciam reuerti.   Receptus igitur in castris formidabilem 10
hostibus rumorem intulit, erat enim vir magni consilii et acer-
rime probitatis.   Conuocatis ergo suis et alienis quoscunque
potuit, in latentes et prestolantes quid fiat, insurgit | rapidisque
furit in hostes irrupcionibus, frequenter assilit et in instancia
perdurat fortiter, unde fit ut sepe conficiat quos impares inuenit 15
astucie uel fortitudinis.   Indies conualescunt ex affliccione quos
ipse tuetur, ut illam pro beatitudine successuum pacem et concordiam timeant hostium quam in eius optauerunt aduentu.   Con-
fectis tandem omnibus et ad iugum fere coactis inimicis, in dolo
petunt inducias.   Annuit ille, iuratasque donat et suscipit. 20
Verumptamen illi diem preuenerunt induciarum; collecto clam
quantocunque possunt exercitu, furtim et inprouisi ueniunt, et
securis imminent formidabiles.   Excitatur ad clamores hominum
et clangores lituorum monachus, seque cum suis obuium facit
hostibus.   Conseruntur et fit improba congressio, licet impar; 25
nam multos ex suis ad propria remiserat induciarum spe monachus, qui stans in medio suorum inermis iam vacillancium
fereque cedencium exclamat, exortatur, imperat, inproperat,
arguit, obsecrat, se fugientibus obicit, omnibusque peractis
quibus armati possunt ab inermi retineri nec prosperatis, que 30

51 *a*, col. 1.

secum deferri preceperat ad subsidium casumque fortuitum arma
subitus ab armigero rapit, et ad horam inobediens sub spe cor-
reccionis induit, militesque suos non iam dubios sed in certissimam adactos fugam ad bellum retinet, multasque manus
5 hostium una retundit dextera, timorem cordibus incutit, bellique
preuaricat euentum, mutata sibi hostium in predam victoria.
Direptis igitur spoliis et ad uotum diuisis, dum ad propria cum
exultacione reuertitur, solis ardore monachus et sua pinguedine
armorumque grauitate dissuetorum pene suffocatur, uineam extra
10 seriem itinerancium puero comitatus ingreditur, armisque deposi-
tis auram captare satagit; et ecce | ex hostibus insidiator balista 51 *a*, col. 2.
ingreditur a tergo, monachique notata nuditate clam et repente
lethali spiculo perforat inprouisum, clamque recedit.   Sentit
monachus mortem in ianuis, confiteri cupit, nec adest preter
15 puerum cui possit.   Ineptum eum ad hoc intelligit, attamen quia
non potest alias, ipsi confitetur, et coram eo totam effundit
animam, oratque penitenciam secundum peccata dari.   Puer se
nichil tale uidisse uel audisse cum iuramento dicit.   Monachus
instat orando, pedibusque pueri prouoluitur, et alicuiusmodi pro
20 peccatis infliccionem fieri omnimodis exorat, cumque non proficit
ut ab ipso extorqueat quod nescit, urgente mortis articulo docet
eum dicens, ' Karissime fili, iniunge mihi ut sit anima mea in
tormentis et in locis cruciata penalibus sine intermissione usque
ad diem iudicii, dummodo per misericordiam Christi tunc salua
25 fiat.'   Annuit hoc puer, et id ei eisdem uerbis inflixit.   Decessit
autem monachus in fide Christi, et bona spe feruentique penitencie zelo.

Item de fantasticis aparicionibus.   viii.   (= *Dist.* II. xiii.)

Quia de mortibus quarum iudicia dubia sunt incidit oracio,
30 miles quidam Britannie minoris uxorem suam amissam diuque
ploratam a morte sua in magno feminarum cetu de nocte reperit

in conualle solitudinis amplissime. Miratur et metuit, et cum
rediuiuam uideat quam sepelierat, non credit oculis, dubius quid
a fatis agatur. Certo proponit animo rapere, ut de rapta uere
gaudeat, si uere uidet, uel a fantasmate fallatur, ne possit a de-
sistendo timiditatis argui. Rapit eam igitur, et gauisus est eius 5
per multos annos coniugio, tam iocunde, tam celebriter, ut priori-
bus, et ex ipsa suscepit liberos, quorum hodie progenies magna
est, et *filii mortue* dicuntur. Incredibilis quidem et prodigialis
iniuria nature, si non extarent certa vestigia veritatis.

Item de apparicionibus.   ix. | 10

51 *b*, col. 1. Henno cum dentibus, sic a dencium magnitudine dictus, spe-
ciosissimam in umbroso nemore puellam inuenit hora meridiana
secus oram Normanni litoris. Sedebat sola regalibus ornata
sericis, flebatque sine uoce suppliciter pulcherrima rerum et
quam eciam lacrime decerent. Incalescit igne concepto iuuenis. 15
Miratur tam preciosum sine custode thesaurum, et tanquam
illapsum de celo sidus de vicinia terre conqueri. Circumspicit,
nam a latibulis timet insidias; non inuentis, ei suppliciter in
genibus astat et reuerenter alloquitur: 'Dulcissimum tocius
orbis et clarissimum decus, seu nostre sortis est hec tam de- 20
siderabilis faciei serenitas, seu se diuinitas, his redimitam flos-
culis, hoc lumine vestitam, suis in terra voluit ostendi cultoribus,
gaudeo, et gaudere te decet, quod in mea te contigit potestate
considere; hei mihi! quod ad tua sum preelectus obsequia; tibi
gloria, quod ad idem locorum quo desiderabilius es recepta 25
presaga declinasti sentencia.' Illa tam innocenter et columbine
respondit, ut credas angelam locutam que possit angelum quemuis ad uota fallere: 'Flos iuuenum amabilis, et desiderabile
lumen hominum, non me huc attulit spontanea prouidencia, sed
casus. Inuitam aduexit me cum patre meo, nuptui tradendam 30

regi Francorum ad hec litora ratis vi tempestatis impulsa ; quam
cum egressa essem, hac sola que vobis astat—(et ecce astabat
puella,)—comitante, aura turbini succedente prospera, pleno cum
patre recedunt naute uelo.   Scio autem quod cum me scierint
5 abesse cum lacrimis huc reuertentur.   Attamen ne me lupi
hominesve ma|ligni deuorent uel attemptent, si michi innocencie 51 *b*, col. 2.
fidem dederis pro te tuisque, tecum pro tempore remanebo ;
nam tucius est et salubrius ut me tibi comendem usque in nauis
reditum.'   Henno, qui desideria non deses auditor intelligit,
10 omnia dat impiger quecunque petuntur, et thesaurum inuentum
cum maximo secum animi iubilo reportat, utrique quantam
potest adibens leticiam.   Introducit, et sibi matrimonio nobilem
illam pestilenciam iungit, custodieque matris sue deputat, et ex
illa pulcherrimam prolem suscitat.   Frequens erat in ecclesia
15 mater, illa frequencior ; orphanorum et uiduarum et omnium
panis egencium . . . illa magis.   Ut fine concludat optato maliciam, omnem in conspectu hominum complet leticiam, excepto
quod aspersionem aque benedicte vitabat, horamque corporis
dominici et sanguinis conficiendi cauta preueniebat fuga, simulata
20 multitudine uel negocio.   Mater hoc Hennonis aduertit, iustaque
suspicione sollicita cuncta metuens, instat artissima sedulitate
scrutari quid hoc.   Scit eam diebus dominicis post aquam
datam ecclesiam ingredi et consecracionem fugere, cuius ut sciat
causam, modico secretoque foramine facto in thalamum eius
25 occultas tendit insidias.   Videt eam igitur summo mane die
dominica, egresso ad ecclesiam Hennone, balneum ingressam, et
de pulcherrima muliere draconem fieri, et in modico exilientem
a balneo in pallium nouum quod ei puella strauerat et in minutis-
sima frusta dentibus illud concidentem, et inde in propriam
30 reuerti formam, que postmodum per omnia simili argumento
famule famulatur.   Mater filio visa reuelat.   Ergo sibi presbi-

16 *qu.* egencium ⟨mater adiutrix⟩, illa magis?

tero ascito, inopinas occupant, aqua benedicta conspergunt, que subito saltu tectum penetrant et ululatu ·magno diu culta
52 *a*, col. 1. relinqunt hospicia.   Ne miremini si Dominus as|cendit corporaliter, cum hoc pessimis permiserit creaturis, quas eciam necesse sit deorsum inuitas trahi.   Huius adhuc extat multa progenies.   5

Item de cisdem aparicionibus.   x.   (= *Dist.* II. xiii.)

Scimus quod tempore Willielmi Bastardi preclare vir indolis, cuius possessio fuit Ledebiria borealis, de cetu nocturno feminarum choreancium pulcherrimam rapuit, de qua contractis sponsalibus filium suscepit, cuius tam forme quam rapine audito 10 prodigio miratur rex et eam in concilio Lundoniensi deduci fecit in medium, confessamque remisit.   Huius filius Alnodus, uir christianissimus et tandem particulariter paraliticus, victis medicis et impotenciam professis, se iussit Herefordiam deferri, et in ecclesia beati Ædelberti regis et martiris eius meruit 15 absolui meritis; unde pristine redditus incolumitati suam ibi Ledebiriam Deo matrique Domini et regi et martiri Adelberto perpetuo dedit possidendam, quam adhuc eiusdem loci pontifex tenet in pace, sextus ut dicitur ab eo qui eam de manu Alnodi suscepit, viri cuius mater in auras euanuit manifesta visione 20 multorum, indignanter inproperium viri sui ferens, quod eam a mortuis rapuisset.

De fantastica decepcione Gerberti.   xi.

Quis fantasticam famosi nescit illusionem Gerberti?   Gerbertus a Burgundia puer genere, moribus, et fama nobilis, Remis 25 id agebat intentus, ut tam indigenas quam aduenticios pectore vinceret et ore scolares, et obtinuit.   Erat autem ea tempestate filia prepositi Remensis quasi speculum et admiracio ciuitatis, in quam omnium intendebant suspiria, votis hominum et desiderio

diues. Audiuit Gerebertus, nec distulit. Egreditur, uidet, admi-
ratur, cupit, et alloquitur; audit, et allicitur; haurit ab apotheca
Scille furorem, et a †matre morphoseos† doctus obliuisci | morem 52 a, col. 2.
suo non abnegat veneno, cuius virtute degenerat in asinum, ad
5 onera fortis, ad verbera durus, ad opera deses, ad operas ineptus,
in omni semper miseria petulcus.   Non ei sentitur inflicta cala-
mitas, non eum castigacionum flagella mouent, torpens ad stre-
nuitates, inpromptus ad argucias, incircumspecte iugiter inhiat
impetigini, suppliciter petit, acriter instat, obstinate perdurat, et
10 obtuso per improbitatem mentis acumine certa desperacione tor-
quetur, et ab animi tranquillitate decidens conturbato se et extra
modum posito rem moderari uel statui suo prouidere non potest.
Depereunt igitur res, oneratur debitis, subicitur usuris, derelinquitur a seruis, vitatur ab amicis, et substancia denique penitus
15 direpta, domi solus residet, sui negligens, hirtus et squalidus,
horridus et incultus, una tamen felix miseria, ultima scilicet
egestate, que ipsum a principe miseriarum absoluit amore, que
sui memoria non sinit eius reminisci.   Hec tua sunt, Dyone,
tam dolorosa quam dolosa dispendia, que pro tue milicie sti-
20 pendiis tuis inpendis equitibus, ut a te circa finem ridiculi reddantur palamque confusi, siue tuis doloribus cuntis habeantur
ostentui.   Miser hic de quo nobis sermo, paupertate magistra,
solutus ab hamo Veneris, ingratus est ei que soluit, quia que
preterierunt angustie faciles uidentur comparate presentibus, dig-
25 namque dicit inediam mercede leonis qui damulam lupis aufert
ut eam deuoret.

Exit una dierum Gerbertus ciuitatem hora meridiana, quasi
spaciatum, et fame torquebatur ad luctum, et totus extra se
pedetentim longe defertur in nemus, et in saltum deueniens
30 feminam ibi reperit inaudite pulcritudinis, maximo insidentem
panno serico, habentem coram positum maximum denariorum |

3 *qu.* matre metamorphoseos? *see note.*   18 Dyone] *MS.* Dyane.

52 *b*, col. 1. aceruum.   Subtrahit ergo pedem furtim ut effugiat, fantasma
siue prestigium timens.   At illa ipsum ex nomine vocans, confidere iubet, et quasi miserta eius, pecuniam ei presentem et
quantam desiderare potest diuiciarum copiam spondet, dummodo
filiam prepositi que ipsum tam insolenter spreuerat dedignetur, 5
et sibi non tanquam domine vel maiori sed tanquam pari et
amice uelit adherere, adiciens, 'Meridiana vocor, et generosis-
simo producta stemate, id semper summopere curaui, ut mihi
parem omnimodis inuenirem, qui mee virginitatis primos decer-
pere flores dignus haberetur, nec quemquam repperi qui non in 10
aliquo mihi dissideret usque ad te; unde quia mihi per omnia
places, ne differas omnem suscipere felicitatem quam tibi de celo
pluit Altissimus, cuius ego creatura sum ut tu.   Quoniam nisi
iustas extorseris iras a me, beatus es omni rerum et status
opulencia; tantum, cum mea refloru eris ad plenum diligencia, 15
eadem ipsam superbia repellas qua te ipsa miserabilem fecit.
Scio enim quod penitebit eam, et reuertetur ad spreta, si liceat.
Si tuos odisset instinctu castitatis amores, in tua meruisset
graciam victoria.   Sed id solum in causa fuit, ut te qui omnium
iudicio super omnes eras amabilis insolenter abiecto sine suspi- 20
cione faueret aliis, falsoque Minerue peplo velauit Affroditem,
et sub tue pretextu repulse in suam alii diuaricacionem appule-
runt.   Proh dolor! expulsa Pallade tegitur sub egide Gorgon, et
tua manifesta confusio dedit umbraculum lupe spurciciis, quam
si digne semper dixeris tuis indignam amplexibus, precelsum te 25
faciam in omnibus excelsis terre.   Times forsitan illudi, et
sucubi demonis in me vitare tendis argucias.   Frustra.   Nam
illi quos metuis cauent similiter hominum fallacias, et non nisi
52 *b*, col. 2. data | fide uel alia securitate se credunt alicui, et nichil preter
peccatum ab eis referunt qui falluntur.   Nam si quando, quod 30
raro fit, uel successus vel opes afferunt, aut tam inutiliter et tam

vane transeunt, ut nichil sint, aut in cruciatum cedunt et per-
niciem deceptorum.   Ego autem nullam a te expecto securitatem, mores tue sinceritatis edocta plenissime.   Nec secura
contendo fieri, sed te securum facere.   Ego tibi cuncta libens
5 expono, et volo tecum hec deferas antequam coeamus, et sepe
reuertaris ad plura tollenda, donec uniuerso debito soluto proba-
ueris fantasticam non esse pecuniam, et non timeas veri amoris
inpendiis iustas rependere vices.   Amari cupio, non dominari,
nec eciam tibi parificari, sed ancilla fieri; nichil in me reperies
10 quod non sencias amorem sapere; nullum aduersitatis in me
signum deprendere poterunt vera iudicia.'

Hec et similia multa Meridiana, cum non oporteret.   Auidus
enim ablatorum Gerbertus fere mediis eam rapit sermonibus ad
annuendum, anxius paupertatis euadere copiosus captiuitatem, et
15 uelox venustissimum Veneris periculum inire.   Suplex igitur
omnia spondet, fidem offert, et, quod non petitur, iuramentis
oscula iungit, saluo pudoris reliquo tactu.

Redit honustus Gerbertus, nuncios aduenisse creditoribus fingit,
et lente ne thesauros inuenisse videatur se debitis exhonerat.
20 Porro iam liber et Meridiane muneribus habundus, supellectile
ditatur, familia crescit, uestium mutatoriis et ere cumulatur, ciba-
riis et potu stabilitur, ut sit eius in Remis copia similis glorie Salomonis in Ierusalem, et lecti secura leticia non minor, licet ille
fuit multarum, hic unius amator.   Singulis ab ipsa que preterito-
25 rum habebat scienciam docetur noctibus, quid in die sit agendum.|

He sunt noctes admiratissime Nume, quibus Romani fingebant 53 a, col. 1.
sacrificia fieri, colloquia deorum asscisci, cum unicam coleret, cui
nocturno studio sudabat occulte sapienciam.   Duplici proficit doctrina Gerbertus, thori et scole, et ad summa fame propugnacula
30 triumphat in gloria; nec minus eum promouet leccio lectoris in

12 *and* 20 *text* marianna *marg.* al. meridiana.   16 iuramentum *MS.*
27 asscissi *MS.*

A a 2

studio quam lectricis in lecto, huius in rebus agendis ad summam
gloriam, illius adinuentis ex artibus ad illuminationem. In
modico fit impar omnibus, uniuersos excedit, fit panis esuriencium,
uestis egencium, et omnis oppressionis promta redempcio; et non
est ciuitas cui non sit inuidiosa Remis.   5

Ps. 136. 8.   Audiens hec et videns *filia Babilonis misera,* que per superbiam ipsum in vallem redegerat, consuetos expectat auribus arrectis nuncios, moramque miratur et arguit, et se tandem spretam
Cf. Ov. *Met.* intelligens, quos fastidiosa repulerat *tum primo concipit ignes.*
7. 9, etc.   Iam vivit laucius, et culcius incedit, et ipsi verecundius obuiat, 10
et reuerencius loquitur, et se per omnia delapsam in vituperium
senciens et abieccionem, eo bibit cifo rancorem animi quo propi-
nauerat amatori suo furorem. Frenum igitur arripit amens, et
quo lora flectant aut retrahant non curat, sed quibus impetitur
calcaribus toto facit obedienciam cursu, et quibuscunque modis 15
ipsam ille temptauerat, id est omnibus, ipsum aduncare conatur.
Sed frustra fiunt insidie, tenduntur recia, iaciuntur hami. Nam
odii veteris ultor et noui adulator amoris ei quicquid dare solet
dileccio negat, quicquid odium infligere iaculatur. Exinanitis ergo
conatibus, augmentatur in amenciam amor, sensumque doloris 20
excedit acerbitas, et sicut medicinam membrorum stupor non ad-
mittit, sic animus exhauste spei solacia non sentit. Excitat eam
tandem quasi mortuam suscitet anus vicina Gerberti, et ipsum a
tugurio suo per foramen ostendit deambulantem in medio modico
53 *a*, col. 2. pomerio in feruore diei post cenam solum, quem eciam post | pusil- 25
lum decumbere sub umbra uident esculi tortulose, sopitumque
quiescere. At non illa quiescit, sed pallio reiecto sola camisia vestita sub ipsius se clamide totam toti coniungit, capiteque velato,
ipsum osculis et amplexibus excitat. A vinolento et saturo leuiter
optinet quod quesierat; in unum enim Veneris estum conuene- 30
rant iuuentutis et temporis, ciborum et vini, feruor. Sic nimirum semper assurgunt Veneri Phebus et Pan, Ceres et Bacus,

         2 adinuentis] *perhaps* adiumentis.

a quorum ubique conuentu celebri Pallas excluditur.   Instat illa
complexibus et osculis et tacita verborum adulari blandicie,
donec ille Meridiane memor pudore confusus et non modico
timore trepidus, eam tamen verecunde vitare uolens, sub redeundi
5 promisso recedit, et in nemore solito a pedibus Meridiane veniam
petit erratui.   Illa diu despicit insolenter, et tandem eius hominium
ad securitatem quia deliquerat poscit, et optinet, et in eius per-
seuerat tutus obsequio.

Contigit interea archiepiscopum Remensem in fata cedere,
10 et Gerbertum fame sue meritis incathedrari.   Deinceps eciam
suscepti negocium honoris exequens, dum Rome moram faceret,
fit a domino papa cardinalis et archiepiscopus Rauennas, et post
pauca defuncto papa sedis illius eleccione publica gradum ascendit,
et toto sacerdocii sui tempore confecto sacramento corporis et
15 sanguinis Dominici non gustabat, ob timorem uel ob reuerenciam,
et cautissimo furto quod non agebatur simulabat.   Apparuit autem
ei Meridiana anno sui papatus ultimo, designans ei vite securitatem
donec Ierosolimis missam celebrasset, quod Rome commorans
pro voto suo cauere putabat.   Contigit autem ipsum ibi celebrare
20 ubi asserem illum aiunt depositum quem Pilatus summitati crucis
Dominice titulo sue passionis inscriptum affixerat, que quidem
ecclesia usque in hodiernum diem Ierusalem dicitur ; et ecce sibi
ex opposito applaudebat Meridiana quasi de aduentu suo pro-
ximo | ad ipsam gauisura.   Qua visa et intellecta, nomenque loci 53 *b*, col. 1.
25 edoctus, cardinales omnes, clerum, et populum conuocat, publice confitetur, nec aliquem totius vite sue neuum irreuelatum obseruat.
Statuit eciam ut deinceps contra clerum et populum in facie omnium fieret consecracio.   Unde multi altari celebrant interposito,
dominus autem papa percipit facie ad faciem omnium sedens.

3 *text* marianne *marg.* al. meridiane.   5 *text* meridiane *marg.* al.
marianne.   16 cautissimo] *MS.* castissimo cautissimo.   17 *and* 23 *text*
meridiana *marg.* marianna.

Gerbertus modicum uite sue residuum assidua et acerrima penitencia sincere beauit, et in bona confessione decessit. Sepultus est autem in ecclesia beati Iohannis Laterani, in mausoleo marmoreo, quod iugiter sudat, sed non adunantur in riuum gutte, nisi mortem alicuius diuitis Romani prophetantes. Aiunt enim 5 quod cum imminet domino pape migracio riuus in terram defluit; cum alicui magnatum, usque ad terciam uel quartam uel quintam partem emanat, quasi cuiusque dignitatem arto designans uel ampliori fluento. Licet autem Gerbertus auaricie causa glutino diaboli diutissime detentus fuerit, magnifice tamen in manu forti 10 Romanam rexit ecclesiam, a cuius ut dicitur possessionibus omnium successorum suorum temporibus aliquit defluxit.

Audiuimus quod Leo papa dedit inicium cause qua castellum Crescentii adhuc, quasi exheredato beato Petro, Petri Leonis heredes detinent. Petrus ille Leonis Iudeus ad fidem nostram opera 15 Leonis pape conuersus est, et ab ipso Leonis agnomen habuit, studuitque Leo papa ipsum redditibus et prediis ampliare, castellique predicti ei custodiam contulit, ad eius magnificenciam et honorem, et nobilissimi ciuis ei filiam uxorem dedit, ex qua Petrus duodecim suscepit filios, quos ipse prudencia sua singulis stabi- 20 liuit honoribus et summos in ciuitate constituit. Reliquit autem eis castelli custodiam, dicens hoc modo| ; duodecim eis uirgas forti ligatas vinculo dedit, ut qui eas sine solucione vinculi manu posset inermi confringere primus in hereditate deinceps haberetur. Singulorum igitur conatibus elusis, solui iussit uirgulas et unumquem- 25 que suam frangere, quod in momento factum est. Ait ergo, 'Sic, filii mei karissimi, dum unitos amoris vinculo vos inueniet hostilitas, victa resiliet, quos quecunque vis forcior separatos inuaserit triumphabit.' Sic Petri suorumque sapiencia et astucia sequacium mansit apud eos quasi hereditas patrimonium Christi. Nostris 30 etiam temporibus perdidit Alexander papa tercius consuetudinem

53 *b*, col. 2.

14 Crescentii] *MS.* crescens.

porte beati Petri, quam pedagium dicunt, et altare dominicum ecclesie ipsius in manum laicam, prefecti scilicet Romani; et nunc
hodie a Romanis electus est Lucius papa successor Alexandri
tercii, qui fuerat anno preterito Hubaldus Hostiensis episcopus
5 et sancte Romane ecclesie Cardinalis [et Hostiensis episcopus].

De sutore Constantinopolitano fantastico. xii.

Circiter idem tempus quo Gerbertus fantastica felicitate
floruerat, iuuenis a Constantinopoli de plebe sutor, et illius artis
omnes excedens magistros nouis et precipuis inuencionibus, plus
10 operabatur una die quam aliquis alius duobus, et in singulis erat
sua festinacio laucior quam studia magistrorum. Viso enim
quouis pede nudo, gibboso uel recto, aptissimum ei statim indue-
bat calceum, nec alicui operabatur viso nisi pede, unde nobilibus
acceptus nulli pauperum uacare potuit. In omnibus eciam arene
15 spectaculis, ut in iactibus et palestra similique virium experiencia,
palmas adipisci solitus, admirabilis longe lateque predicabatur.
Una igitur dierum, uirgo pulcherrima cum maximo comitatu ad
fenestram veniens, pedem ostendit nudum, ut ab ipso calciaretur.
Ille miser visam intuetur argucius, et factis | venundatisque calceis 54 *a*, col. 1.
20 incipit a pede, totamque recipit in cor, ebibitque pestilentem
maliciam qua totus deperit. Regales appetit seruus delicias, nec
attingit unde quid speret. Suppellectile tamen abiecta, patrimonio
vendito, fit miles, ut licet sero uilitate condicionis mutata cum
statu nobilium, saltem leuius repelli mereatur. Priusquam dilec-
25 tam appellare presumat, quam sibi usurpauerat miliciam acerbe
sequitur, et exercitacione frequenti successu comite fit comparacione militum, qualis fuerat sutoribus aptatus. Attemptat igitur,
et se dignum iudicans a patre puelle petitam non optinet;
exardescit in iras nimias, et quam sibi generis abieccio predio-
30 rumque defectus negant extorquere desiderans, iuncto sibi magno

piratarum agmine, marino prelio parat ulcisci repulsam terre,
unde factum est ut terra marique timeatur, quem nusquam
successus deserunt.   Dum ergo proficiscitur instanter, et semper
proficit, veros audit mortis amice sue rumores, qui licet lacrimosus acceptis induciis, ad exequia properat et visa tumulacione 5
locoque notato nocte proxima solus effodit tumulum, et ad mortuam quasi ad viuam ingreditur ; quo scelere peracto, ex mortua
resurgens audit ut tempore partus illuc reuertatur, delaturus inde
quod genuerat.   Paret auditui, nacta competencia reuertitur, et
effosso tumulo caput humanum recipit a mortua, sub interdicto 10
ne uideatur nisi ab hostibus interimendis.   In scrinio illud altissime uinctum deponit, cuius confidencia mari relicto terram in-
uadit, et quibuscunque ciuitatibus aut vicis imminet, Gorgoneum|

pretendit ostentum ; obrigescunt miseri, vident instar Meduse
maliciam.   Supra modum timetur, et ab omnibus in dominum 15
accipitur, ne pereant.   Nemo causam intelligit pestis inuise
subiteque mortis.   Simul enim vident et pereunt, sine voce, sine
gemitu ; in propugnaculis eciam sine vulnere moriuntur armati,
cedunt castra, ciuitates, prouincie, nichil obstat, et se dolet omnis
milicia viliter et absque negocio spoliari.   Mathematicum quidam, 20
alii dicunt deum ; quicquid pecierit nichil ei negacionis afferunt.

Inter eius enumerant unum successus, quod imperatore Constantinopolitano defuncto filia eius heres ei derelinquitur.   Accipit
oblatam ; quis enim neget ?   Aliquamdiu cum ea conuersatus,
de scrinio ad racionem ab ipsa ponitur, que non nisi cognita ueri- 25
tate quiescit ; quam edocta, ipsi a sompnis excitato in vultum
porrigitur : quo suis insidiis capto deportari iubet Meduseum
prodigium, et in medio maris Grecorum proici tantorum ultrix
scelerum, auctoremque delicti socium esse perdicionis precipit.
Properant in galea nuncii, mediumque maris ⟨nacti⟩ duas orbis 30
immanitates in profundum abiciunt.   Facta est autem ab eorum

4 rumores] *MS.* rimores *or* runores.   31 Facta] *MS.* Factus.

recessu cum arenis ter ebullicio pelagi, tanquam auulsus a fundo
designet estus fugam saltu subito resiliencium aquarum et abhor-
rencium in illis iram Altissimi, et quasi mare nauseans reicere Cf. Hab. 3. 8.
conetur quod in ipsum suo tellus egra puerperio conualescens
5 euomuit. Exal⟨t⟩abant⟨ur⟩ in sidera fluctus, et ignis instar altissima
petebant. Sed post dies paucos monstrorum mutata sentencia,
que sidera petebant aque deorsum tendunt faciuntque voraginem
circuitu sempiterne | vertiginis. Cumulus fuerat quod nunc fossa 54 *b*, col. 1.
est. Limus enim profundi non sustinens abhominacionem, et maris
10 horrorem, exinanitus est, et stupore defecit, hyatuque dehiscens
infinito permeabilis eis usque *in abissi nouissima* facta est, unde Job 38. 16.
semper absorbere sufficit quicquid infundere potest maris immanitas, Caribdi sub Messana persimilis. Quicquid incidit casu uel ab
auido rictu attrahitur, irremediabiliter periclitatur ; et, quia nomen
15 erat virgini Satalia, vorago Satilie nominatur, et euitatur ab
omnibus ; quod vulgo dicitur *Gouufre de Satilie.*

De Nicholao Pipe homine equoreo. xiii.

Multi viuunt qui nobis magnum et omni admiracione maius
enarrant se vidisse circa pontum illud prodigium Nicholaum
20 Pipe, hominem equoreum, qui sine spiraculo diu per mensem
uel annum intima ponti cum piscibus frequentabat indempnis, et
tempestate deprehensa nauibus in portu vetabat exitum presagio,
uel egressis reditum indicebat. Verus homo, nichil inhumanum
in membris, nichil in aliquo quinque sensuum defectus habens,
25 trans hominem acceperat aptitudinem piscium. Cum autem in
mare descendebat moram ibi facturus, fragmenta veteris ferri de
biga uel pedibus equorum vel antiquate suppellectilis auulsi
secum deferebat, cuius nondum racionem audiui. Hoc uno erat
inminutus ab hominibus et piscibus unitus, quod sine maris

22 deprehensa] *MS.* depressa.

odore uel aqua viuere non potuit; cum abducebatur longius
tanquam hanelitu deficiente recurrebat.   Cupiuit eum rex Siculus
Willelmus auditis his uidere, iussitque ipsum sibi presentari,
quem dum inuitum traherent inter manus eorum absencia maris
extinctus est.   Licet non minus admiranda legerim uel audierim, 5
nichil huic portento simile scio.

Supra Cenomannum in aëre comparuit multis hominum cen-
tenis grex caprarum maximus.   In Britania minori uise sunt
54 *b*, col. 2. prede nocturne | militesque ducentes eas cum silencio semper
transeuntes, ex quibus Britones frequenter excusserunt equos et 10
animalia, et eis usi sunt, quidam sibi ad mortem, quidam indempniter.

Cetus eciam et phalanges noctiuage quas Herlethingi dicebant
famose satis in Anglia usque ad Henrici secundi, domini scilicet
nostri, tempora regis comparuerunt, exercitus erroris infiniti, 15
insani circuitus, et attoniti silencii, in quo uiui multi apparuerunt quos decessisse nouerant.   Hec huius Herlethingi uisa est
ultimo familia in marchia Walliarum et Herefordie anno primo
regni Henrici secundi, circa meridiem, eo modo quo nos erramus
cum bigis et summariis, cum clitellis et panariolis, auibus et 20
canibus, concurrentibus uiris et mulieribus.   Qui tunc primi
uiderunt tibiis et clamoribus totam in eos uiciniam concitaue-
runt, et ut illius est mos uigilantissime gentis statim omnibus
armis instructi multa manus aduenit, et quia uerbum ab eis
extorquere non potuerunt uerbis, telis adigere responsa para- 25
bant.   Illi autem eleuati sursum in aera subito disparuerunt.

Ab illa die nusquam uisa est illa milicia, tanquam nobis
insipientibus illi suos tradiderint errores, quibus uestes atterimus,
regna uastamus, corpora nostra et iumentorum frangimus, egris
animabus querere medelam non vacamus ; nulla nobis utilitas 30
accedit inempta, nichil emolumenti prouenit, si dampna pensentur, nichil dispensanter agimus, nichil vacant⟨er⟩ ; vana nobis

infructuosa⟨que⟩ adeo properacione deferimur insani; et cum
semper in abscondito secrecius nostri colloquantur principes,
seratis et obseruatis aditibus, nichil in nobis consilio fit.   Furia
invehimur et impetu; presencia necligenter et insulse curamus,
5 futura casui committimus; et quia scienter et prudenter in
nostrum semper tendimus interitum, uagi et palantes, pauidi pre
ceteris hominum exterminati sumus et tristes.   Inter alios queri |
solet que causa doloris, quia raro dolent; inter nos ⟨que⟩ causa 55 *a*, col. 1.
leticie, quia raro gaudemus.   Doloris aliquando leuamen habe-
10 mus, leticiam nescimus; subleuamur solacio, gaudio non beamur.
Ascendit autem in nobis cum diuiciis meror, quia quanto quis
maior est, tanto maiori quassatur sue voluntatis assultu, et in
predam aliorum diripitur.

In hac ego miserabili et curiosa languesco curia, meis abre-
15 nuncians voluntatibus, ut placeam aliis.   Cum enim paucissimi
iuuare possint, quiuis nocere potest; nisi placatam habuero solus
uniuersitatem, nichil sum; si virtuosum precessero ut fiam inui-
diosus, clam detrahent, et defensores meos deceptos apparencia
dicunt.   Simplicem fatuum iudicant, pacificum desidem,
20 tacitum nequam, bene loquentem mimum, benignum adulatorem, nichilum sollicitum cupidum, . . . pestilentem, pium remis-
sum, divitem avarum, orantem hipocritam, non orantem publi-
canum.   Necesse habent ad hos succincti tumultus, ut uirtutibus
supressis armentur viciis; utriusque locum caute distinguant,
25 ut bonis iusti uideantur, malis pessimi.   Consilium autem salubre
nemo ambigit, ut semper in occulto colatur Trinitas, et in cordis
archana puritate sincera deuocio celebretur, quatinus interius
solempnitate seruata decenter et caste defensa, quocunque modo
saccum concidi permittat Dominus, non permutent extrinseci

19 Simplicem] *MS.* Si place*m*.   20 mimum] *MS.* nimium.   21 nichilum]
MS. nichūm *or* inthūm.   *After* cupidum *an adjective expressive of a good quality
is wanting.*   24 *qu.* distinguunt?

B b 2

casus interiorem hominem, nec transeuncium perturbent acciden-
cia residenciam anime substancialem in Domino.

    Hoc de nostra velim manifestari curia, quia nondum audita
est ei similis preterita uel timetur futura. Cupio eciam ut
postera recordetur huius malicie milicia, sciantque tollerabilia 5
perpeti, a nobis intoleranciam passis edocti. *Surgite* igitur,
eamus hinc, quia inter eius operas cui abrenunci|auimus in ba-
ptismo Deum placare uel ei placere non vacamus; hic enim
omnis homo uel *uxorem ducit* uel *iuga boum probat.* Quas
excusaciones quomodo Salius vitauerit, audite,   10

Jo. 14. 31. *(line 6)*
55 *a*, col. 2. *(line 7)*
Lc. 14. 19, 20. *(line 9)*

<h2 style="text-align:center">*De Salio filio admirandi maioris.* xiv.</h2>

    Salius, nacione rituque gentilis, filius admirandi maioris, quem
admirabantur pater eius et mater et tota nacio pre sciencia in
puero matura. Hic cum esset sollicitus de salute anime sue,
non inuenit in lege gentilium unde spem conciperet. Scrutatis 15
igitur patrum tradicionibus, ad Christianam se contulit ueritatem,
Templaribus babtismo, fide, societate coniunctus. Cui cum
acceptis induciis pater eius et mater et sue magnates parentele
secrecius loquerentur, ut ipsum quasi ab errore facerent resipisci,
respondit, 'Carissime pater, qui sapiencia premines aliis, tu mihi 20
solus omissis lacrimis dic quam expectes a diis anime tue retribucionem pro impensis obsequiis.' Tum ille, 'Karissime fili,
paradisum nobis preparauerunt dii nostri, lacte et melle duobus
magnis fluminibus manantem, eritque nobis in melle sapor
omnium desiderabilium ciborum, et in lacte cuiuslibet delectacio 25
liquoris.' Ait ergo Salius, 'Si non appecieritis, non erunt
delicie: appecieritis quo plus, ⟨post⟩ multam saturitatem ad
requisita diuertetis nature. Corporalis enim cibus aut potus
euanescere non potest; necessaria ut habeatis necesse est, et

---

    10 audite,] *either punctuate thus or insert* erat *in the first sentence of cap.* xiv
27] *perh.* quo plus appecieritis, ⟨post⟩.

pereat paradisus que tali eget tugurio.' Videntes igitur sui legem patrum suorum ab ipso delusam, et contra constanciam eius eorum uanam instanciam, recesserunt cum lacrimis maledicentes ei. Ipse autem nec *uxorem duxit* nec *boues probauit*.

5 *De Alano rege Britonum.* xv.

At Alanus Rebrit, id est rex Britonum, uxorem sinistro duxit | auspicio sororem regis Francorum, comes ipse Redonensis et 55 *b*, col. 1. tocius Britannie minoris dominus, et quasi rex. Erat tunc temporis comes Leoniensium Remelinus, qui licet Alani iuratus 10 esset et eius homo, insolenter tamen se habebat et uitanter ad ipsum; quod uxor Alani aduertens, nocturno ipsum conficiebat tediosa susurro quasi desidem et timidum, qui quocunque modo non adegisset uel uitam eius uel plena seruicia. Cui tandem Alanus, 'Facile satis est ipsum de medio delere, sed duos habet 15 filios, Wiganum et Clodoanum, facie similes, moribus longe impares; Clodoanus enim bene litteratus est et prudens, sed degenerauit in mimum, ut totus in rithmis et ridiculis ocupetur et in eis ultra solitum vigeat; Wiganus autem procerus est, et super omnes quos ego uiderim homines formosus et sapiens, 20 scienciam eciam armorum et probitatem habens tam elegantem, ut magis Achille maior uel Hectore iudicetur quam par alterutri. Huius autem sapiencia nunquam simul exeunt terram suam pater et ipse, ne simul possint intercipi.' Tum illa, 'Quandoquidem ita se habet status eorum, ne nobis extincto patre 25 durior sit infestacio filii, studeamus ipsum auferre de medio, si non utrumque; fac pater ueniat.'

Ille annuit, et ecce Remelinus, quem ipsa ueri simulatrix amoris veris ornat et omnes suos honoribus sine simulacione munifica. Honusti repatriant donis aureis et argenteis et uestium muta30 toriis, quos ut uident perspicuos et redimitos consiliarii Wigani,

21 magis] *MS.* maius.

conuersi sunt in sinistram, et se similia perdidisse quod non
affuerint queruntur.   Quos dum auaricia contorquet et decoquit,
ecce nuncius Alani, uir magnus et ad fraudem instructus egregie,
cum omni petit instancia quatinus ad Alanum veniant pater et
55 *b*, col. 2. filius, | et si non uterque, filius qui non affuerat quando pater. 5
Primo dubitant et consiliantur, et ab utriusque loquitur auaricia
consilio.   Ut simul domino suo fideliter assint nichil hesi-
tandum aiunt, ubi plane manifestum uident amorem in omnibus
exibitum, et nullam subesse doli machinam.   Horret tamen
Wiganus et heret, domique residet, contra suorum sentenciam, 10
cum eorum non modico murmure.   Casse timiditatis arguitur ab
eis clam, et menciuntur, quia contra veram mencium scienciam
obiurgant; vilem et ignauum derident, quem digne carum et irre-
prehensibilem sciunt.   At in reditu Remelini, cum quo vestes
et aurum, equi et falere, Alani preconia, laudes regine veniunt, 15
excandescit ignis auaricie, cupidique similium Wigano insultantes
aiunt, ' Honor Alani est visitacio suorum, et ex suis ei humilitas
et amor exhibetur; in hoc quod vocatus tociens supersedisti,
quid aliud est quam ipsum prodicionis arguere, uel tuum propalare contemptum ad vim et superbiam?   Eia! primis ob- 20
tempera mandatis, fame labenti consule, terge preterite rubi-
ginem infamie.'   Annuit Wiganus; persuasum est ei vite
periculum, et ecce regis et regine nuncii; simul euntibus Clodoanus obuiat, miratur, dissuadet, Wiganum detinet.
    Remelinus a rege suo et regina solita suscipitur ac digniori 25
reuerencia.   Regina precipue, que frequencius prodicionem
studet, se ipsi totam familiaritate commendabilem facit, educit,
reducit, miscet seria ludis, et tota palliat comitate nequiciam.
Considentibus eis et comorantibus ad propugnacula, forte duo
videntur albi uultures insidentes cadaueri, magni quidem et secun- 30
dum informitatem fame sue pulcherrimi, auis enim incomposita
56 *a*, col. 1. est; et ecce tercius vultur modicus et niger deiecit albos | impetu

subito et effugauit, obtinuitque cadauer. Ridet Remelinus, et ipsa
sollicitatur quid hoc? Penitet ipsum; ⟨at⟩celare cupiens, quomagis
silet, ad racionem instancius ponitur.   Femina enim, sicut uentus
in obstacula furit, sic irruit in negata consilia, et donec euicerit
5 non est finis instancie. Vincitur ergo Remelinus, et inquit,
'Mons magnus in terra mea nigros educat uultures; mons alter
ex opposito extra multo plures habet et albos; in omni vero
eorum conflictu prestat unus niger duobus albis, ut modo uidisti.
Et quia similiter unus meorum militum duobus preualet ex
10 vestris in omni congressu, risi.'   Ad hec illa, 'Hoc si uerum est,
uestro satis dignum est risu, nostroque ploratu.'   Et ad alios
mox translata sermones, iocundis eum uerbis usque ad dimis-
sionem detinuit.   Et his Alano crudelius quam concepta fuerant
a Remelino relatis, amplius inter eos filiam cordis sui sedicionem
15 accendit; instat et optinet ut ipse cum ipsa proditor innocencie
fiat. Centum equites Francos, armis et prodicione furtim in-
structos, intra portam exteriorem in cripta condunt, Remelinum
et Wiganum inclusuros. Solempnius igitur solito perque di-
gniores mandantur nuncios et optinentur. Unde flens Clodoa-
20 nus, et eis mala presagiens a fratre suo multis adigit lacrimis
quatinus ipsum cum patre suo premittat, cum sit ei simillimus,
et deceptis hostibus possit ipse Clodoanus pro fratre leuiore
iactura perire. Sequens autem a longe Wiganus, si prosperitatem
viderit intret, si fraudem paratis sibi equis singulis in singulis
25 milibus usque ad propria recurrat.|

Ingressis igitur Remelino et Clodoano, porte clauduntur 56 *a*, col. 2
subito, rapiuntur, orbatus est Remelinus geminis et lumine.
Clodoanus nomen suum confessus euadit. Videns igitur regina
Wiganum exclusum a morte, hortatur et emittit milites, coram
30 eis prostrata precatur ut properent, omnia dicit, omnia spondet;
eruunt se, properant, ut interficiant innocuum. At ille, quinque
iam mutatis equis, sexto non inuento, ⟨necligens enim et deses

seruus qui equum ibi tenuerat, domino suo nichil sinistri pro-
phetans, ad uicum proximum ut comederet abcesserat,) timens
Wiganus illi quinto calcaria subdit, cui pepercerat spe sexti, quo
lassescente circa cuiusdam nemoris confinia, ad feminam quam
ante domum suam filare uidit festinus diuertit.   Casum ei et se 5
ipsum reuelat, et promittit quidlibet.   Illa igitur filium suum ei
cunis in domo inuoluendum tradit, et aliquo leuandum ne fleat
solacio, dum illa venientes eludat.   Obtemperat ille ; perueniunt
ad eam equites, et ipsa cicius audita non discredentes ulterius
properant, et sepe reuertentes circa domunculam illam euertunt 10
omnia scrutinio limpidissimo.   Wiganus interim ut puero flenti
solacium faciat, cnipulum cum eburneo manubrio ei dat in manibus, et ipso relicto dum silet, domum intro circuit, latibulum
querit, per foramina sollicitus excubat, tandem ad vagitum pueri
repedans ipsum cnipulo incumbentem mortuum reperit.   Quid 15
igitur spei relinquitur ?   Iam qui morte proxima timuerat, quasi
obtentus, siccis expectat securus lacrimis, quia spe defecta
recessit et timor.   Adhuc illis circiter illas partes uenantibus qui
Wiganum querebant, inuento mater filio mortuo immoritur ei et
56 *b*, col. 1. prosilit amens, ut Wiganum | accuset.   Ille pedibus apprehensam 20
tenet, spondetque se ipsum ei filium fore pro mortuo, persuadens
ei nihil utilitatis ex ulcione prouenire posse, et de venia ⟨spem⟩
multarum diuiciarum dat ipse.   Heret illa tandem, et in occur-
sum viri sui properat, omnibusque reuelatis promissorum illecti
spe, militibus adhuc excubantibus, per secreta obscure semite 25
Wiganum in tuto collocant.   Colligit ergo uires Wiganus, et
enarratis exercitui suo prodicione et timorum erepcione, in
omnium oculis cingulo milicie liberatorem suum honorat, et
multis preficit opibus et vicis, cuius usque hodie nepotes terram
illam possident, et *filii nudi* appellantur, quia ille primus quasi 30
a nuditate uestitus de paupere factus est diues.

4 lassescente] *MS.* lacessente.   8 obtemperat] *MS.* obtemporat.
22 spem *is conjecturally supplied by W.*

At Wiganus, ut iniurias patris et suas uindicet, in Alanum
Rebrit, quod interpretatur rex Britonum, tanta insurgit potencia,
ut hostibus suis de tantis urbibus et uillis non relinquatur *ubi* Mt. 8. 20.
caput suum reclinent, et ut illius crudelissime uastacionis adhuc
5 ostendantur monimenta, ⟨cui⟩ urbium euersio, ruine ecclesiarum
attestantur. Confugiens igitur Alanus ad socerum suum regem
Francorum, ipsius interuentu data filia sua scilicet herede suo
Wigano, ad pacem suscipitur restitutus. Quieuit autem diu et
siluit hac confederacione tota illa regio.
10 Contigit Wiganum cum uxore sua in scaccis ludentem ad
maiores operas a suis uocari, liquitque loco suo fidelem sibi
militem ut cum domina ludum illum finiret, et abscessit. Cum
ergo domina uicisset, ait militi secum ludenti, ' Non tibi, sed orbi
filio *mat*.' Quod improperium Wiganus cum equanimiter ferre
15 non posset, ad Alanum Rebrit properans inopinum inuasit, qui
confectus ad ecclesiam beati Lewi confugit solus, et clauso hostio
suplex orauit beatum Lewium quatinus al|terum custodiret 56 *b*, col. 2.
meritis suis dum ipse armis in altero restitisset hostibus. Erant
enim ecclesie due porte. Cum igitur non possent hostes per
20 portam sancti, per suam licet uix ingressi abstrahunt uirum, et
coram ecclesia genitalibus priuant et oculis ; unde factum est ut
in illius sancti Lewi parochia nullum animal parere possit adhuc,
sed maturo partu egrediuntur ut pariant. Wiganus ut plena
glorietur ulcione, ablatis secum in manica sinistra oculis et geni-
25 talibus Alani, celato et facto et proposito facie iocosa et hylari,
domum reuersus cum uxore considet ad scaccos, et obtento ludo
super scaccarium genitalia et oculos proicit, dicens quod ab ipsa
didicerat, ' Filie orbi dico *mat*.' His uisis, edocta uirago quid
contigerit, licet ei percellatur ad mortem animus, serenissimo
30 risu leticiam dicens simulat dominum suum facetissimam fecisse

7 suo] *qu.* sua ? 18, 19 *MS.* enim erant. 29 percellatur] *perhaps*
procellatur *in the MS.*

1354 C C

iusticiam, et licet mens eius totis nisibus ad uindictam armetur, nichil interne machinacionis foris apparere permittit.

Erat autem hisdem temporibus comes Namniti Hoelus, et iuuenis et formosus et strenuus, qui cum ei absque negocio placere posset, eo solo perplacet quo inde Wigano nocere potest, 5 missisque nunciis in unum coeunt iniquitatis animum, illa ulcionis, ille auaricie, cupiditatis uterque. Se inuicem et alterutrum sua cupiunt, mortemque Wigani. Fallitur ergo miser et ab ipsa mittitur in dolo, quasi rebus suis que ad fines Namneti uergunt dispositurus, et interficitur. Ocupat Hoelus omnia, et suam 10 faciens ducit alienam, filiamque susceptam ab ipsa nobili viro nomine Ilispon nuptui tradit, et post annos aliquot filium ex ea genuit quem dixit Salomonem, et mortuus est.

Successit ei Ilispon, et uiolenta inuasione toti dominatur
57 *a*, col. 1. Britannie, qui ne ulla maneat hereditatis | calumpnia, Salomonem 15 occidere querit. Cuius misertus vir nobilis et illarum parcium fidelissimus Henno raptum abscondit infantulum inter popine sue seruos, ut inter humiles educati condicione seruili statusque vilitate sanguinis altitudo ueletur. Nutricius hunc solus cum sola sua cognoscit.   20

Cum autem esset annorum quindecim, et fugisset aper a uenatoribus Ilispon, misit se forte in lucum iuxta popinam in qua comorabatur Salomon. Exiliunt ad canum iubila Henno et familia sua, cumque circumstarent cum uenatoribus, et nemo per audaciam presumeret ad aprum ingredi, irruit in aprum Salomon 25 tunica feda sed vultu bono, palliolum habens in sinistra, cultellum in dextera modicum, et inuolantem in se fortiter suscipit sinistra, interficit dextera, spectaculum de puero quidem formosum et in admiracionem omnium cedens. Dum ergo pre magnitudine apri tum ad ipsum tum ad puerum omnes intenderentur oculi, vocauit 30

10 *query* suam ⟨missam⟩ faciens? sua *is used absolutely for* uxor *in l.* 20.
22 lucum] *MS.* lacum.

eum in partem uenator senex, qui cum patre ipsius fuerat, nomen
eius et gentem inquirens. 'Salomon,' inquit, 'michi nomen est,
gentem nescio, quia me proiectum inuenit et nutriuit Henno.'
Ille flens respondit, ' Ego scio.' Quod ut Hennoni puer innotuit,
5 timens ab Ilispon prodito consilio uel interfici uel ut modicum
exheredari, opida munit, et ad omnes ignotos et cognitos foras
misso timore confessionem consilii sui manifeste mittit. Implorat
eorum sibi et suo domino auxilia. Multi ergo magni principes
Britannie, per oppressionem et tirannidem Ylispon prius ad iram
10 prouocati, iam nunc optatam uidentes oportunitatem, ad Hennonem leti conueniunt.

Ad hos timet Ylispon rumores, et quoscunque potest in sub-
sidium | aduocat, inter quos Meinfelinus de Kimelec, uir sapien- 57 *a*, col. 2.
tissimus, aduenit. Iniecerat autem uxor Ylispon in iuuenem
15 illius conuentus oculos, et cum se inuicem amarent, Meinfelinum
timebant quasi prouidum et coniectorem, ne ipsius proderentur
insidiis. Machinatur domina ut ipsum uel accusacione vel
quoquo iniecto pudendo scrupulo a curia semoueat. Quo ipse
comperto, filios suos octo ceteramque familiam instruit quatinus
20 in omni casu se ita contineant ut ipsum uiderint continentem.
Fatuus igitur, qui a domina instructus domum oberrat, Meinfelino
bibenti lac in mensa uas lactis in caput supinauit; qui quasi de
stulticia eius ridens, lac excussit in fatuum, et placata et pacifica
facie prestolatur ulcionem ab Ylispon, arbitratus ipse secundum
25 uisum non iniuriam sibi fieri, et iustum errorem fatui : his oblitis
et inultis quasi domum reuers⟨ur⟩us abscedit cum licencia.
Veniens ad Hennonem, quem tristem inuenit, letissimum suo
reddit aduentu. Cui Henno, 'Victoriam nostram tecum nobis ac
per te a Deo missam in hoc solo timemus impediri posse, quod
30 vicinus noster Camo, iuuenis prudens et strenuus optimisque
castellis habundans, ex meo concessu spem conceperat ducendi
filiam meam unicam et ab omni adhuc intactam viro ; quam

quia nunc audit me mutata sentencia Salomoni parificare, opida
munit, gentem multiplicat, uires omni conatu auget, manifesta-
que rabie suarum inflammatur iniuriarum ultor fieri.　Cumque
pertinacissimum sit odium in quod ex amore degeneratur, hic
nisi conuertatur ad nos, nichil sumus.' Tunc sapiens, ' Mecum 5
veniat Salomon cum filia tua, ut nobis ipsum lenitum reddamus.'
Secuti sunt ergo sapientem, quibus Camo mandatis cum maxima
57 *b*, col. 1. militum pompa occurrit |. Cui sapiens, ' Dominus noster Salomon,
quem nobis leges patrum et iura proficiunt, suos uobis resignat
amores, Hennonis filiam intactam, ut qui priores adoleuistis in 10
eam ignes crebris non fraudemini cupitis, suamque voluptatem
abdicat, ut vestre satisfiat, torqueri malens uel uri, quam tanto
amico viam aperire scandali.'　Victus igitur hac liberalitate
Camo Salomonem pro humilitate et amica reddita exaltauit, et
sue dedicionem virtutis in auxilium promisit.　　　　　　　　15

　　Omnibus his pactis ab Ylispon auditis, collectis viribus,
aduersus Salomonem properat, diem bello prefigit.　Vigilan-
tissimus ille senex de Kimelec locum belli singulis explorat
noctibus, situm scilicet loci, optimum in illo aduentum, stacio-
nem, effugium.　Nocte igitur id faciebat, ne manifesta fieret 20
hostibus sua sedulitas, ut uel locum mutarent quia exploratum,
uel ipsi exemplo eius idem facerent.　Contigit ipsi uisio non
omittenda nocte ante bellum proxima, quod ad arborem predicti
loci veniret Ylispon solus, et ipso vidente faceret sacrificium diis
infernalibus, cuius instancie tandem responsum est, ut qui prior 25
crastino illic inueniretur victor fieret.　Dumque ad suos bella
dispositurus reuertitur, illuc statim repedaturus, sapiens ad locum
adducit Salamonem in antelucano ut vincat, priorque inuentus
est.　Ordinatis igitur cuneis Salomonis ad bellum a sapiente
centum relinquit milites in subsidium, retro phaulanges in siluule 30
densitate absconditos, et, ut breuiter ⟨dicam⟩, confecto exercitu

　　　　　10 Hennonis] *MS.* Meinfelini.

Ylispon et effugato, sapiente vero cum septem filiis occiso, reuer-
tente Salomone cum quindecim militibus, ceteris omnibus occisis,
excepto quod † ipsi aderat Leucius ex confraganeis suis cum
trigin|ta sex propriis suis ; vidensque se Salomone forciorem 57 *b*, col. 2.
5 facinoroso concipit in corde quod si Salomon de medio fieret,
ipse fortissimus in regno diadema sibi posset imponere, seorsum-
que cum suis habito consilio suspicionem Salomoni facit, qui se
cum suis ad defensionem et fugam preparat.   Irruit in ipsum
cum suis Leucius, et vi maiore cogit in fugam.   Audientes hunc
10 tumultum quos absconderat sapiens centum milites, Leucium
subiti ocupant, ipsumque familiam⟨que⟩ captos tanquam proditores digna morte suspendio multant.   Cessit autem ex hoc tota
Britannia Salomoni et suis heredibus.

Quicunque lector hec perlegere dignatus fuerit, ex multis
15 et diuersis hinc edoctus iniuriis ad cautelam armabitur, quam
obseruare cum indempnitate non poterit, nisi fortissimo compes-
cuerit auariciam freno, que fame arcius et siti omnique necessitate
fedius impellit in profundum nequicie.   Nam et hec horum causa
fuit excessuum.

20   *De Sceua et Ollone mercatoribus.*   xvi.

Sceua et Ollo, pares etate, moribus impares, pueri de plebe,
adepta simul modica substancia, facti sunt nostris institores
temporibus paruarum prius mercium, et deinde frequenti successu magnarum.   Nam a collariis bigarii, a bigariis multorum
25 domini effecti sunt aurigarum, semper autem fideles socii.
Ampliatis ergo mercibus, ut alias dicitur, *creuit amor nummi* Juv. xiv.
quantum ipsa pecunia.   Iam societatis vinculum et communitatis 139.
unio displicent, separata placet proprietas, diuidunt omnia, sortes
mittunt, tollit uterque quod sibi seorsum ponitur, recedunt ab
30 inuicem dicta acceptaque salute.   Sceua, ut erat liberalis et

3 excepto quod] *qu.* extemplo quidam?   12 tota] *MS.* tanta.

secundum suam facetus sortem, cum lacrimis hortatur Ollonem
ut nulla de cetero sit inter eos commeancium raritas nunciorum,
58 *a*, col. 1. quibuscunque consideant | villis aut urbibus, aut separatis personis
unitatem faciat frequentata commonicio dileccionis.

    Elegit in Rauenna manere Sceua, castusque diu mutandis 5
mercibus studuit ; Ollo Papie formosam duxit uxorem.   Primis
inter eos temporibus multi sudabant nuncii, tandem quieuerunt.
Sceua enim ut Ollonem uisitaret Papiam peciit cum multa manu
seruientum, et bene redimita, et ecce Ollonem obuiam habuit
cum bigis honustis properantem ad nundinas longinquas.   Datis 10
Hor. *Sat.* ii. ergo et acceptis osculis, petit Ollo *unde et quo*, cum pocius secun-
4. 1. dum amores preteritos reuerti et suscipere tantum debuisset
amicum.   Audito autem quod ipse solus esset in causa sui
aduentus, reditum excusauit per nundinas, et adiecit Sceuam in
domo sua nullatenus posse recipi multis ex causis, et ab 15
ipso migrauit post bigas.   Sceua se delusum dolens, prope
Papiam Ollonis forte pastorem nescius alloquitur, et accipiens
quis esset, querit statum Ollonis in rebus mobilibus et immobili-
bus, et omnia secreta domus ab ipso edoctus, ea pro intersignis
uxori Ollonis affert ut suscipiatur hospicio.   Suscipitur, et non 20
est passus ut contenta sit uel sua uel Ollonis familia hiis que
reperiuntur in facultatibus domus, cum multe sint ; extra iubet
queri delicias, sibi ut iactat solitas, et tam splendidam tamque
affluentem cenam preparat de proprio, ut in admiracione eciam
Mt. 20. 3. uicinorum ueniat.   Vocat *in foro stantes*, transeuntes retinet, et 25
tantam effundit ciborum et potus copiam, ut tam uxor Ollonis
quam omnes alii sempiternam optent Ollonis absenciam et
presenciam Sceue.   Hoc diebus plurimis aucta semper solempnitate agitur ; inuitat omnes : qui veniunt auida honorantur leticia ;
qui non, missis onerantur exenniis.   Aduolat tota prouincia 30

    3 aut (2nd)] *qu.* at ?   7 *After* quieuerunt *a clause may have dropped out.*
  15 domo] *MS.* doma.   18 immob.] *MS.* immobolibus.

videre quod audiunt ; euolat in uicos et urbes admiracio, fugien-
temque deprendit Ollonem.   Stupet Ollo, statuit|que non reuerti 58 *a*, col. 2.
donec ille auertatur.   Et cum zelotipie sollicitudine secum de
uxore seuiat, zelo nichilominus intabescit inuidie, iam non ut
5 auidissime solet in promocione mercium ardet.   Nec dampna
dolet, nec de lucro letatur nec de augenda pensat uel conser-
uanda pecunia ; prodigus est rerum et auarus uxoris, et dum circa
eius et Sceue statum curioso diuinat animo quid fiat, in id quod
uere fit casu deuoluitur.   Nam Sceua totus in hoc est quod ipse
10 timet, et quacumque potest arte ipsam in vota sua seducit, et
cum ad libitum suum abutatur illicita, non satis ei placet abusio,
sed adicit dicens, ' Carissima mi electa et super animam meam
dilecta, potes si placeret menti placare mentem sollicitissimam
meam et totam tuis inflammatam amoribus, ut secure simul
15 omnimodis de cetero conuiuamus ; scilicet ut redeuntem non
admittas Ollonem, sed quasi cum admiracione omni eum diffi-
tearis, et deuoueas et *abneges te nosse* hominem.   Hoc a uicinis Lc. 22. 34.
omnibus et notis euincam fieri, vicecomitem et omnes ministros
eius in hanc inducam sentenciam, dummodo tu mihi faueas,
20 et quicunque conati fuerint fidem facere iudicibus aut alicui
potestati, quod ipse tuus fuerit aut maritus tuus aut diuiciarum
possessor istarum, me statim audito quiescent, et si oporteat
iurabunt in contrarium, ut sibi ipse de se discredat et fascinnata
mente alias extra se putet Ollonem.'   Illa, licet hoc perfici posse
25 desperet, assentit.   Sceua igitur datis ubique premiis additisque
promissis, apud omnes notos Ollonis optinet, non enim sunt
firme cum peruersis moribus amicicie.   Principem adit et iudices,
et quomodo solent infatuari peruertit.   Bonus cuntis uidetur
dolus et faceta derisio, sed et utile putant, ut ficus succidatur
30 sterilis, et plantetur oliua fructificans.
     Manet una cum uxore quasi uir legitimus in domo Sceua,

commentaque preceptor fraudis non cessat omnes instruere,|

58 *b*, col. 1. quomodo respondeant Olloni. Ollo caute ut sibi uidetur ascultat donec ille recesserit, quatinus in uxorem ultor iniuriarum et tortor existat sine succurrente, et ne bonorum suorum uastam uideat quam audierat effusionem. Minus enim ledunt 5 auaros inuisa suarum rerum detrimenta quam uisa.

Videns tandem moram, timensque periculum, domum diuertitur, pulsat ianuam, et quod non statim adest qui apperiat irascitur; instat, tumultuat, et excandescit; indignatur et minas addit. Nicholaum quem ianitorem suum fecerat ex nomine superbe 10 vocat. Adest ille similique tumore respondet, 'Tu quis es? quid furis? quo agitaris demone? ut quid cerebri tui plectimur insaniis? quare domini mei quietem turbas? Numquid lunaticus es, aut similiter amens? certe si desipis, sapere te iam faciemus; si non quieueris, quiescere te fustes facient.' Tum ille, 'Serue 15 mi, numquid non ego sum?' Nicholaus: 'Scio quod tu es tu, et tu ipse hoc nescis.' Ollo: 'Et nescis quod seruus meus es?' Nicholaus: 'Te scio seruum; possessionem furis.' Ollo: 'Aperi cito ianuam meam.' Nicholaus: 'Tuam? nonne iam probatum est quod uesanus es? Aut certe silebis aut tibi hac claua 20 Mt. 18. 32. perpetuum inponam silencium.' Ollo: '*Serue nequam*, numquid non ego sum Ollo, qui te constitui custodem curtis huius?' Nicholaus: 'Tu, pessime scurra? certe Ollo ille hic intus est, et cum domina mea in lecto suo decumbit.' Ollo: 'Cum qua domina, diabole?' Nicholaus: 'Certe, immo tu diabole, cum 25 domina mea formosa Biblide.' Ille audita Biblide ab equo amens excidit, passusque aliquamdiu extasim, ait, 'Exi, Nicholae, ut me clarius intuens resipiscas, et scias me dominum tuum et maritum Biblidis.' Tum Nicholaus cum maximo chachinno, 'Te per foramen meum satis uideo, et Ollo forsitan es; sed non 30

3 ascultat] *marg.* al. se absentat.   25 Nicholaus] *MS.* Nichil.

quiuis Ollo maritus Biblidis.'   Ollo : ' Immo ego sum ille Ollo |
qui eam te presente in sponsam a patre suo Mela suscepi et 58 *b*, col. 2.
a matre Bala.'   Nicholaus : ' Non uidi ebrium aut uesanum tante
memorie ; a quocunque sint edocta uel recordata, nomina bene
5 retines, Melam et Balam et Nicholaum ; numquid Christianam
ancillam nostram audisti ? '   Ollo : ' Non est opus auditu,
nutricius enim suus sum et vester et omnium vestrorum, et has
domos feci, et omnia que in eis sunt mea sunt.'   Nicholaus :
' Cristina, Cristina, heus, Cristina ! veni uidere hominem infeli-
10 cissime insanie, qui omnia scit, omnes nutriuit, omnia possidet ;
faceta uere vexatur amencia, que ipsum regem fecit.   Inspice,
nonne iste est qui propter homicidium nuper ad crucem ductus
in asilum euasit ? et postmodum se nostrum dicit nutricium !
quid tibi uidetur ? '   Cristina : ' Hoc tibi volebam dicere quia ille
15 est, et certe parcendum est ei quicquid agat, cui ex melancolie
regno et iure omnia licent.'   Ollo secum : ' Quam audax et
obstinata est seruorum superbia ; sumpta a Sceua precio me
diffitentur, et cum ille meis satur abscesserit deliciis, procidentes
ueniam orabunt, per ignoranciam se deliquisse dicentes.   Pereat
20 Ollo si non ostenderit eis pilosum dentem.'   Nicholaus : ' Rumina
tecum, excerebrate miser, et si non uis fustigari, abscede ocius.'
Cristina : ' Heus tu, qui te Ollonem dicis ! Tu nos deliros dicis, et
nos te amentem ; voca vicinos tuos, et cum tibi dixerint quod
nos, crede quod arrepticius es.'

25   Vocat ille vicinos et passas edocet iniurias.   Illi negantes se
uidisse uel audisse hominem derident eum, et se ortantur inuicem
ut ligent eum, et emendent ; et perseuerantem lapidibus cogunt
exire forum.   Similiter postmodum et a iudicibus repellitur, et
cum unum inueniat ubique vultum et uerba similia, se undique
30 respicit et sciscitatur a suis quis sit et unde, et quomodo res se
habeat, contra suam veniens omnino sentenciam, minus sibi | de 59 *a*, col. 1.
se quam aliis credens.   Illi autem cum aliis a Sceua corrupti ex

bursa eius loquuntur.   Ait igitur ex his unus cui nomen Baratus
'Domine, nos rei ueritatem scimus, sed tu nobis tam austerus es
et tam hispidum nobis dans supercilium, ut que vera scimus pre
timore tuo dissimulare oporteat.   Mansio tua et Biblis, quam hic
queris, est Rauenne ; si vobis non displicet, eamus ut illic inuenias 5
quod te credis hic uidisse.'   Papiam igitur exeunt, et nocte prima
itineris a suis derelictus, fere pre pudore vere factus est amens ;
perditas videt magnas facultates preter solas eas quibus incumbit ;
pastores suos adit, vacuatosque ouilibus mobilia quibus inicere
potest hamos abducit.   Sequitur eum auditis rumoribus et conse- 10
quitur Sceua, ipsum secum ligatum quasi furem copie sue retrahit.
Timet Ollo iudices, et pre pudore uenture derisionis omnem
abiurat Sceue calumpniam.   *Crede mihi res est ingeniosa dare.*

Ov. *Am.* i.
8. 62.

Explicit distinccio quarta Nugarum Curialium.

Incipit quinta. Prologus. i.

ANTIQUORUM industria nobis pre manibus est; gesta suis eciam preterita temporibus nostris reddunt presencia, et nos obmutesci- mus, unde in nobis eorum uiuit memoria, et nos nostri sumus 5 immemores. Miraculum illustre! mortui uiuunt, uiui pro eis sepeliuntur! Habent et nostra tempora forsitan aliquid Sophoclis non indignum coturno. Iacent tamen egregia modernorum nobilium, et attolluntur fimbrie vetustatis abiecte. Hoc nimirum inde est, quod reprehendere scimus, et scribere ignoramus; 10 carpere appetimus, et carpi meremur. Sic raritatem poetarum faciunt gemine lingue obtrectatorum. Sic torpescunt animi, depereunt ingenia; sic ingenua temporis huius | strenuitas enor- 59 *a*, col. 2. miter extinguitur, et lucerna non defectu materie sopitur, sed succumbunt artifices, et a nostris nulla est autoritas. Cesar en 15 Lucani, Eneas Maronis, multis uiuunt in laudibus, plurimum suis meritis et non minimum uigilancia poetarum. Nobis diuinam Karolorum et Pepinorum nobilitatem vulgaribus ritmis sola mimorum concelebrat ⟨nugacitas,⟩ presentes uero Cesares nemo loquitur; eorum tamen mores cum fortitudine, temperancia, et 20 omnium admiracione presto sunt ad calamum. Alexander Macedo Cic. *pro* subacti sibi mundi calumpniatus angustias, uiso tandem Achillis *Archia* 10; tumulo suspirans ait, 'Felicem te, iuuenis, qui tanto frueris cf. Iul. Va- lerius i. 46.

7 indignum] *MS.* indigens. 17 Pepinorum] *MS.* popinorum. 18 nugacitas] *not in the MS: supplied by* W. *without remark.*

precone meritorum'; Homerum intelligens.　Hic magnus Alexander mihi testis est, quod multi secundum scriptorum uiuunt
interpretacionem, quicunque meruerunt inter homines uiuere post
mortem.　Sed quid sibi voluerunt Alexandri suspiria? plangere
certe sua merita que magno indigebant poeta, ne ipsum supprema 5
dies totum extingueret.　Sed quis audeat quicquam quod hodie
fiat impaginare, aut uel nomina nostra scribere? Certe si Henricum, uel Gauterum, uel eciam tuum ipsius nomen aliquis nouus
karacter subnotatum prestiterit, uilipendis et rides, at non eorum
vicio, et utinam non tuo.　Quod si Hannibalem, uel Menestratem, 10
uel aliquod prisce suauitatis nomen inspexeris, errigis animum et
prementita auree etatis secula ingressurus gestis et exultas.
Cf. Lucan iv.
670, &c. Neronis tyrannidem et Iube auariciam, et quicquid uetustas
attulerit, cum omni veneracione amplecteris; Lodouici mansue-
tudinem et Henrici largitatem abicis.　Sed si discredis priscam 15
nostris inesse benignitatem, et ut fabulam refugis, audi priscam
de nostris malignitatem, ut Neronis et similium soles; nam nun-
59 *b*, col. 1. quam sic | contra se degenerabit inuidia, ut si neget modernos
esse antique nobilitatis, non concedat eos esse antique saltem
ignobilitatis.　Pictam hic nempe inuenies cum suis honestatem 20
fauoribus in modernis et cum suis turpitudinem odiosis flagiciis.
Hanc tibi vitandam proponimus pro veneficiis, illam eligendam
pro beneficiis; neutri subducas oculum, nisi vise penitus et agnite.
Legenda enim tibi est omnis pagina quam uideris et examinanda,
nec sit ulla neclecta nisi perlecta.　Usula piscis est Danubii qui 25
per tela hostium musice petit mela, nec vulneratus absistit, sed
vite prodigus et auarus organi sectatur anime sue mellitas illecebras usque ad mortem.　Hec est nobilis et studiosi viri trium-
phalis instancia, quem a studio non deterrent tussis aut tisis, aut
alie qualescunque inequalitates.　Angustiato corpori sollicitudine 30
martirium asciscit; nam consulte arbitratur gloriosius effundere

2 multi] *MS.* multum.　4 sibi] *MS.* tibi.　31 martirium] *so margin : text* mac*er*.

animam Deo luce sapiencie preciosam, quam sibi eam confouere desidia et ocio saginatam.   Sic esto usula.

De Appollonide rege.   ii.

Appollonides rex in partibus occidentis cum infinita preda
5 spoliatis repatriauit hostibus.   Ob iter sacerdoti post eum clamanti quod xx. de suis animalibus secum in preda duceret, accepto iuramento, ait, 'Tolle que tua sunt et redi cum pace.' Cumque sacerdos optima ex omni armento eligeret, plus utilitati studens quam veritati, licet non ignorans Appollonides quid
10 ageretur, ob reuerenciam sui siluit.   Et dum adhuc admirantur, ecce ⟨alter⟩ currit sacerdos et alia xx. simili modo et peciit, et periurus ut prior reduxit, rege non obiurgante licet offenso: cumque tercius adesset, pro duobus tantum animalibus se ad iurandum offerens, ait illi rex, 'Iura pro xx. ut | illi qui nunc 59 *b*, col. 2.
15 abscesserunt.'   At ille, 'Domine, non peierabo.'   Tunc rex fidem ipsius remunerare cupiens, addidit illi cum duobus suis centum alia, dicens, 'Dignior est iste meis animalibus qui voluit multis carere ne peieraret, quam illi suis qui voluerunt peierare ne carerent.'   Hoc ercle dictum et factum stilo dignum Homeri
20 censeo, et me tam eleganti materia indignum.
      Hic idem rex cum audisset regnum suum ab aduena rege inquietari, missis exploratoribus edidicit quod rex ille delicatissime viueret in cibis preciosis, et quod in toto exercitu suo preter vinum nichil biberent, cum sit in partibus illis vinum rarissimum.
25 Attendens igitur quod sibi et genti sue aqua sufficeret, ait, 'Inauditum est a seculo quod vinum aquam superaret.'   Et cum diutino conflictu vinum et aquam biberent, cessit aque uictoria. Nam aduene vino ibi deficiente ad vinum redierunt.

---

2 usula] *perh.* ulula *here in the MS.*   9 licet non] *MS.* sed.

Hunc regem uidi et noui et odi; nolo tamen ut odia mea uirtutem ipsius denigrent, nec mihi propositum est ullius umquam bonitatem inuidia supprimere.   Idem inimicis obsessis et periculo famis sub hastam ire coactis, largitus est victualia, ut ipsius viri- bus et non annone defectu vincerentur, auxitque nomen victorie 5 sue licet distulerit.   Idem vicanis suis mansuetus et mitis exteras debellabat gentes, instar accipitris qui nullas unquam infestat aues nido suo proximas, sed earum hostes pacificis arcet unguibus, et remotissimas in predam adducit.

De origine Go⟨d⟩wini comitis, et eius moribus. iii.   10

Anno ab incarnacione Domini m.l.iiii^{to} capta est Sarracenis Ierusalem, et annis quadraginta quinque detenta; annis xij. ante † redactam in seruitutem Sarracenorum Ierusalem Normannis est Anglia data.

60 *a*, col. 1.   *Actis | milleno centeno septuageno,*   15
                  Septimus a deno dat Ierusalem Saladeno. (1187)

                  Anno milleno sexagesimo quoque seno,
                  Anglorum mete crinem sensere comete. (1066)

                  Anno milleno centeno quo minus uno, (1099)
                  Ierusalem Franci capiunt virtute potenti.   20

Annis triginta tribus ante captam Ierusalem a Sarracenis † captiuata est Anglia, et per iram Altissimi data est Normannis. Annis circiter tribus ante hanc subuersionem Ierusalem, que in multa pace consenuerat Constantinopolis ab Andronio, cuius nequicia Neronis impar non fuit, si non maior, multis et innu- 25 meris obtenta est et habita dolis.   Sic subuersionibus Ierusalem

13 ante] *really* post.   21 Sarracenis] *really* Francis.   23 hanc] i. e. that of 1187.

prophetisse fuerunt et prenuncie due predicte. Sed ut earum raciones in posterum non deficiant, notande sunt, et paulo digrediendum.

Edgarus Anglorum rex, stemate, moribus, et regno prenobilis, 5 de sponsa similem sibi bene patrissantem suscepit Eduuardum, cuius matre defuncta de secunda sibi legittima suscepit Edelredum, cuius mater Eduuardo regnum inuidens ipsi venenum propinauit, quo non proficiente conductis ipsum militibus interemit apud Sceftesbiriam. Successit igitur Edgaro rex Edelredus, quem 10 Anglici consilium vocauerunt, quia nullius erat negocii.   Hic de sorore comitis Normannie siue ducis duos habuit filios, Eluredum et Eduuardum.   Huius ignobilis Edelredi tempore, propter ipsius inepciam et inerciam, reges insularum finitimarum tum predas ab Anglia tum ab ipso Edelredo xenia 15 pacifica referebant.

Surrexit autem ea tempestate vir quidam hoc modo. Aberrauerat a sociis venatu Edelredus. Hiems erat, et deuenit noctu solus errabundus ad domum cuiusdam custodis uaccarum suarum, petens et concessum suscipiens hospicium. Prosilit ergo 20 impiger filius custodis puer nomine Godwinus, pulcrior et melior quam ipsi daret | linea priorum. Ocreas abstrahit, emundat, 60 *a*, col. 2. et reponit; equm abluit, extractum ambit, strigili tergit, et stramenta supponit et pabula ministrat; omnia composite, celeriter, et munde disponit. Hic quasi dilectus patris et an- 25 guste preceptor domus pinguissimum apponit igni anserem: sororem adhibet custodie. Pater suus unam iubet parari gallinam; ille statim tres igni apponit. Pater unum salsi porci frustum oleribus apponi⟨t⟩; ille tria properanter adicit, et preter matris et patris adibet conscienciam nefrendem, id est adolescentem et 30 uirginem suem. Ignem nutrit, candelas accendit, fabulatur contra tedium; regi mimus est, matri adulator, patri hortator; defectus

5 similem] *MS.* similiem : *qu.* simili similem ? | 9 *MS.* Scefresbiriam.

omnes prouide súplet ; non iacet, non sedet, non accubitat, non
stat; totus in motu est ; laborem non pensat, non utilitati sue
studet, non intendit promocioni proprie, totus inhiat regi, totum
se regi exhibet.   Cumque regem nesciat, cum tanta plenitudine
regiam impendit reuerenciam, se despicit et aspicitur, se necligit 5
et eligitur, se non intelligit et intelligitur, non cupit aut sperat,
non auare seruit, non in hamo, ut quid referat ; totum se libera-
literimpendit ; et aperto corde decurrit non ut emolat aut lucretur,
et in emolumentum et lucrum incautus illabitur.   Capitur in eius
opera rex, et adoptat in proprium, ut presidem eum magnis faciat 10
op⟨er⟩ibus.   Hic mos est, ut quo quis hamum sollicitudinis auida
mittit uersucia non aduncet, et instancie simplici de celo pluat
ex insperato gracia.   Rex enim, licet in aliis ebes, omnia
notat, ebibit, et acceptat, et, licet ipse piger, agilem in illo curam
promtumque probat famulatum ; ut multi laudant quod imitari 15
non properant.

   Tulit ergo ipsum rex in talamum suum, et processu temporis
sublimauit super omnes principes regni, et cum cingulo milicie
comitatum ei Gloucestrie contulit.   Ipse vero pererrabat omnes |

60 b, col. 1. Anglie portus, tum terra tum mari, piratas omnes destruens, et 20
facta est Anglia per eius operam timor omnium circumiacencium
terrarum, que fuerat earum direpcio et preda.   Quieuit igitur et
respirauit, et ipse comes pacis et quietis inpaciens, toto pectore
feruens amore belli, in transmarinis tantis tamque longinquis
exercitatus est preliis, ut tam Sarracenis quam Christianis esset 25
nomen eius notissimum, et incomparabilis ubique fama.   Repletum
est igitur in reditu suo leticia regnum.   Quicquid enim affabilitatis, facecie, largitatis, a quouis nobili uel eciam regis filio solet aut
iuste potest expeti, totum omnibus hilaritate plena bubulci filius
exhibet.   Quod quidem eo videtur mirabilius, quo contigit 30
insperacius.   Quis enim rusticum rusticitatis expertem crederet,
et tanto uirtutum odore precluem ?   Non dico virum bonum,

11 *qu.* sollicitius *or* auidiori ?

sed probum et improbum.   Generositatis est filia bonitas, cuius
habere summam degeneres dat sapiencia ; probitas autem tam
est boni quam mali.   Bonitas non nisi bonum, probitas utrumque
facit.   Hunc autem non dico bonum, quia degenerem scio, sed
5 probum, quia strenuus in agendis, audax in periculis, in casus
inuolans, executor inuictus, dubiorum elector uelox, et iuris et
iniurie fortis euictor.   His igitur morum eminenciis comes ille
bonus et comis in apparencia, que fide natiuitatis habebat probra
tegebat, et valida premebat violencia innatam malicie miliciam ;
10 nec sine forti congressu conspeccior est ceteris, cui cum natura
conflictus est.   Emersit tamen, et se, licet vix a uirtutum manibus
erepta, cupiditas erexit, et in subsidium largitatis irrepsit auiditas ;
affectabat enim *quocunque modo rem* lucri facere, quatinus modis
habundaret omnibus dare, nec puduit rapere quod posset erogare,
15 cum non debeat largitas facultatis excedere modum, nec sit
dare laus quod adquisiuit fraus.   Hic cum | esset incomparabiliter 60 *b*, col. 2.
summus omnium, et possit ab ignauo diuiteque domino quid-
uis facile vir probus et inprobus optinere, a domino suo rege
comitatum optinuit et dimidium, et per loca tum ab ipso tum ab
20 aliis singula queque placita.

Berckelai prope Sabrinam, uilla quingentarum librarum,
monialium erat ibi manencium, et his abbatissa nobilis et
formosa.   Vir autem predictus omnibus inspectis in dolo subtili
satis, non ipsam sed sua cupiens, in transitu ei reliquit nepotem
25 suum, iuuenem elegantissime forme, tanquam infirmum donec
reuerteretur, instruxitque iacentem ne penitus conualesceret
donec uisitantes ipsum et abbatissam et quascunque posset moniales fecisset de honestis onustas ; et ut plenam valeret ab eis
assequi puer uisitacionis graciam anulos et zonulas nebridesque
30 gemmis sidereas ei dedit, ipsis in fraude largienda.   Is igitur
voluptatis iter ultroneum libenter aggressus, quia *facilis descensus* Virg. *Aen* vi.
Auerni, facile docetur, et in id quod sibi sapit sapienter desipit. 126.

Mt. 25. 2. Penes ipsum resident omnia *fatuis* optanda *uirginibus*, pulcritudo,
deliciarum diuicie, affabilitas; et sollicitus est singulam locum
habere zabulus. Palladem igitur expulit, Venerem intulit,
fecitque Saluatoris et sanctorum ecclesiam sacram execrabile
pantheon, et delubrum lupanar, et sic agnas euertit in lupas. 5
Tumentibus igitur abbatisse multarumque uteribus, iam relan-
guens et uictus voluptatis euictor euolat, et domino suo victrices
aquilas mercede dignas iniquitatis ilico refert. Ille regem
impiger adit, abbatissam et suas publicas pregnantes et prosti-
tutas omnibus edocet, et exploratoribus missis et inde receptis 10
omnia probat; Berkelaiam ipsis petit eiectis, et accepit a domino
suo, sed melius a fatuo suo.

61 a, col. 1. Boseham sub | Cicestria uidit, et affectauit, et multo stipatus
agmine magnatum subridens et ludens, Cantuariensi archiepiscopo cuius tunc erat vicus ait, 'Domine, das mihi Boseam?' 15
Archiepiscopus autem admirans quasi sub questione repeciit,
'Ego do tibi Boseam?' At ille continuo cum illa manu militum
ad eius procidit ut procurauerat pedes, et deosculans eos cum
multa graciarum accione recessit ad Boseham, et uiolenta domina-
cione retinuit, et cum testimonio suorum donatorem laudauit 20
archiepiscopum coram rege, posseditque pacifice. Ex his uobis
animus eius innoteat, in adquirendo pestilens, ut in dando
profusus fieret. Venator erat omnium ex omnibus lucrorum
hominibus, ut omnibus sufficeret in distribucionibus; timor
omnium et spes, luctus et leticia. 25

De Cnutone rege Dacorum. iv.

Erat illa tempestate regum omnium ditissimus et strenuis-
simus Dacorum rex Chnutus. Hic ab optimatibus Anglie
vocatus, et frequentibus epistolis illectus, non inuitis sed inui-

2 singulam] *apparently so in the MS.: qu.* per singula *or* singulas?

tantibus Anglicis et cum gaudio suscipientibus, cum exercitu
nimio Danesiam illapsus est, que nunc usque dicitur a Dacis ut
aiunt Danesia.   Hoc autem contumeliosa fecit oppressio.   Mos
enim regum est, ut quanto quisque timidior tanto crudelior.
5 Talis et tam immanis Edelredus, quia timidissimus erat et omnes
timebat, insidiabatur omnibus et non simul omnes sed singillatim
optimos comprimebat, et libertatem in seruitutem et e conuerso
redigebat ; colla nobilium seruis calcanda prebebat, iuris euersor,
assertor iniurie, seuicie sator, fomes inclemencie, nec ultor iniurie,
10 nec benefacti retributor.   Non amabat quem non posset ira uel
seruitutis uel prodicionis uel alicuius arguere criminis.   Com-
pletum in ipso est quod dicitur, *Rex iniqus omnes ministros
iniquos habet.*   Qui benignus, qui mitis aut | misericors dicebatur, 61 *a*, col. 2.
non direxit in conspectu eius.   *Superbus* serui *oculus et insaciabile* Ps. 100. 7,
15 cor in ipsius beneplacito *ministrabat.*   In querelis et fletu ^{&c.}
nobilium leticia sua.   Generosas maritabat rusticis puellas, et
altissimi filios cruoris in seruorum filias degenerare coegit.
Similia suo corda satellitum amabat, et in omnes armabat
crudelitatum astucias.   Quot sub ipso tiranni, tot reges ; verus
20 in minis, falsus in promissis, et omnis ubique malleus equitatis.
Hunc in principio regni sui pertulerunt nobiles, ne suo viderentur
derogare stemati, quem postmodum quos fecit ipse vi a nobilitate
degeneres alienigene vendiderunt populo.   Erat iste cum seruis
quos elegerat, quorum nutu seuiebat in liberos, in thalamo
25 Westmonasterii, cum rumor aduentus Chnuti personuit, et cum
in cimba fugisset, apud opidum Londonie seruorum in medio
timore decessit, et ab ipsis derelictus, impetu fluminis delatus
est *Numa quo deuenit et Ancus.*   Hor. *Ep.* i.
    Cum naturaliter oderit anima mea seruos, hoc mihi placet in ^{6. 27.}
30 eis, quod circa finem et oportunitates edocent quantum amandi
sint.   Prouerbium Anglicum de seruis est, *Haue hund to godsib,*

aut stent in pir oder hond, quod est, Canem suscipe compatrem, et altera manu baculum.

Subitus igitur et inprouisus aduenit Chnutus, et statim ab inuitatoribus suis Lundoniensibus susceptus, omnes finitimas inuasit prouincias, et sibi ad securitatem Emmam sororem ducis 5 Normannorum, nouam ab Edelredo uiduam. . . . Filios autem eorum Aluredum et Eduuardum nulla questione reperire potuit. Rapuerat enim eos ut preparauit Altissimus a tumultu et turbine miles quidam, et clam in cimba positos in pontum inpulit, et regiis ornatos insigniis cum breui cognicionis et cognacionis | 10 eorum disposicioni diuine supposuit. Illi autem in die secundo a mercatoribus Pannonie uagientes inuenti sunt, et ab Hungarorum rege redempti, et ad auunculum suum ducem remissi.

At in hac quid fecit Godwinus tempestate ? Multa et ualida manu militum collecta Edmundum Edelredi filium aduocauit, et 15 properanti contra eos occurrunt Chnuto apud Durherst in ualle Gloucestrie super Sabrinam. Erant hinc inde dispositi ad bellum cunei ⟨et⟩ phalanges exercituum, maior Chnuti qui dimidium Anglie cum Dacis adduxerat. Timebant autem Daci bonos et iratos aduersarios, et causam iniustam cui sola patroci- 20 nabatur auiditas ; Chnutum ad racionem ponunt, ut non tocius exercitus sed unius hominis attemptetur obitus, fiatque pro bello duellum, et victor pugil domino suo regnum optineat, ceteris in pace dimissis. Placuit utrique parti sermo, bonumque uisum est Edmundo seipsum opponere periculo, nec pro se passus ⟨est⟩ 25 admitti pugilem. Quo Chnutus audito, censuit in propria dimicandum persona, quatinus informis absit inparitas, par enim congressio regum et bene consona. Factis igitur cum debita solempnitate que ad rem pertinent, datis induciis, custodibus armatis, duabus cimbis e diuerso collati conueniunt in insula 30

6 *The equivalent of* married *is wanting in the MS.*   9 pontum] *MS.* portum.

61 *b*, col. 1.

Sabrine, precipuis et preciosis armis et equis quantum honos et
proteccio volunt redimiti. Iacturis et successibus eorum post congressus ingressum immorari non possumus (quibus ad alia transitus est), cum utriusque diu silencio partis diuerse satis et aduerse
5 uicissitudinis, que tristes alterutrum timores et letas agitabant
spes, et | immotus inhiabat exercitus. Unde tamen et memorabile 61 *b*, col. 2.
verbum, quod ut pedites equis facti sunt trucidatis, Chnutus
procerus et macer et altus, Edmundum grandem et planum, i.e.
mediocriter pinguem, tam probo tam improbo fatigauit assultu,
10 quod, in ad pausandum recessu, magno staret Edmundus hanelitu
crebroque reductu spiritus, et audiente corona dixit, ' Edmunde,
stricte nimis anhelas.' Ille rubore suffusus uerecunde tacuit, et
assultu proximo tanto descendit in galeam eius ictu, quod genibus
et manu terram peteret, et resiliens prostratum non oppressit nec
15 inpediuit afflictum, sed in ulcionem uerbi uerbum retulit, et ait,
' Non nimis arte, qui regem tantum pedibus suis inclinat.'
Videntes igitur Daci quod in tam ardui finis conflictu detulisset
Edmundus domino, et quod in tam prompta victoria vincere
distulisset, in fedus eos huiusmodi multis coegerunt precibus et
20 lacrimis, quatinus equaliter inter eos diuisum possiderent tota
uita sua regnum, et post mortem alterius succederet superstes
in solidum ; factique sunt ibi fratres et amici, fideque firmissima
conglutinati, sic ut nec irarum sator zabulus, nec complices
eius, acusatorum et adulancium odiose *li⟨n⟩guarum nouacule*, cf. Ps. 51. 2.
25 initum possent fedus aut amiciciam soluere.

Contigit autem Edmundum decedere priorem hoc modo.
Mos aliquorum regum est ut seruis thalami vel lecti secreta sui
tribuant, et eis libera suorum capita submittere non formident ;
et hic incidit, quod Robertus Henrici primi filius, comes Glou-
30 cestrie, uir magne prudencie multarumque literarum, cum tamen

4 sqq. W *places a full stop after* transitus est *and a comma after* exercitus. *In
this case it becomes necessary to insert a verb* (*e. g.* certatum est) *after* spes.

esset ut fieri solet petulans, cum eiusdem vicii uiro Stephano de
Beauchamp omnibus bonis militibus quasi despectis frequentabat
62 *a*, col. 1. alloquia.   Hic in artissimo discriminis articulo, iam | animante
tuba, firmatis utrimque galeis, hastis ad submittendum erectis,
clipeis pectoribus obductis, strictis equorum frenis, a bonis auxi- 5
lium et consilium cum multa festinacione petebat, Stephano
tanquam inutili retroacto.   Cui quidam ex bonis 'Voca
Stephanum.'   Comes erubuit improperium aduertens, et ait
omnibus quos aduocauerat consilio, 'Miseremini mei, nec sitis
ad ignoscendum difficiles confitenti; homo multe libidinis ego, 10
cum me vocat domina mea Venus, voco seruum eius Stephanum
ministrum ad huiusmodi promptissimum; cum uero Mars,
alumpnos eius vos consulo, quod autem ei mea fere semper
auris adheret, os loquitur, et verum vobis hinc est, quod Veneri
uoluntarius seruio, Marti milito coactus.'   Riserunt omnes, et 15
data venia prestitere presidium.

   Hinc ut opinor est quod quidam reges abactis liberis commit-
tant secreta seruis, quia seruire uolunt uiciis, et virtutum fugiunt
libertatem; et, ut uulgo dicitur, similis similem querit.   Quesiuit
Edmundus similem suis in voluptate moribus, immo viciis, et 20
prefecit curie sue liberis hominem seruilis et abiecte condicionis,
qui cum ab ipso multas et insperatas et ignobilitatis impares
esset assecutus opulencias, una tandem placuit regie corone
villula Ministrewrda, super Sabrinam, tribus a Gloucestria
milibus.   Hanc peciit, et in responso regio etsi non ablacionem, 25
dilacionem audiuit.   Rapidas igitur inde rabidasque colligit iras,
et quem domini fauor iniustus fatue non superbire sed insanire
Ps. 35. 5. coegerat, *meditatus est iniquitatem in cubili suo*, quam concipere
non posset infinitis iniuriis lesa libertas.   Clausa sunt muris
eneis corda nobilium, quos inuidia, non ambicio, non iniquitatis 30
corumpit acetum, unde raro beneficiis ingrati uidentur, quamuis

   9 sitis] *MS.* scitis.   14 verum] *marg. al.* viro.

malefici⟨i⟩s inueniant pacienciam. Animarum vero servilium aut
nulle sunt sepes aut dirute ; furtis, rapinis, ceterisque peruie
sunt iniusticie filiabus. Decus et dedecus librare contempnunt,
illo | pessimo contenti versiculo,   62 *a*, col. 2.

5   *Iupiter esse pium statuit quodcumque iuuaret.*

Hoc est zabuli sic euangelium, ab Evan, v consonante, quod
est furor, interpretatum, (unde Bachus Euan dicitur) non Euuan-
gelium Domini Ihesu, posito bis v vocali, ab eu, quod est bonum,
quod abstinenciam docet a malis et in bonis instanciam.

10 Seruus hic ultronea versans odia, tandem in una quieuit
sentencia, peracta regum recordacione, metitus pessima, scilicet
ut superstes mortui fiat heres, suaque fecit superstitem opera
Chnutum, ipsum sui iudicans animi, sibique similem, quatinus ut
ipse totis honoribus totoque Deo postposito totum cupiat uniri
15 sibi regnum, et in mercedem iniquitatis accipiat, absque difficultate uel mora, quod ei dominus dare distulerat.

Fuit autem hic modus.   Chnutus Lundoniam et illas trans
Hichenild partes habebat, Edmundus alias ; unde forte cupitam
illam Ministrewrdam uenit, cuius ego, Deo gratias! hodie
20 capellam iure matris ecclesie de Westburia possideo.   Tum
vero visa illa ⟨cum⟩ facultatibus et deliciis pertinentibus, exarsit
in rabiem seruus, supposuitque zabuli minister in assellacionis
foramine domino suo veru ferreum acutum et grande ; precedens
eciam in aduentu suo cum luce multa candelarum, alias eas uertit
25 ut incautus irrueret. Irruit ergo, letalique vulnere confossus, inde
se deferri fecit, et in Ros, vico regio, decessit, quem et ecclesie
concessit Herefordensi, quem et adhuc possidet.   Properat et
Chnuto seruus astat, et ait, ' Salue, rex integer, qui semirex heri
fuisti ; et utinam auctorem tue remuneres integritatis, cuius manu
30 sublatus est tuus hostis, et unicus euulsus e terra.'   Tunc rex,

2 nulle] *MS.* nulha.   11 metitus] *qu.* meditatus?

licet tristissimus, placido vultu retulit: 'Deus bone! quis mihi
tam amicus extitit, ut faciam eum precelsum *pre consortibus
suis?*' Seruus ait, 'Ego.' Tunc rex eum sublimem rapi
fecit, et in altissima quercu suspendi, debito meritoque fine
seruorum. | 5

Chnutus ergo libere monarcha per tempora plura mansit,
operueruntque Daci totas ubique prouincias, et preualentes
Anglicis eos ad pessimas cogebant seruitutes, eciam abutentes
uxoribus earum et filiabus et neptis. Quod Godwinus Cnuhto
cum multis afferens lacrimis, ad nullam exauditus est populi sui 10
liberacionem, et factus est pietate suorum impius et immitis regis
Dacorum hostis, restititque regie potestati uiriliter, (et in plurimis
eum ipsi dicunt preualuisse congressibus,) pacem semper Anglicis
et libertatem exorans. Cum autem Chnutus ipsum prelio vidit
insuperabilem, preces admisit, ut id dolo tempore pacis efficeret, 15
quod vi uel arte belli non potuit, factique sunt amici superficie-
tenus, et libertas Anglie restituta. Sepe similiter inita federa
sicut et hoc rupere Daci, solito seuius in pristinas lapsi licencias.
Multo tamen durauit hec pax tempore quo Chnutus in insidiis
erat Godwino. Frequentibus xeniolis et amicicie simultatibus 20
euicit ab ipso tam credi quam amari. Quod ut regi plenius
innotuit, vocauit eum; post multa suspiria crebrosque gemitus
ait: 'De vestra secure presumo venia, quoniam et ego vobis
omnia remisi que discordie vices meruisse uidentur; dico "uidentur" et non dico "meruerunt", quia cum ego fuerim vestratum 25
persecutor iniustus, vestra semper fuit et laudabilis et iusta
defensio. Si quid autem vos adhuc scrupuli uel nubis ex merito
meo contristat, mea vobis inde placeat quam elegerit censura
vestra placacio.' Comes igitur hiis uerbis quamuis dolosis
delinitus, et aliquantulum animo pacificatus, omnia per prius 30
perperam attemptata remittit. At Chnutus, ut ipsum caucius
irreciat, ita subintulit: 'O domine comes, letificastis animam

Ps. 44. 8.

62 *b*, col. 1.

meam, ut tute vobis utrius⟨que⟩ regni summa committere precepta
placeat. Primo Daciam volo visitetis, ibi | disposituri prout uide- 62 *b*, col. 2.
ritis et correcturi.   Unica soror mea pulcherrima uirginum et
fidelissima cum ibi loco meo presit, breue meum de manu uestra
5 suscipiet, ut omnes ad vos conuocet optimates ; aliud illis porri-
getis, ut vobis in omni timore sicut et mihi subiecti sint.' Annuit
comes, et acceptis breuibus et licencia venit impiger ad portum Cf. *Vita Ha-*
unde transfretandum erat.   Consilio Brandi capellani sui, quem *roldi* ed.
                                                                   Birch, cap. i,
optimum sciebat in subtilibus artificem, utrumque sigillum, fic- pp. 14, 15.
10 cionem regis aut fidem ut probaret, aperuit, non inmerito metuens
Danos et dona ferentes.   In primo reperit ut coram ipso Daci Virg. *Aen.*
conuenirent ; in secundo, 'Sciant amici mei Daci, merito mihi ii. 49.
virorum omnium amantissimi, quia fidelissimi, quod comes G⟨od-
winus⟩, ad quem per literas meas vocati venistis, extorsit a me
15 tam dolose quam violenter Dacie regimen per triennium, prouidum se mihi fidelemque ministrum fore spondens ad augmenta
reddituum et omnium prosperitatem rerum et vestram defensionem, ut non fuerit Ioseph Egipto melior.   Sic se lupus
pastori fatuo canem exhibuit, ut exteros timores abigens crede-
20 retur, prede liberius solus incumberet.   Gentis Anglorum cupit
ulcisci dedecus, et in sanguine vestro gloriari.   Sensi dolum
et assensi precibus, ydiotam me simulans, ut manu vestra mortis
artifex sua morte pereat, et a sapiencia se senciat superari calli-
ditas.   Non enim sum ipso superstite rex unicus Anglorum
25 et Dacie.'   Godwinus hoc breue mutari iubet, et contra vota
suorum qui suadebant reditum pre timore, magnanimiter agens,
sic regale vertit imperium : 'Chnutus Anglorum et Dacie rex
unicis sue prosperitatis amatoribus Dacis, quod omni tempore
pacis et belli fideliter et strenue meruerunt.   Scire vos decet
30 quod sanus et incolumis tocius Anglie monarcha regno, quod |
quidem Deo gratum spero, qui me dirigit ut Jacob quem amauit. 63 *a*, col. 1.

11 Danos] *text* donaos *marg.* danos.

Ipsi grates ago, vestrisque precibus; latori vero presentium, Eboracensium comiti, dominoque Lincolnie, Notingeam, Lucestrie, Cestrie, Huntendune, Norhamtune, Gloucestrie, queque nobis diu restitit Herefordie, magis obnoxii sumus ex debito quam alii viuenti, cuius mihi manus pacem adegit, virtus et 5 sapiencia tranquillum facit regnum. Huic tanquam fidelissimo meo curam et disposicionem tocius Dacie commisi, sororemque meam uxorem dedi, cuius volo subditi sitis imperio sine controuersia. Valete.'

[*Either the story was left unfinished by Map, or a leaf was wanting in the archetype of our MS.*]

De primo Henrico rege Anglorum et Lodowico rege Fran- 10
corum. v.

Henricus rex Anglie, pater matris eius Henrici qui nunc regnat, vir prouidus et pacis amator, regem Francie Lodouicum Grossum cum exercitu suo superbissimo confecit in bello iuxta Gisorcium, et dedit in fugam, victorque reuersus Angliam pacifi- 15 cauit, a patre suo Willelmo Bastardo conquisitam, et nec per ipsum Willelmum nec per filium et successorem eius Willelmum Ruffum compositam ad pacem, quia ueteres incole suum nullatenus equanimiter tollerantes exilium, infestabant aduenas, fueratque per uniuersum seuissima regnum sedicio. Sed hic 20 Henricus de quo nobis sermo, coniugiis hinc inde factis inter eos, aliisque quibuscumque potuit modis, ad firmam populos utrosque federauit concordiam, diuque feliciter Angliam, Walliam, Normanniam, et Britanniam rexit, ad honorem Dei subiectorumque diuicias multas et iugem leticiam. Is eciam 25 monasterium Cluniaci perfecit a fundamentis, que rex Hispanorum Adelfundus suis iniecerat expensis et vix ad terre duxerat

2 comiti] *MS.* comite.   3 queque] *MS.* quique.

superficiem, et a proposito per auariciam recesserat, quod quidem
cum | maximum esset et pulcherrimum, in modico tempore post 63 *a*, col. 2.
summam manum appositam totum corruit.　Hoc autem cum
ei timidi nunciassent Cluniacenses, et causarentur artifices,
5 excusauit eos rex, id actum manu Domini dicens, ne suum opus
alieno regis per auariciam victi fundamento niteretur, missisque
primis artificibus eici fecit a terra quicquid Adelfundus iniecerat,
mireque magnitudinis opus perextruxit, deditque centum annuas
libras ste.lingorum monachis perpetuo possidendas ad conser-
10 uandam operis indempnitatem.

　Idem cum esset inter auarum et prodigum ita medius, ut non
posset esse prodigo sine vicio vicinior, omni semper affluencia
felix extitit, tociusque regni sui prospero statu personarum et
rerum pollebat.　Scriptas habebat domus et familie sue consue-
15 tudines, quas ipse statuerat ; domus, ut semper esset omnibus
habunda copiis, et certissimas haberet vices a longe prouisas et
communiter auditas, ubicunque manendi uel mouendi, et ad eam
uenientes singuli quos barones vocant terre primates, statutas
ex liberalitate regis liberaciones haberent ; familie, ne quis
20 egeret, sed perciperet quisquis certa donaria.　Diciturque sua
fuisse quantum sinebat mundus sine cura curia, sine tumultu
uel confusione regia, quod rarum est.　Et si patribus credere
licet, sua possumus Saturnia dicere secula sub Ioue nostra.
Concurrebant ut aiunt undique non solum nostrates ad curiam,
25 ut leuarentur a cura, verum etiam alieni veniebant et merca-
torum et mercium multitudinem inueniebant.　Erant enim
quasi nundine cum rege quocumque castra moueret, pro certitu-
dine viarum suarum et aclamate perhendinacionis.　Maturi uel
etate uel sapiencia semper ante prandium in curia cum rege,
30 voceque preconia citabantur ad eos qui pro negocio suo deside-
rabant | audiri ; post meridiem et sompnum admittebantur qui- 63 *b*, col. 1.

　　25 cura] *MS.* curia.　　　　veniebant] *MS.* venie veniebant.

cunque ludicra sectabantur ; eratque scola virtutum et sapiencie curia regis illius ante meridiem, post, comitatis et reuerende leticie.

Quis autem celare possit illius tam iocundi tam benigni, non tam imperatoris uel regis quam patris Anglie, modicas facecias, 5 cum nequeamus exequi magnas ? More suo sumebat cubicularius eius Paganus filius Johannis singulis noctibus singula ⟨s⟩extercia vini, scilicet in subsidium regie sitis, et semel aut bis aut nunquam petebatur in anno. Inde Paganus et pueri securi totum sepius ebibebant in noctis inicio. Contigit ut rex in con- 10 ticinio vinum peteret ; et non erat. Surgit Paganus, puerisque citatis, nichil inuenit. Deprendit eos rex venantes vinum et non inuenientes. Aduocat ergo Paganum trementem et timidum, et ait, 'Quid hoc ? nonne semper vinum habetis uobiscum ? ' Ille pauide respondit, 'Immo, domine, singulis noctibus singula sex- 15 tercia sumimus, et desuetudine vestre sitis et peticionis illa frequenter aut sero bibimus aut post dormicionem, et veniam a vestra petimus misericordia vera professi.' Tum rex, 'Non nisi sextercium unum sumebas ad noctem ? ' Paganus, 'Non.' 'Modicum illud erat nobis duobus; amodo singulis noctibus duo 20 sumas a pincernis ; primum tibi, mihi secundum.' Sic Pagani iustum timorem absoluit et regis mitigauit iram vera confessio, fuitque tam regie facecie quam largitatis loco rixarum et ire leticiam ei lucrumque refundere. Meliori stilo plurimoque sermone dignus esset rex iste ; sed de modernis est, nec ei fecit 25 auctoritatem antiquitas.

Rex autem Francie, predictus Lodouicus Grossus, uir maximus erat corpore, nec minor operibus et mente. Lodouicus filius Karoli magni iacturam omnium optimatum Francie fere tociusque milicie Francorum apud Euore per stultam superbiam 30 63 *b*, col. 2. Radulfi Cambrensis nepotis | sui pertulit ; satis egre rexit ab

8 ⟨s⟩extercia] *marg.* al. sexterna.

illa die regnum Francorum ad aduentum usque Gurmundi cum
Ysembardo, contra quos cum residuis Francorum bellum in
Pontiuo commisit, victorque reuersus est cum paucissimo comitatu, cesis hostibus suis pro parte maiori, recedensque decessit
5 in breui, tam lesione quam labore predicti prelii cum lamentis
et luctu tocius Francie communiter. Ab illius Lodouici decessu
non recessit a Francia *gladius*, donec misertus Dominus hunc 2 Reg. 12.
misit Lodouicum. Hic autem cum esset iunior, portas egredi 10.
Parisius ad miliare tercium non potuit sine principum proxi-
10 morum licencia uel conductu, sed nec suum eorum quispiam
aut tenebat aut timebat imperium. Colligit igitur inde tanta
magnanimitas iram, nec est passa se terminis arceri breuibus.
Excitauit eum *tanquam dormientem Dominus*, deditque belli Ps. 77. 65.
sentenciam et victorie frequentem graciam, et compleuit labo-
15 res illius ad summam unitatem et pacem tocius Francie.

Successit ei Lodowicus filius eius, Christianissimus et man-
suetissimus hominum, pacemque patris armis euictam omnibus
vite sue diebus per graciam Christi tenuit, indubitanter in
Domino confidens, qui nusquam *derelinquit sperantem in se.* Ps. 33. 23.
20 Que vidi uel scio loquor. Cum esset homo tante benignitatis
et tam simplicis mansuetudinis, et affabilem se cuique preberet
pauperi, tam suis quam alienis, ut posset ydiota videri, districtis-
simus erat iudex et iusticie sepe flens executor, superbo rigidus
et miti non impar.

25 Contigit, ut a multis et magnis audiuimus viris, quiddam
mirabile dictu, quod et incredibile non immerito uideatur. Vir
in Galliarum terminos marchio magnus, sed crudelitate nimius,
tam vicinos quam aduenas cotidie seuissimis infestabat iniuriis;
rapiebat ad carcerem pere|grinos, quos aut tormentis affligebat ad 64 *a*, col. 1.
30 mortem aut spoliatos dimittebat semimortuos. Hic cum non
esset Cateline dolis inferior, aut nequicia Neronis impar, uxorem
habebat, genere, forma, moribus vicinis et remotis eminencio-

rem; cumque viri pessimi tirannidem abhorreret, Christi caritatem
terroribus eius ita preposuit, ut non timeret quandocumque
facultas dabatur soluere ligatos, educere captiuos, omnes emittere liberos, et quibuscumque potuit muneribus honustos, nec erat
leta nisi letos emitteret.   Ad omnem domini sui seuiciam flebat, 5
et tanto compaciebatur per Christi caritatem dolore miseris, ut
quicquid aliquo modo uel de rapina tiranni uel de iustis tenen-
cium dabatur copiis, totum spoliatis et aliis egenis impendebat.
Unde factum est ut quocunque viri deferebantur crudelitas et
infamia, comitabantur uxoris pietas et fama, tantoque clarius 10
enitebant, quanto sua magis in viri tenebris elucebat claritas.
Tirannus hic, cum nec uxoris bone consilio nec castigacionibus
adquiesceret Lodouici piissimi, comprehensus est ab ipso, confessusque iudicatus et ductus ad patibulum.   Et ecce bona
virago de qua superius, uxor eius, licet grauida, licet iuxta 15
partum, omni spreto periculo tam iam fere parientis uteri quam
parati partus, pedibus pii iudicis aduoluitur, lacrimosis exorat
misericordiam ululatibus, et pro fame sue reuerencia perorat, et,
quem non castra mouerent, non flecteret aurum iudicem, frangunt
lacrimosa suspiria, tantoque conspeccior emicuit oratrix quod 20
iam libera, iam a pestilenti tiranno soluta, pro fide tori vinciri
voluit iterum.   Cumque solucione sua fieret et solitudine felix,
non iacturam libertatis, non tedia seruitutis, non pene pensat

3 Reg. 12.
11.
64 *a*, col. 2.

immanitatem, nec pristinis *cedi scorpionibus*, nec in flagella
relabi veretur|, tota totam fidei seueritatem sollicite secuta. 25
Reducitur ergo nequam a supplicio vinctus ad palacium, et
ne prorsus inconfusa uel irreprehensa videatur malicia, uel inte-
gre glorietur illesa, iubet auriculam eius dexteram resecari
rex.   Hoc autem videtur notabile prodigium, quod infra diem
quartum post natus est ex illa liberatrice sua tiranno filius dex- 30
tera carens auricula.   Minus esset portentum si post patris
abcisionem fuisset genitus, sed quod iam viuus in utero plene-

que formatus postmodum truncus apparuit fortissime compas-
sionis signum est.

Hec una pietatum Ludouici fuit; altera que sequitur est
huiusmodi. Waleranius ab Effria miles erat illitteratus, iocun-
5 dissime tamen facundie, regique notus et carus; erantque regi
ministri tres, qui toti Francie preerant, Galterus camerarius,
Bucardus molosus, quod est Gallice *ueautur*, Willelmus de
Gurney prepositus Parisiacensis. Galterus omnes fere Francie
fructus pro voto messuit, Bucardus qui suberat aliquantos,
10 Willelmus nullos, Lodouicus pre simplicitate sua quos illi per-
mittebant. Walleranius hec videns, sciensque quid ag005retur, et
dolens per seruorum potestatem tam immania fisci detrimenta
fieri, carmen inde composuit lingua Gallica uerbis in istis :

> *Gauter vendenge, et Buchard grape,*
15 > *Et Willelmus de Gurney hape :*
> *Lowis prent que que lur escape.*

Carmine publicato senserunt illi furta detegi, consciencias
reuelari; doluerunt igitur et in ulcionem armati, quecunque
nocere possent in ipsum congerunt, insidiantur et reum regi
20 deferunt, et cum ipsum frequenter moueant, a pietate amouent.
Matrona tandem quedam nobilis et ditissima, sed fame lubrice,
magno rancore multaque superbia debachans, astantem regi
Waleranium accusabat, quod de se Waleranius sed et de rege
cantasset obscena carmina. Rex autem inde motus ait, 'Galle- 64 *b*, col. 1.
25 ranne, mea fero pacienter obprobria, sed huius consanguinee
mee dissimulare non decet, cum ipsa sanguis meus sit, et unum
membrorum meorum.' Respondit Gallerannus, ' Hoc herniosus
es membro,' quod facecius Gallice dicitur, *De cest membre es tu*
magrinez. Rex et hoc uerbo se reuerenter habuit. Riserunt
30 alii, sed ipsa se derisam dolens intulit, ' Domine rex, dimitte
mihi vindictam ut morem ei gerem. Noui satis qua multandi

7 *ueautur* (*veautre*)] *MS.* neant'.   31 morem ei gerem] *sc. from* morigerare (!).

sunt ulcione mimi; tres ei queram meretrices, quarum verbere
suo more castigetur.' Tum Walerannus, ' Domina, bene pro-
fecisti, nam ⟨non⟩ nisi due tibi desunt.' Tum illa cum lacrimis
has vindicari petit iniurias, et tres illi quos offenderat suas
adiciunt querelas et proscribunt miserum. Galerannus igitur 5
ad dominum nostrum, regem scilicet Anglie, confugit, et benigne
susceptus est. Walterus interim domos eius deiecit, vineas
euulsit, uirgulta subuertit, sepes dissipauit, omnia destruxit.
Dominus autem noster bis literis suis, ter ore proprio, dominum
Lodouicum petens, non est exauditus ut restitueretur. Videns 10
igitur se Wallerannus nullius intercessione posse restitui, quia
Lodouicum piissimum nouerat, ad pietatis eius auxilia confugit;
et regibus predictis colloquentibus in campo maximo, circum-
stante multa corona militum, nostro rege premunito, venit
Walerannus insidens equo modico nigro macieque deformi, vili 15
nimis in habitu, fractisque uetustate uestibus, hirtus et illotus,
ipsis calcaribus a talo dependentibus, in duris ocreis et perforatis,
ultimo similis hominum per omnia, regique Ludouico nostroque
videri cupiens apparuit visus, sed inde dure fustigatus ut solent
pauperes abscessit. Soli colloquebantur in circo reges, et de 20
regnorum pace tractabatur. At Lodouicus, apparencia Gale-
ranni notata, quod dolo bono fiebat sine simulacione fieri timebat
64 *b*, col. 2. ex veritate ne|cessitatis. Abhorruit igitur suum excessum in
tantum, ut a rege solus recederet Regi polorum adherere, festina-
uitque celo placari pace terre neglecta. Noster rex pacienter 25
expectabat, sciens quid ageretur; at Lodouicus ad suos veniens
vocauit Walterum in partem, et ait: ' Elegi te de populo,
principemque constitui, prudentem et fidelem te sperans baiulum
fieri tocius regni; meas tibi semper aures aperui, cupiens ⟨ut⟩
a sapiencia tua mihi mel instillares ad pacem populi meamque 30
salutem. Tu uero virus infudisti, consulens ut peccarem in
Dominum et fratrem meum Gallerannum; corrigendus erat

uerbo pro uerbis, non fustigandus ac proscribendus. Heu!
quam inmisericordem me comperi, modo cum viderem quam
miserabilem eum per te fecerim. Illac recessit; sequere velox
eum ut reuoces.' Ingerit se Walterus in turbam timidus, inuenit,
5 reducit, et plene restituit, et ne queratur amplius adicit ablatis
ampliora. Cumque Galerannus referret de plena restitucione
gracias, deuota nimis et humili prece rex ab ipso sibi veniam
optinuit.

Contigit ut cum rege moram facerem aliquamdiu Parisius, Cf. Gir.
10 mecumque tractaret de regum diuiciis inter sermones alios, $\substack{\text{Cambr. } de \\ \textit{Instr. Princ.}}$
dixitque : 'Sicut diuerse sunt regum opes, ita multis distincte iii. 30.
sunt varietatibus. In lapidibus preciosis, leonibus et pardis et
elephantis, diuicie regis Indorum ; in auro pannisque sericis
imperator Bizanciis et rex Siculus gloriantur ; sed homines non
15 habent qui sciant aliud quam loqui ; rebus enim bellicis inepti
sunt. Imperator Romanus, quem dicunt Alemannorum, homines
habet armis aptos et equos bellicos, non aurum, non sericum,
non aliam opulenciam. Karolus enim magnus, cum terram
illac | a Sarracenis conquisisset, omnia preter municiones et 65 a, col. 1.
20 castella pro Christo dedit archiepiscopis et episcopis, quos per
ciuitates conuersas instituit. Dominus autem tuus, rex Anglie,
cui nichil deest, homines, equos, aurum et sericum, gemmas,
fructus, feras, et omnia possidet. Nos in Francia nichil
habemus nisi panem et uinum et gaudium.' Hoc verbum
25 notaui, quia comiter et vere dictum.

Circiter illud tempus, cum ad concilium Rome sub Alexandro
papa tercio celebrandum precepto domini regis Anglie festinarem,
suscepit me hospicio comes Campanie, Henricus filius Teobaldi,
omnium largissimus, ita ut multis prodigus videretur, *omni* enim Lc. 6. 30.
30 *petenti tribuebat*; et inter colloquendum laudabat Reginaldum
de Muzun, nepotem suum, in omnibus excepto quod supra modum
largus erat. Ego vero sciens ipsum comitem tam largum ut

prodigus videretur, subridens quesiui si sciret ipse terminos
largitatis. Respondit, 'Ubi deficit quod dari potest, ibi terminus
est; non est enim largitatis turpiter querere quod dari possit.'
Mihi certe videtur hoc facete dictum ; nam si male queris ut des,
auarus es ut sis largus. 5

Huius predicti Lodouici patrisque sui multa fuit in factis
sapiencia, simplicitas in dictis. Hic tantam Deo reuerenciam
habebat, ut quociens aliquid emersisset cause, quod ipsum et
ecclesiam contingeret, sicut unus canonicorum censura se capituli
moderabatur et appellabat a grauamine. 10

Mos eius erat quod ubi sensisset sompnum obrepere quiesceret
ibidem aut prope. Dormientem eum iuxta nemus in umbra,
duobus tantum militibus comitatum, (nam ceteri venabantur,)
inuenit comes Theobaldus, cuius ipse sororem duxerat, et
castigauit ne tam solus dormiret, non enim decebat regem. Ille 15

65 *a*, col. 2. respondit, 'Dormio secure solus, | quia nemo michi malum uult.'
Responsio simplex, pureque consciencie uerbum. Quis hoc rex
de se presumit alius?

Hic tam benigno fauore clericos promouebat, ut ab omnibus
Cf. Ps. 16. Christianismi finibus sub ipso Parisius conuenirent, et *sub alarum* 20
8, 56. 2. *eius umbra* tam nutriti quam protecti perdurauerunt in scolis in
diem hunc. Dum ergo ego cum ceteris moram facerem in scolis
ibi, ditissimus Iudeorum omnium Francie processionem clericorum in rogacionibus inuasit, et clericum inde raptum in sentinam
domus sue proiecit, quia filium suum lapide leserat. Quod ut 25
regi innotuit Christiano, Iudeum in rogum precepit proici. Nichil
ei profecerunt a⟨u⟩t tocius Francie preces, aut omnia Iudaici
populi milia talentorum. Respondebat autem flentibus et
petentibus rex, 'Volo sciant Iudei canes a Christianorum pro-
cessionibus arcendos.' 30

Hec forte friuola sunt et magnis inepta paginis, sed meis satis

13 venabantur] *MS.* venebantur.   16 quia *repeated in MS.*

apta sunt scedulis, mihique uidentur stilo meo maiora. Me
presente Parisius, ortum est inter clericos et laicos in regis huius
curia murmur, et inualuit sedicio, laicique preualuerunt, et clericorum plurimos in pugnis et fustibus dure uisitauerunt, et regie
5 conscii iusticie fugerunt ad latibula. | Verumptamen rex *audiuit* Ps. 9. 13,
clamorem pauperum, venit et pauperrimum inuenit modicumque 10. 17.
puerum in cappa nigra, corona fracta sanguinolentum, et ab ipso
quesiuit quis hoc ; et ostendit ei puer magistrum cubiculariorum
regine, qui nuper duxerat regis Hispanorum filiam, qui per
10 superbiam maiestatisque proprie presumpcionem nec fugere
dignatus est, nec ad racionem positus negare ; tantum respondit
puerum ei conuicia dixisse.   Captus est igitur iussu regio, vinctus
et eductus ad loca patibulorum.   Audit et attonita fit inde
regina, properat, accurrit, sparsisque crinibus regis est aduoluta
15 pe|dibus, et curie tota multitudo, multoque petunt ululatu veniam ; 65 *b*, col. 1.
allegat generositatem viri et sapienciam, quod et tradidit eum
pater suus eius manibus et cure ; mirumque contigit, quod eum
misericordia moueret ad lacrimas.   Nichilominus eum coegit ad
ulcionem iusticia, manumque dexteram ei iussit amputari qua
20 coronam percusserat.

   Idem cum Fontem Blaadi iussisset excoli cingique muris,
locum maximum, montes et valles, fontes et nemora, quatinus
ibi mansionem suis faceret deliciis, constructis iam domibus,
viuariis factis et muris, fossis et aqueductibus, rusticus incola
25 vicini soli questus est aliquam agri sui partem regiis occupatam
muris et domibus.   Quod cum innotuisset regi, iussit domos
deici murosque solui, tanti faciens querelam non modicam, ut
magis a pluribus fatuitatis argueretur, quam ex misericordia
meritas laudes acciperet.   Nec destitit donec rusticus mutuum
30 longe melius peteret, et petito susciperet utilius.

   Pater huius, Lodouicus Grossus, cum debellatam Franciam sub

27 non *inserted above the line in the MS.*

G g 2

gladio suo libere possedisset et inconcusse, filium suum primo-
genitum Philippum regem fecit, qui post unccionem suam et
tocius Francie fidelitatem a paternis degenerauit moribus, et
patriis deuiauit institutis, sublimi supercilio fastuque tirannico
molestus omnibus.   Factum est autem, dictante Domino, cum 5
die quadam multis comitatus equitibus in illa parte Parisius que
Greue dicitur equum admisisset, in litore Secane prosiliens
a sterquilinio porcus niger se sub pedibus inmisit equi currentis.
Corruit autem per offensam equs, colloque fracto decessit eques;
sed porcus in Secanam subitus inmersit, nullique prius hominum 10

65 *b*, col. 2. visus nulli postmodum apparuit. | Pater igitur eius, Lodouicus
Ps. 21. 22. Grossus, immo Dominus qui Franciam ab *ore leonis* eripuit,
substituit ei Lodouicum mansuetum et pium, ut Sauli Dauid.

Hic rex Grossus, cum a rege sicut supra diximus Anglorum
Henrico victus venisset Pontisaram, non more uel merore victi 15
sed exultacione uictoris in mensa conuiuis omnibus letissimus
apparuit; cumque mirarentur et ab ipso quererent conuiue tante
leticie racionem in tanta causa tristicie, respondit, 'Mihi frequenter in omnibus fere Francie finibus contigit ut nunc, et infortu-
niorum frequencia durus sum parumque vereor; sed Anglorum 20
rex Henricus, qui nos hodie confecit, continuis iam in successibus,
et qui nunquam aliquid sinistri perpessus est, si contigisset ei
quod nobis, intolerabiliter et inmoderate doleret, et pre nimietate
doloris infatuari possit aut mori, rex bonus et toti Christianismo
necessarius.   Inde reputo victoriam eius mihi pro successu, quia 25
perdidissemus.'   Imitabilis hec et non inuidiosa responsio.

Rex idem, dum adhuc contenderent cum eo principes sui,
fuissetque comes Campanie Teobaldus aduersus eum principum
princeps, in multis eum vincebat congressibus, et maiora mere-
batur indies odia.   Fauebat autem comiti Romanus imperator, 30
et fouebat ad bellum, regnique simul principes.   Cumque iam
videretur Lodouicus in guerra superior, a Romanorum imperatore

venerunt ad eum nuncii dicentes : 'Mandat tibi Romanorum
imperator et precipit, sicut de regni tui statu propriaque salute
gaudere uis, quatinus infra mensem hunc pacem et fedus ineas
cum comite Teobaldo penitus ad eius voluntatem et honorem ;
5 sin autem, Parisius ante mensem elapsum obsidione cinget, et te
interius, si temerario presumpseris ausu prestolari.' | Respondit 66 *a*, col. 1.
eis rex : '*Tpwrut Aleman !*'   Hec autem omnibus Alemannis
responsio grauissima videtur adhuc, et propter huiusmodi improperium multe frequenter inter eos et alienos rixe fiunt.   Hec
10 mihi securi cordis et bene residentis animi fuisse uidetur.

   Item, cum inter hunc et Teobaldum essent inimicicie mortales,
i. e. ad mortem periculose, sed et immortales quia perpetue, non
est a sapientibus inuenta via pacis.   Sed Dominus, qui quando
vult et quantum *flagellat filios quos recipit*, furori frenum facete Heb. 12. 6.
15 posuit sic.   Absconderat se rex ante Carnotum in nemore cum
multa manu militum armata, quatinus missis prouocatoribus
inprouidi ruerent in ipsum inimici Carnotenses ; et ecce comes
Teobaldus iter faciens quid fieret incautus tutissime iuxta regem
preteribat.   Videns igitur eum rex datum in manus suas, tantum
20 successum inde leuipendens, quod casualiter et absque procura-
cione uel negocio prouenisset, abstinuit et per nuncios castigauit,
ut tutus nusquam incederet dum inimicos haberet, ⟨et⟩ abire
liberum dimisit.   Quem non posset flectere victor, pietate victus
et hostis benignitate superatur.
25   Item contigit ut venisset rex Blesim cum exercitu grandi.
Cumque preparasset machinas ad muros, ad assultum equites,
incensores ad vicos, audiuit comitem interius esse cum paucis,
et secundum esse sue minucionis diem.   Attollitur hinc inde
murmur, ut obsidione certissima cingatur hostis interceptus.
30 Rex autem aliter sentit, reducit equites, incensores reuocat, so-
lutisque machinis reuerti properat.   Tunc utique qui se sapien-

24 superatur] *MS.* per*ater.*

ciores autumant stomacantur, in litem exeunt, causantur quod
supra modum fuerit ómnibus infortuitus tanti necligens ultro
discriminis offerentisque fortune spretor, iniuriarum remissus
66 a, col. 2. ultor, amator hostilitatis et fotor, prompteque victorie crude|lis
abiector.   Quibus ipse parcius hec, 'Si quid erraui, nichil tamen 5
ob has erratum est causas.   Va! nescitis quia virorum post
Salomonem sapientissimus ait Cato,

Cato. *Dist.*
i. 34.   *Vincere cum possis interdum cede sodali.*

Numquid eius consilio venire uultis obuiam?   Attamen et alia
erat nunc parcendi racio.   Caui certe ne per operam meam uir 10
optimus leuum aliquid audiret in minucionis sue tempore quod
ei posset esse mortis occasio.'   Riserunt et deriserunt eum inde
sui, licet clam, sed qui videt in cor Dominus et hanc ei tribuit
sapienciam, eandem ei sic retribuit quod omnes Francie *gladios*
Is. 2. 4. *conuertit in vomeres*, et suo fecit deinde per graciam suam gladio 15
subiectos.   Nam Teobaldus audita pietate uerborum et beneficii
caritate, miratus et veneratus amicum hostem, literas has per
fideles misit nuncios: 'Domino Francorum regi Lodouico, sue
salutis conseruatori, Theobaldus Campanie comes in Domino
salutem dicit.   In assumpcione beate Marie uirginis vobis adero 20
per gratiam Christi, vestre de cetero iussioni pariturus in omnibus, auctor hostilitatis pacis amatori satisfacturus, victori me
victum dediturus, ut perpetua fiat in nobis pax cum honore
vestro meoque dedecore.   Valeat in Domino semper rex pacificus.'   Hiis auditis, Lodouicus gracias egit Altissimo, dieque 25
statuta Teobaldum a pedibus suis ad osculum erexit, et exinde
vero corde dilexit et ab ipso plene dilectus est, ad perpetuam
Rom. 12.20. sui temporis et regni pacem.   Sic, iuxta uerbum Domini, *pru-*
Prov. 12. 7. *nas ardentes imposuit super hostile caput, vertens impium, et non*
fuit ultra.
                                                                                30
Sed cur dicam impium nisi fuerat cui Dominus postmodum

fecit sue dileccionis aperte signum ?   Profecto (si digredi licet),
hic non ad iactanciam sed ad lucem bonorum operum, Lodouico
filio Grossi retulit, et ad diem suam supremam supprimi testi-
monium postulauit.   Leprosos lecius et libencius exhibebat quam
5 alios pauperes, | cum omnibus esset amicus.   Illos autem ideo 66 *b*, col. 1.
precipue quia quanto sunt despicabiles abieccius et intolerabilius
improbi, tanto se sperat obsequium prestare Deo placencius, et
affectuosius acceptari ; pedes eis lauat et tergit, magneque
memor Magdalene, quod ipsa compleuit in corpore dominico,
10 deuotus hic membris eius exequitur.   Sed ibi vitalis odor et
dulcedo cor attrahens caroque mundissima ; letalis hic fetor et
amaritudo corumpens et sanies ulcerosa.   Domos eis per uillas
construebat proprias, aut simul aliquibus aut seorsum alicui,
quibusque uictualia prouidens.   Unum tamen singulariter excole- Cf. Gir.
15 bat solitarium in tegete, qui cum in prosperitate extitisset secun- Cambr. *de*
dum exigenciam probitatis et stematis purpura nobilis et bisso i. 20. *Instr. Princ.*
satis, in lepra fuit utraque dignior.   Hic enim est generositatis
incessus, ut in rerum augmento crescat humilitas, et in attricione
paciencia roboretur.   Virum hunc semper illac transiens visita-
20 bat comes attencius, eius utens utili consilio.   Contigit autem aliquando visitanti secundum morem eum comiti, quod ipsum ad
mortem inuenisset infirmum, precepitque preposito villule quatinus curam eius egisset.   Post aliquot autem dies memor eius
reuersus est ⟨ad⟩ tegetem ; clausum quod reperit hostium pulsat
25 incassum domus, sed et moram fecit ultro donec omnes ultra remotos vidit.   Descendit igitur et iterum pulsans humiliter intulit, 'Amicus vester Teobaldus petit, si fieri potest, ut apertum sit
ei hostium.'   Surgit ille bonisque uerbis et vultu letus apparuit,
benigne suscipit, et quem afficere fetore solebat ulcerum suauis-
30 simo reficit odore pigmentorum.   Miratur consul, et supprimit hoc.
Querit utrum bene conualuerit.   Ille respondit 'Optime', petitque

1 digredi] *MS.* dicredi.

suppliciter ut preposito benefiat, eo quod deuotus ei fuerat.
Letus inde Theobaldus benediccionibus eius deuote conductus
66 *b*, col. 2. exit | obuiamque prepositum habens. inpensam egro curam laudat,
et dignam multa retribucione testatur.   Cui prepositus, ' Domine,
precepto uestro uiuenti fui satis assiduus, et mortuo feci dignas 5
exsequias, et si placeat eius sepulcrum uideamus.'   Obstipuit
comes, et siluit a visis, visitatoque sepulcro redit ad tugurium,
et nichil preter domum vacuam inueniens, gauisus est se uidisse
Christum.   Hoc nostro regi retulit post mortem huius Theobaldi
rex Lodouicus, Grossi filius Lodouici.   10

De morte Willelmi Rufi regis Anglorum. vi.

Willielmus secundus rex Anglie, regum pessimus, Anselmo
Ps. 90. 6.   pulso a sede Cancie, iusto Dei iudicio a *sagitta volante* pulsus,
quia *demonio meridiano* deditus, cuius ad nutum vixerat, onere
pessimo leuauit orbem.   Notandum autem quod in silua Noue 15
Foreste, quam ipse Deo et hominibus abstulerat ut eam dicaret
feris et canum lusibus, a qua triginta sex matrices ecclesias extir-
pauerat et populum earum dederat exterminio.   Consiliarius
autem huius inepcie Walterus Tyrel, miles a Chazar iuxta Pon-
tissaram Francie, qui non sponte sua sed Domini de medio fecit 20
eum ictu sagitte, que feram penetrans cecidit in beluam Deo
Cf. Gir.   odibilem.   Die qua sagittatus fuit, mane, sompnium suum Gun-
Cambr. *de*
Instr. Princ.   dulfo Roffensi episcopo retulerat hoc modo. 'In foresta pulcher-
iii. 30.   rima post longam ferarum exagitacionem capellam prenobilem
ingressus, hominem in ea vidi nudum super altare iacentem, cuius 25
vultus et caro tota tam delectabilis erat aspectui quod pro cibo
potuque posset orbi sufficere perpetuo.   Manus igitur dextere
sue digitum longiorem comedi, quod ipse paciencia summa vultu-
67 *a*, col. 1. que sereno passus est ; unde statim | ad feras rediens, in modico
reuersus esuriens, manum illam a qua digitum tuleram appre- 30

15 leuauit] *MS.* leuiauit.   19 a Chazar] *MS.* achazar.   29 rediens] *MS.* radiens.

hendi ; at ille prius super angelos forma speciosus ad se manum
illam tam subito rapuit, et me tam irate despexit, angelico vultu
mutato in tam intolerabilem horrorem, in tam ineffabile dissidium,
quod a faciei talis rugositate posset non unius hominis sed tocius
5 orbis ruina fieri ; dixitque mihi, " Non me comedes amodo." '
Flens ergo Gundulfus intulit, ' Foresta est regnum Anglie ; fere
sunt innocentes quos tibi Dominus dedit custodiendos, qui cum
sis a Deo minister constitutus, ut eis per te fiat pax et tranquil-
litas ad laudem et honorem Ipsius, [et] tu pro uoto pessimo, cum
10 non sis eorum dominus sed seruus, tanquam appositos tibi fructus
dilanias, deuoras, et disperdis. Capella quid aliud est quam
ecclesia, quam tu truculenter irrumpis, predia sua distrahens
in stipendia certe sed et dispendia militum ? Formosus ille *pre* Ps. 44. 3.
filiis hominum filius Altissimi uocatur, cuius comedisti digitum Lc. 1. 32.
15 quando beatum virum Anselmum, membrum grande corporis
dominici, sic deuorasti, quod in officio suo non comparet. Quod
existi et reuersus es item esuriens, significat quod adhuc proponis
Dominum dilaniare deterius in membris suis. Quod Ipse
manum suam tibi violenter abstulit, mutato vultu quasi a luce in
20 tenebras,—lux significat quod *suauis et mitis est et multe miseri-* Ps. 85. 5.
cordie omnibus inuocantibus se, tu autem Ipsum non inuocasti,
sed quantum in te fuit suffocasti. Quod autem circa uultum
illum *mutatus est color optimus,* tu meruisti ; tibi nunc imputat Lam. 4. 1.
iratus factusque terribilis, quod Ipsum dedignanter repulisti dum
25 fuit placabilis. Quod ait, non comedes, iam iudicatus es, et tibi
potestas maleficii penitus ablata. Conuertere | uel sero, quia 67 *a*, col. 2.
tibi mors in ianuis est.' Non credidit ei rex, et eadem die in
foresta quam Deo abstulit a predicto Waltero Tyrel occisus est,
et a suis ad plenam nuditatem spoliatus. Quem impositum biga
30 rudi et uili, quis esset ignorans, pietate motus, rusticus Wintoniam
deferre uoluit. Perueniens autem et quem tulerat non inueniens,
lacu quem transierat corpus reperit luto sordidum, et ad sepultu-

ram detulit. Eadem die Petro de Meluis, viro de partibus
Exonie, persona quedam vilis et feda, telum ferens cruentum,
cursitans apparuit dicens, 'Hoc telum hodie regem vestrum per-
fodit.'

Hic rex multas ecclesie possessiones iniustis modis a prelatis 5
euictas militibus suis, proprii tenax, largus alieni, contulerat.
Die mortis sue dompnus abbas Cluni Anselmo, qui penes ipsum
perendinabat exul, eam manifestauit.

Erat autem Henricus frater minor dicti regis Londoniis, sollicite satagens ut regnaret, et neminem habuit ex episcopis adiu- 10
torem, tum quia Robertus frater eius natu maior Ierosolimis
agebat, tum quia tunc adhuc exulabat Anselmus, quem merito
timebant.   Girardus autem Herefordensis ignominiosus episcopus, pacto sibi sub iuramento archiepiscopatu priore uacante,
coronauit eum.   Videntes autem et scientes populi Henricum 15
iustum et strenuum, annuerunt cum principibus qui tunc aderant,
et acclamauerunt, et non fuit qui reclamaret.   Decessit autem
Aluredus Eboracensis archiepiscopus, uir illustris, qui Willelmo
regi predicto uiriliter aduersatus, ecclesiam suam ab ipso fere
solus conseruauit integram et indempnem, aliis ab ipso laceratis. 20
Aderat autem regi Henrico Girardus, pacto instans.   Rex autem
Simoniaci penitens introitus, obtulit ei Herefordensem episcopatum ampliare fundis ad equiualenciam archiepiscopatus predicti,
67 *b*, col. 1. et libertatem eternam quantam habet Dunelmensis | episcopatus,
in quo nullus minister regius aliquid agere uel attemptare potest; 25
episcopi sunt omnes potestates et omnia iura.   Girardus autem,
diabolo plenus, omnia contempsit, et factus archiepiscopus multa
fecit inmisericorditer et immite.   Quadam autem die post cenam
apud Suwelle in precioso tapeto puluinari serico subnixus inter
clericos suos obdormiuit et expirauit.   30

Rex autem Henricus proficiebat in regno, et quamuis habuisset
viciosum ingressum, omnes decessores suos regimine tranquillo

vicit, et diuiciis et magnis per totum Christianismum inpendiis. Ter in anno vestiebat Lodouicum Francie regem et plures principum suorum.   Scriptos habebat omnes comites et barones terre sue, constituitque eis in aduentu uel mora curie sue 5 certa xenia quibus eos honorabat, in candelis, pane, vinoque. Quemcunque iuuenem infra montes Alpium audiebat captantem boni famam principii, ascribebat familie, et cui minus annuatim dabatur, centum per nuncium suum percipiebat solidos, et quandocunque contigisset ab ipso mandari, suscipiebat in aduentu suo 10 singulis diebus a recessu residencie sue singulos solidos.

Hoc autem modo se habebat in regno.   Certissime prouidebat et pronunciari faciebat publice dies itineris et perhendinacionis sue, numerum dierum et nomina villarum, ut posset scire quiuis errore semoto vite sue statum per mensem.   Nichil inprouisus 15 aut inprouidus aut properanter agebat; omnia regali more decentique moderamine faciebat.   Unde a transmarinis ad curiam suam properabatur a mercatoribus cum mercibus et deliciis venalibus, et similiter ab omnibus Anglie partibus, ut non essent alias nundine fertiles quam circa ipsum quocumque diuertebat. 20 Erat autem summa gloria sua in obseruacione pacis et in subditorum sibi copia.   Neminem volebat egere iusticia uel pace. Constituerat autem ad tranquillitatem | omnium, ut diebus vaca- 67 *b*, col. 2. cionis uel in domo magna uel sub diuo copiam sui faceret usque ad horam sextam, secum habens comites, barones, et proceres 25 vauassores.   Iuuenes autem familie sue non aderant ei ante prandium, nec senes post, nisi qui ex uoluntate sua se ingerebant ut discerent aut docerent.   Hoc autem modo continencie per orbem audito, sicut alie vitantur curie, sic appetebatur ista, et fuit et celebris et frequentata.   Frenabantur tiranni uel domini 30 uel ministri.   Continebat manus omnis auaricia, que tunc adhuc erat vicium, nunc alborum est regula monachorum.   Nemo diebus illis pauper nisi fatuus.   Cibus et potus auidius dabantur quam sumebantur. Cuicunque propositum erat ex alieno uiuere, ubique tam gratanter exibebatur ut nusquam ignominiose vite puderet. Cum quis comes aut magnorum principum ex iudicio cadebat in regis ut dici solet misericordiam, multum erat dare c. solidos, quos tamen infra triennium persoluebat, et de querelis 5 prius ortis pax in foro regio cuicunque sub misericordia consti- tuto. Hac autem causa multi delinquebant ut inciderent in ipsam, et delectabantur in ea teneri.

Erat autem rex Henricus rex Anglie, dux Normanie, comes Britanie, consul Cenomanie, Scocie, Galweie, tocius Anglicane 10 dominus insule; que cuncta regebat tam potenter, tam dispen- santer, quasi bonus paterfamilias domum unam. Ab abbacia monialium Wintonie monacham sacratam et sacram, regis Scocie sororem Dauidis, ad lectum suum in coniugem accepit, Roma nec annuente nec abnuente, sed permittente. Suscepit ex ea 15 filium qui iuuenis factus in Raso Barbari fluctu submersus est, et filiam Matildem, que nupsit Henrico Romanorum imperatori, qui sine liberis decessit; ipsa vero a patre suo data est Gaufrido

68 *a*, col. 1. Andegauorum comiti, cui tres peperit, Henricum, | Gaufridum, Willelmum, viros strenuissimos. Minores autem cito facti sunt 20 de medio.

Duorum annorum erat Henricus primogenitus Gaufridi, quando auus suus Henricus rex decessit, cui Stephanus, nepos eius ex sorore et Blesensi comite Stephano, successit in regno, vir armorum industria preclarus, ad cetera fere ydiota, nisi quod 25 in malum pronior; sub quo duobus annis fere siluit regnum, tercio vero Robertus filius regis Henrici, Gloucestrie comes, visa regis inepcia, per instinctum et sapienciam Milonis post comitis Herefordie, vocauit ab Andegauia Matildem et Henricum filium eius ad regnum. Qui sapiencia Milonis et strenuitate regem 30

19 Andegauorum] *MS.* angedauorum.   25 preclarus] *MS.* placlarus.

Stephanum ad composicionem huiusmodi compulerunt, quatinus
regno iurato Henrico ipse teneret donec de medio fieret; et
infra tercium annum mortuus est, et apud Faueresham abaciam
nigrorum monachorum quam ipse fundauerat sepultus. Cui suc-
5 cessit Henricus Matildis filius, in quem iniecit oculos incestos
Alienor Francorum regina, Lodouici piissimi coniux, et iniustum
machinata diuorcium nupsit ei, cum tamen haberet in fama
priuata quod Gaufrido patri suo lectum Lodouici participasset.
Presumitur autem inde quod eorum soboles *in excelsis suis* inter- Cf. 1 Reg. 1.
10 cepta deuenit ad nichilum.   18, 25.

   Ipse vero Henricus quando regnare cepit, erat quasi viginti
annorum, et triginta sex annis regnauit inuictus et inconfusus,
exceptis doloribus quos ei fecerunt filii sui, quibus ut aiunt inpa-
cienter toleratis eorum rancore decessit. Fecerat autem idem
15 rex Lodouico piissimo, preter predictam iniuriam, tedia multa,
quorum Dominus tam in ipso quam in filiis duriter ad ulcionem
recordatus est, ut creditur.

   Vidimus inicia regni sui, vitamque sequentem in multis
commendabilem. Mediocris stature summos excedebat in modi-
20 co, | vir membrorum integritate uultusque uenustate beatus, et 68 *a*, col. 2.
quem milies diligenter inspectum accurrebant inspicere. Vir
hic membrorum habilitate nulli secundus erat, nullius actus in-
potens quem posset alius, nullius comitatis inscius, litteratus
ad omnem decenciam et utilitatem, linguarum omnium que sunt
25 a mari Gallico usque ad Iordanem habens scienciam, Latina
tantum utens et Gallica. In legibus constituendis et omni
regimine corrigendo discretus, inusitati occultique iudicii subtilis
inuentor; affabilis, verecundus, et humilis; pressure pulueris et
luti paciens, importunitate querelarum offensus, lacessitus iniuriis,
30 cum silencio preferens. Verumptamen semper itinerans erat
dietis intolerabilibus quasi duplomate ⟨utens⟩, et in hoc familie
sequenti nimis immisericors; canum et auium peritissimus, et

illusionis illius auidissimus; in uigiliis et labore continuo.
Quociens autem in sompnis ipsum ymaginaria voluptas agebat,
corpori suo maledicebat, quod nec labor nec abstinencia frangere
uel extenuare valebant. Nos autem exinde non inconstancie
labores suos ascribebamus, sed timori nimie pinguedinis.   5

Matris sue doctrinam audiuimus hanc fuisse, quod omnia
protelaret omnium negocia, quod quelibet in manum suam exci-
dencia diu retineret, et fructus inde perciperet, et ad eas suspi-
rantes in spe suspenderet, parabola crudeli sentenciam hanc
confirmans, hac scilicet : Accipiter insolens carne sibi sepius 10
oblata, et retracta uel occulta, fit auidior, et pronius obsequens
et adherens.   Docebat eciam quod in talamo frequens, in
frequencia rarus esset ; nichil alicui confer⟨r⟩et cuiusquam testi-
monio nisi visum et cognitum, et in hunc modum multa pessima. |
Nos autem illi doctrine fidenter imputamus omnia quibus erat 15
tediosus.

68 b, col. 1.

Inposuit autem ei principio regni sui meretrix quedam publica,
nichil immundicie dedignans, filium quem a populo susceperat
nomine Gaufridum, quem iniuste minusque discrete tanquam
suum acceptans, in tantum promouit ut hodie sit Eboracensis 20
archiepiscopus.   Nomen autem matris eius Ykenai.   Congre-
gauit hic sibi predictas consuetudines inportunas patris inpositi,
et de bonis tam paucas, quod continue sint inimicicie canonicorum suorum ad ipsum, et e conuerso; quia viciorum plenus
est et morum expers.   25

Placeat autem de matre predicti regis nostri audire, quod filia
fuerat optimi principis et sancte Matildis regine, materque boni
regis, ipsa bonorum in medio pessima.   Tradidit eam pater suus
Henricus Romanorum imperatori nuptui, qui minorem fratrem
suum regem Ytalie captum in bello decapitauerat manu propria, 30
patremque suum cupiditate regnandi deiecerat ab imperio, ut

17 principio] *MS.* principia.

postmodum pauper a communia canonicorum quorundam secula-
rium imperii sui sustentaretur.   His predicti sponsi peccatis
adiecit Matillis, quod ab omnibus ducibus et principibus imperii
sui et episcopis et archiepiscopis exegit ciuitates et castella
5 propria manu tenenda, et quemcunque precepto non potuit, bello
conatus est euincere.   Restitit autem ei dux unicus Baiwarie et
Saxonie, contraque manus omnium acies ordinauit, factoque
congressu nec fugitum est nec fugatum ; durauitque mutua
cedes longissimo die circa finem Iunii a mane usque ad mediam
10 noctem.   Multis milibus de medio deletis, recesserunt ab inuicem
pauci de timidis et ignauis.   Quoniam igitur a residuis despera-
tum est de sepultura cadauerum, lupis et canibus et auibus
derelicta sunt et putredini, quorum fetor circa se solitudinem
fecit. |

15   Compunxit autem Dominus ea die predictum imperatorem, et 68 *b*, col. 2.
per graciam suam ei coram oculis posuit, quod ipsum cupiditas
ad fratris necem impulerat et patris exilium, et ad cedem presentem que innumerabilis erat et toti mundo plorabilis ; peni-
tensque fortiter a malis *exiuit foras et fleuit amare*, et camerarii Mt. 26. 75.
20 non temerarii sed sapientis et fidelis opera, simulato prius morbo
ianuisque seratis, et demum eius morte nunciata, seipsum pro-
scripsit penitens et euasit ad exilium ultroneum.   Procurauerat
autem camerarius mortuum loco eius, et preciosissime inuoluerat
conditum aromatibus, et imperiali pompa sepelire fecit.   Ipse
25 autem processit, corpore vagus, animo firmus, nec potuit tanti
doli latere prorsus utilitas, bonus enim fuerat,† et quantum visus
est iusta fallacia †.   Multis in locis apparuerunt multi qui se
dicebant illum imperatorem esse, et mortem ipsius simulacionem
asserebant, post decessum immo recessum eius, ut honorabiles
30 haberentur ; et multi falsi deprensi sunt.   Verumptamen Cluniaci
susceptus ei simillimus, ut dicebatur, pauper habitu, sermone

1 *MS.* paupera. 26 *perhaps*: (bonus enim fuerat quantum visus est) et iusta fallacia.

nimis ambiguus, ut ex ipso neutrum agnosci posset. Abbas autem, ut Cluniaci mos est, ipsum reuerenter exhibebat. Contigit autem quod dompnus Cluniaci Alemannus prior veniret, quem dominus abbas ad virum illum instructum misit, ut uideret, quem si viderat et manifestaret. Ille secum iuuenem nepotem 5 suum duxit, qui cum ipso diu fuerat, qui statim ipso uiso dixit eum simulatorem et falsum. At ipse velox, inconfusus, et tutus, ei alapam fortem dedit, et dixit, ʻTu mecum fuisti vere, sed semper proditor, et in una prodicionum tuarum interceptus euasisti, sed tibi quidam satellitum pedem dextrum spiculo misso 10 perforauit, unde vulnus adhuc aut cicatrix apparet. Compre-
69 *a*, col. 1. hendite, famuli, tricatorem, et uidebitis.ʼ | Et apparuit cicatrix ; at iuuenis ait, ʻDomino meo quem iste se fingit singularis erat in brachio dextro proceritas, ut stans extentus posset palma genu dextrum operire.ʼ Quod ipse surgens statim impleuit. 15 His visis aliquamdiu reuerencius exhibitus est, et tandem inuentus est falsus.

Set ut ad materiam unde digressus sum, id est ad regem Henricum secundum reuertar ; erat idem rex Henricus multarum [que] grossarum et pinguium elemosinarum, occultus autem, ne 20 pateret sinistre quod dabat dextera. Missus a Ierusalem epi-copus Acharonensis querere contra Saladinum auxilium, congre-gatis cum regibus Francorum et Anglorum utriusque principibus, allegabat pro terra predicta censum petens. Rex autem Francorum, quia tunc puer, urgebat amicabiliter regem Anglie 25 dicere primum ; qui respondit, ʻProposui cum oportunitatem habuero loca sancta Christique sepulcrum visitare, sed pro modo meo donec id fieri posset ei succurram ; liquet enim quod urgens et anxia necessitas tantum emisit nuncium. Sexaginta milia marcarum illuc per ipsum et meos hac vice transmittam.ʼ Quod 30 dixit infra mensem impleuit, vel tunc uel post nullum inde fati-

9 proditor] *MS.* perditor.   22 *MS.* Acharanensis.

gans exaccione uel exigencia, ut multi solent a subditis quod
impendunt prelatis eripere.   Rex autem Francie, quasi sagitta
subita percussus, et omnes principes eius obmutuerunt; nec ipse
rex nec aliorum aliquis tanto uerborum audito culmine quicquam
5 promittere sunt ausi.   Hec autem facta sunt apud Siluanectum.
Has lx. ml. marcas episcopus ille Acre, que prius Acharon
dicebatur, tulit ad Sur, que prius fuerat Siria.   Nam antequam
venisset, capta fuit Ierusalem et Acra, et his marcis defensa
fuit Sur et residuum terre Ierusalem per manum Bonefacii
10 marchionis de Monteferrato, quem post presentibus Philippo
rege Francorum et Ricardo Anglorum | duo Hassasisi occide- 69 *a*, col. 2.
runt in foro exercitus eorum, quos rex Ricardus statim fecit in
frusta concidi.   Dicunt Franci quod ipse Ricardus fecit hoc fieri
per inuidiam, et quod procurauit mortem Bonefacii.
15   Rex autem Henricus secundus supradictus, multis clarus
moribus et aliquantis obscurus viciis fuit.   Vicium est quod
a matris sue doctrina, ut predixi, contraxit; dispendiosus est in
suorum negociis, unde fit ut antequam negocia eorum conse-
quantur multi moriantur, aut ab ipso recedant tristes et vacui,
20 fame cogente.   Vicium aliud est, quod cum perhendinat, quod
raro fit, non permittit se videri secundum vota bonorum, sed in
interioribus clausis solis illis copiosus est, qui copia tanta videntur indigni.   Vicium tercium est, quod quietis impaciens, fere
dimidium Christianismi vexare non miseretur.   In his tribus
25 error eius; ceteris ualde bonus est, et in omnibus amabilis.
Non enim preter ipsum quisquam tante uidetur mansuetudinis
et affabilitatis.   Quociens exit, arripitur a turbis et in loca
distrahitur, et *quo non vult* impellitur, et, quod mirum est, singu- Jo. 21. 18.
los audit paciencer, et iniuriatus ab omnibus tum clamoribus,
30 tum tractibus et violentis impulsibus, inde nemini calumpniam
facit aut ire similitudinem; cumque nimis angustiatur cum

16 Vicium] *qu. add* primum *or* unum?   19 vacui] *MS.* vani.

silencio fugit ad loca pacis. Nichil superbe, uel tumide facit ;
sobrius est, modestus et pius, fidelis et prudens, largus et victo-
riosus, et bonis honorificus.

Transfretauimus cum ipso dudum in viginti quinque nauibus,
que sibi tenebantur ad transitum sine pretio. Tempestas autem 5
dispersit omnes ⟨et⟩ ad cautes et litora nauibus inepta collisit,
preter suam, que per Dei graciam in portum producta fuit.
Misit ergo mane, singulisque nautis secundum eorum estima-
cionem perdita restituit, cum non teneretur hoc facere, fuitque
69 *b*, col. 1. summa magne numerositatis : et forsan | aliquis rex iustum non 10
soluit debitum.

Mos curie nostre fuit, ut gratis fierent et redderentur breuia
sigillata ministris curie que nomina sua uel negocia continerent.
Detulit autem dispensator regius reum sigillatorem, quod breue
nomen suum et negocium continens ei negasset sine precio red- 15
dere. Turstinus filius dispensator erat, Adam a Gernemue sigil-
lator. Auditis igitur his, hesitante curia, regem aduocant ; qui
cum Turstinum audisset, audiuit Adam dicentem, ' Susceperam
hospites et misi qui precaretur dominum Turstinum quod mihi
duo liba de uestris dominicis daret. Qui respondit, Nolo. Cum 20
autem postea vellet breue suum, memor illius Nolo, similiter
dixi, Nolo.' Rex uero condempnauit eum qui dixerat primum
Nolo. Sedere fecit Adam ad stancium, coram posito sigillo
breuique Turstini ; coegit autem Turstinum abiecto pallio genibus flexis Ade presentare duo gastella regia, mantili candido 25
decenter inuoluta, susceptoque xenio iussit ut Adam ipsi breue
redderet, fecitque concordes, et adiecit, ut non tantum sibi debe-
rent inuicem ministri subuenire de suo proprio uel de fisco, sed
eciam singulis domesticis, et quos necessitas urgeret alienis.
Nos autem hoc comiter actum putauimus. 30

Sed nunc faceciora fiunt, ut putant quorum est nunc facere.
Willelmus de Tancaruilla, summus ex feudo regis camerarius,

7 *qu.* perducta ?   11 *qu.* soluisset ?

uir nobilis genere, singularis armis, viribus magnificus, moribus-
que mors inuidis, multorum accusacione regi nostro suspectus
factus est. Audiebat eum tamen frequenter rex multarum
victorem congressionum, et quod esset pater equitum et panis
5 egencium, et qui posset ad nutum quorumlibet corda mutare
tantum exceptis liuidorum cordibus, et quod acceptabilis et carus
esset Fran|corum regi ceterisque quibus ipse timebat. Perse- 69 *b*, col. 2.
cutus est virum bonum in multis, deiecit omnia municipia sua
quasi cornua sibi retundens, et leges ei debitas libertatesque
10 negauit, et nimiam inuidis suis dedit in possessiones suas
potestatem.   Ipse vero dissimulabat, decenter paciens quod
oportebat.   Contigit autem quod multo preconatu festum diei
Natalis Domini proclamatum fuit apud Cadomum a domino rege
fieri.   Conuenerunt ergo multitudo numerosa tam aduenarum
15 quam indigenarum, quorum capitales erant rex et filius eius
admirabilis ille rex Henricus, et tercius Henricus Saxonie dux
et Bauarie tunc exul, gener nostri regis, comes Pictavie Ricardus
qui nunc regnat, dux Britonum frater eius Gaufridus, et episcopi
multi, cum prouincia plena comitum et baronum.   Cum igitur
20 adesset die festo Natalis domino regi qui daret aquam manibus
eius, ecce per medium pressure predictus Willelmus, eo quod
esset summus camerarius, multis equitibus ut mos eius erat
comitatus, et palla proiecta sicut mos est ministrorum, pelues
argenteas arripuit traxitque fortiter ad se.   Tenebat ille vix
25 regemque respiciebat, qui iussit eas dimitti, suscepitque paciente er
aquam de rapina.   Willelmus autem, cum dedisset eam ipsi
filiisque suis et duci Saxonie, pelues proprio clienti dedit et
sedere perrexit.   Hoc autem multis admirantibus, et cubiculario
regis instanter pelues petente, abegit eum rex, et sine similitu-
30 dine delicti tulit.   Affuerunt ex inuidis Willelmi nocte sequenti
maxime circa regem, plurimique qui rapinam illius celeberrime
diei menseque regie cuntis preferrent excessibus, et dicerent

ipsum regem pacificum et non scelerum ultorem, et quecunque
possent eum efferare. Deinde circuierunt hospicia principum, id
agentes quod apud regem, nec absistere voluerunt, aut non

70 *a*, col. 1. potuerunt, quoniam inuidia non pausat, et Iudas non | dormit.
In crastino consedere duces, et senescallus Normannie querelam 5
regis omnibus exposuit aduersus Willelmum, honerans eam et
aggrauans quantum sciuit. Surgens ergo Willelmus, et rapina
negata, subintulit, 'Scimus omnes et nemo dubitat quin domino
nostro curieque presenti placeat iusticia, displiceat omnis enormi-
tas; ultores enim scelerum et rapine quod persecuntur oderunt. 10
Vim quidem intuli, non violenciam. Quid enim fit sine vi?
Verumptamen iusta vi iureque traxi pelues, summus domini regis
camerarius, quas ille subditus meus extorquere conatus est iniusta
violencia. Quod autem inde predo sim, ut domini regis asserit
senescallus, hoc contradico, quia quod mihi ius appropriat, iuste 15
tuli. Pater meus cum abbaciam fecisset in Tankeruilla beato
Georgio, posuit in ea pelues quas a manibus regis Henrici primi
iure suo sine lite tulerat, quod adhuc ibi testantur, similiter et
idem alie testificant in monasterio beate Barbare. Si vero tantis
non habetur fides instrumentis, si quis se iuri meo presumpserit 20
aduersarium opponere, presto sum illud asserere quacunque vi
uel uirtute sanxerit hec curia, nemine pro me nominato, sed in
persona propria. Quod autem inmerito me multi detulerint
domino meo reum, et iram eius aduersum me fortiter aggraua-
uerint, non timeo. Scio quod nulla poterit iudicium eius ira 25
peruertere. Forte plures assunt qui mihi clam insidiantur;
utinam velint palam experiri, iustoque iudicio, tam unice, tam
electe curie subicere quod secreto susurrant. Nouit dominus
noster rex et sui, qualiter ab ipso pacificata Pictauia post mortem
illius preclari patricii, tenuerim eam et ad precepta sua coegerim, 30
cum dici soleat,

Ov. *A. Am.*
ii. 13.
Non minor est virtus quam querere parta tueri.

Semper autem ego meique domino meo propriis militauimus stipendiis, suaque nobis de|center oblata resignauimus, et ubi- 70 *a*, col. 2. cunque nos uocauit necessitas assilire uel tueri, fuimus primis in omni congressu priores aut certe pares. Non autem hec
5 credat in tot et tantis examinata milicia superbe uel arroganter me vociferasse. Sed hominem auditis accusatum, et coram inuidis suis et detractoribus irate loquentem, suis extollentem se meritis non superbe, non ad gloriam, non vane, sed ut prouocem palpones coram positos et hec audientes, ut, si quid habent
10 meriti uel vere iactancie, palam edisserant, et pro se bona que negari non possint allegent, aut certe desistant eos in occulto persequi, quos in manifesto sequi uel audire formidant.' Secutus est igitur oracionem hanc murmur multus, et omnium vultus intendebant in eum. Rex autem ait, ' Iustum volo fieri iudicium
15 ex his que dicta sunt, ut nec amore nec odio quicquam definiatur iniquum. Memores autem in hoc casu vos oro fieri, quod cum Parisius in hospicio meo dominus meus Lodouicus rex et ego consedissemus, astante nobis pincerna meo, subito domum in- gressus Willielmus comes Hyrundella, recens a redditu Ierusalem,
20 quem nemo nostrum viderat triennio preterito, nobis breuiter salutatis pallam villosam quam sclauinam nominant uelox abiecit, et vasi vini rapidus inhesit, pincernamque renitentem, ut erat magnus et fortis, impulsu deiecit, flectensque genua coram domino rege Francorum subintulit, ' Domine mi rex, quod hic
25 agitur non est excessus aut reuerencie vestre contemptus. Scit dominus meus rex quod de iure decessorum meorum pincernarum princeps sum et primus; hic autem quem deieci presumpsit arroganter sibi ius meum cum detinuit, quod obtulisse debuerat non petenti.' Sic et hec ille Willelmus, et a tanta curia nomen
30 facecie retulit non arrogancie. Vobis autem hoc ideo recordor, | ut ex aliis actis instruamini, ne cuiusquam amore sit huic 70 *b*, col. 1. Willielmo censura nostre curie remissior, uel odio alicuius

districcior; equa lance libretur quod audistis, quatinus, licet hec
illa curia videatur inferior, non iudicetur iniustior.' Quoniam
igitur nemo iuri suo est factus obuiam, omnium iudicio Willielmus
optinuit. Hanc nostri regis comitatem annumeramus aliis, ut
manifestum sit omnibus quod inuisis eciam conseruabat in ira 5
misericordiam.

Artifex subtilis expresserat sigillum regium bitumine, forma-
ueratque cuprium tam expresse similitudinis ad illum ut nemo
differenciam uideret. Cum autem hoc regi constaret, iussit
ipsum suspendi, vidensque virum venerabilem, bonum et iustum, 10
fratrem malefici, flentem operto capite, statimque misericordia
uictus, bonitatem iusti pretulit nequicie rei, lacrimansque restituit lacrimoso leticiam. Verumptamen fure soluto, ne remissa
nimium videretur pietas, in monasterium eum detrudi iussit.

Domino regi predicto seruiebat quidam clericus, qui uobis hec 15
scripsit, cui agnomen Map; hic ipsi carus fuit et acceptus, non
suis sed parentum suorum meritis, qui sibi fideles et necessarii
fuerant ante regnum et post. Habebat eciam et filium Gaufridum nomine susceptum, si dicere fas est, a publica cui nomen
Hikenai, ut est pretactum, quem contra fidem et animum omnium 20
in suum aduocauit. Inter hunc et Map faciles aliquando lites
coram ipso sed et alias veniebant. Hunc rex ad Lincolnie sedem
elegi fecit, qui iusto diucius episcopatum illum detinuit, domino
papa sepius urgente quod cederet aut ordinaretur episcopus; qui
diu tergiuersans neutrum et utrumque voluit et noluit. Rex 25
igitur qui sollicite considerabat multam terram occupatam a ficu
70 *b*, col. 2. tali, coegit eum ad alterutrum. Is autem elegit cedere. | Cessit
igitur apud Merleburgam, ubi fons est quem si quis, ut aiunt,
gustauerit, Gallice barbarizat, unde cum viciose quis illa lingua
loquitur, dicimus eum loqui Gallicum Merleburge: unde Map, 30
cum audisset eum verba resignacionis domino Ricardo Cantu⟨a⟩-
riensi dicere, et quesisset dominus archiepiscopus ab eo, 'Quid

loqueris?' volens eum iterare quod dixerat, ut omnes audirent, et ipso tacente, quereret item, 'Quid loqueris?' respondit pro eo Map, ' Gallicum Merleburge.' Ridentibus igitur aliis, ipse recessit iratus.

5 Anno proximo renunciacionem precedente, districcione rigida, non ut pastor sed violenter, exegerat ab omnibus ecclesiis parochie sue decimas omnium obuencionum suarum, et singulas taxarat, et secundum propriam estimacionem decimas extorquebat; quatuor autem marcas ab ecclesia Map, que dicitur Eswaella, iactanter et 10 superbe sibi iubebat afferri, racione qua spoliabat alias. Ille noluit, sed domino nostro regi questus est, qui ducens electum illum in thalamum interiorem castigauit eum dignis verbis et fuste nobili, ne deinceps clericis molestus in aliquo fieret. Unde verberatus egregie rediens, in omnes curie socios minas multas 15 intorsit, et in acusatorem suum precipue; cui cum forte fuisset obuiam, iurauit per fidem quam debebat patri suo regi, quod ipsum dure tractaret. Map autem sciens ipsum in iuramentis suis patrem suum ponere, sed et regem iactanter semper apponere, ait, ' Domine, Paulus apostolus dicit, *Estote imitatores* Eph. 5. 1. 20 *Dei, sicut filii karissimi* ; Filius autem Dei Deus noster se frequenter secundum infirmiorem sui partem se filium hominis dicebat, tacita Patris deitate. Utinam et tu consimili velis humilitate iurare secundum matris officium aliquando, celata patris regalitate. Sic decet imitari Deum qui nil egit arroganter.' 25 Tum ille, capite rega|liter ut mos erat illi concusso, minas 71 *a*, col. 1. intonuit. M⟨ap⟩ autem adiecit, ' Audio quod vos emendaui, sicut archiepiscopus uxorem suam.' Quidam autem constancium, ' Quid hoc?' At ille sibi murmurauit in aure, quod uxor archiepiscopi dormiens cum illo strepuit, et ab archiepiscopo percussa 30 restrepuit. Hoc cum audisset electus ab illo, tanquam ex illata quauis iniuria, fremuit obiurgans.

1 loqueris] *MS.* loquaris.

Die cessionis predicti viri beatificauit eum dominus rex can-
cellaria sua, sigillumque suum appendit collo gratulantis. Quod
ipse predicto Map ostendens ait, 'Omnia cesserunt tibi ad nutum
de sigillo gratis, at ex hoc nunc nec unum extorquebis inde
breuiculum quod non redimas quatuor nummis.' Cui Map, 'Deo 5
gracias! bono meo gradum hunc ascendisti: quorundam infortunium aliorum successus est; anno preterito quatuor marcas
exegisti, nunc quatuor denarios.'

Post hec autem, cum essemus in Andegauia, vidissetque vir
ille regius Walterum a Constanciis ad dompnum Ricardum Can- 10
tuariensem archiepiscopum vocari, consecrandum ad episcopatum
ab ipso resignatum, aperuit inuidia tunc oculos eius, et obstupuit,
tandemque resumptis viribus appellauit. Mitigauit eum dominus,
et promisit ei redditus quos in eleccione perdiderat. Ipse vero,
cui tunc primum visum est se cunta cum episcopatu simul 15
amisisse sine spe, talionem redibuisse.† Videns ergo Map, qui sue
quondam prebende canonicus erat Lundoniis, ingeminat, 'Reddes
prebendam meam et nolens.' Map: 'Immo certe volens, si
potes omnia que gratis amisisti per aliquod ingenium recuperare.'

Recapitulacio principii huius libri ob diuersitatem litere et non 20
sentencie. vii.

p. 1, l. 4 sqq.　　*Augustinus ait, 'In tempore sum et de tempore loquor, et nescio*
71 a, col. 2.　*quid sit tempus.'* | *Simili possum admiracione dicere, quod in curia*
sum, et de curia loquor, et quid ipsa *sit* non inteligo. *Scio tamen*
quod ipsa *tempus non est.   Temporalis quidem est, mutabilis et* 25
varia, localis et erratica, statusque diuersitate sibi sepe dissimilis.
Recedimus ab ea frequenter, et reuertimur, sicut utrumque dictat

---

16 *Something is wanting after* redibuisse ; *e.g.* gestiebat *or* desiderabat.
22 sqq. *In this chapter I have italicized the passages which are repeated from* Dist. I
cap. i sqq. *Paraphrases are indicated by dots placed beneath the line.*

rerum exigencia. Cum eam eximus, *totam agnoscimus*; si per p. 1, l. 9.
annum extra steterimus, noua redeuntibus occurrit facies, et noui
sumus.   Inuenimus ab alienis domesticos supplantatos, et
dominos a seruis. *Eadem* quidem *est curia, sed mutata sunt* p. 1, l. 11.
5 *membra.*

     Porfirius dicit *genus* esse *multitudinem se quodammodo ad
     unum habentem principium.* Curia certe genus non est, cum
     tamen huiusmodi sit ; nam *multitudo sumus* ad dominum regem
     quodammodo se habens, quoniam illi *soli placere contendens.*
10 Scriptum est *de fortuna*, quod *sola mobilitate stabilis est.* p. 1, l. 22.
     Curia fortuna non est ; in motu tamen immobiliter est.

     Infernum locum penalem dicunt ; *quicquid aliquid in se conti-* p. 4, l. 5 sqq
net, locus est ; sic et curia *locus*, numquid et *penalis* ? Certe
penalis, et hoc solummodo micior inferno, quod mori possunt
15 quos ipsa torquet.   Macrobius asserit antiquissimorum fuisse Macrob. *in*
sentenciam, *infernum nichil aliud esse quam corpus* humanum, *in* *Somn.*
                                                               Scip. i. 10.
quod anima deiecta, *tenebrarum feditatem, horrorem sordium* 9, 10.
patitur, et quecunque *fabulose* dicuntur in inferno fuisse pene,
conati sunt assignare singulas *in* sepulcro *corporis humani.* Quod
20 quia longum est distinguere, leuiterque potest alias haberi,
dimittimus.   Sed si corpus humanum aliqua valet similitudine
dici carcer et chaos anime, quare non curia tam corporis quam
anime ?

          Stix odium, Flegeton ardor, obliuio Lethes,
25   *Chochiton luctus, triste sonans Acheron,*

in curia nostra sunt.   In his penarum volumina confunduntur
in his omnia flagiciorum genera puniuntur.   Non est transgressio p. 4, l. 11.
cui non *his et in* fluminibus equiparetur | ulcio.   Parem hic 71 *b*, col. 1.
inuenit omnis nequicia malleum, ut videatur, Deus, *in his flumi-* Hab. 3. 8.
30 *nibus furor tuus*, et *in* hoc *indignacio tua mari.*   Curie *Stix* est Macrob. l. c.
odium nobis innatum ex nostro uel alieno vicio ; *Flegeton, ardor* 11.
cupiditatis et ire; Lethes, obliuio beneficii creatoris et promis-

1304   K k

sionis in baptismate date : *Cochitus, luctus* ex nostris nobis infli-
ctus excessibus, qui via multiplici cum illo nequam aduenit, quem
aduocare videntur, qui dolorum incentor est et ydolorum in suis
faber ; *Acheron, tristicia,* scilicet vel ex factis vel ex dictis penitencia, vel ex cupitis et non assecutis.   5

Flagiciorum aut⟨em⟩ flagella penarumve passiones hic assi-
Dist. I. c. ix. gnare possumus si fas est.   Caron, inferni portitor, neminem in
lost. cimba transuehit nisi qui stipem ab ore porrigit; ab ore dicitur, non
a manu, quia noster portitor si promiseris obsequitur, si dederis
te non cognoscet amplius.   Sic frequenter et in aliis : in curia 10
preiudicat umbra corpori, dubietas certitudini, dacioni promissio.

p. 4, l. 13 sqq.   *Tantalus ibi* luditur a fuga fluminis.   Nos hic *bona* que summitate digitorum tangimus refuga *fallunt,* et quasi iam obtenta
disparet utilitas.

p. 4, l. 17 sqq.   *Sisiphus ibi saxum ab imo uallis ad montis aportat* apicem, 15
indeque reuolutum sequitur ut *relapsurum reuehat.   Sunt et hic
qui diuiciarum* altitudinem adepti, *nichil actum putant, et relapsum cor in uallem auaricie* secuntur, ut illud in *montem ulteriorem*
reuocent, *quo quidem consistere non* datur, quia spe *cupitorum*
semper *adepta vilescunt.   Cor* autem *illud saxo comparatur, quia* 20
Ezek. 36. 26. Dominus ait, *Auferam cor lapideum et dabo carneum.   Det* Deus,
et sic faciat *curialibus, ut in aliquo moncium pausare possint.*

p. 4, l. 27 sqq.
71 *b*, col. 2.
p. 5, l. 1 sqq.   *Yxion ibi voluitur | in rota, sibi sepe dissimilis, super, subter,* hinc
et illinc.   Habemus et nos *Yxiones, quos* sorte sua *volubilis
fortuna torquet.   Ascendunt ad gloriam, ruunt in miseriam,* 25
sperantque deiecti; supremi gaudent, infimi lugent; dextri sperant,
sinistri metuunt ; *cumque sit undique timendum in rota, nullius
in ea sine spe* locus *est,* et cum ipsam spes, metus, gaudium,
luctusque participent, sola sibi familiam spes facit et detinet.
Tota terribilis est, contra consciencias tota militat, nec inde minus 30
appetitur.

21 *MS.* lapidium.

Ticius Iunonem prima visione cupiuit, ultroque motum secutus Dist. I. c. vi.
illicitum fatui iecoris non refrenauit ardorem ; unde merito *lost.*
punitur eodem iecore quod ad sui detrimenta renascitur ; vultu-
rum auiditatem exibet, quod cum non deficiat, inflictum est ut
5 non sufficiat. Nunquid non ego sum in curia Ticius, et forsan
alius aliquis, cuius cupido cordi vultures apponuntur, id est
affectus nigri, diuellentes ipsum, quia non luctauit, appetitui prauo
non restitit ? sed non Ticius qui Iunoni dissolute mentis non
celauit angustias. Cogitat, loquitur, agit contra bonum illum
10 qui *nec abiit, nec stetit, nec sedit.* Ps. 1. 1.

Filie Beli contendunt ibi cribris implere vasa forata sine Dist. I. c. vii.
fundis, omni liquori peruia, Letheique laticis haustus perdunt *lost.*
assiduos. Belus virilis vel virtuosus interpretatur ; hic Pater
noster Deus est. Nos eius non filii, quia non virtuosi, non
15 robusti, sed filie, nam ⟨in⟩ inpotenciam effeminati, cribro quod
a paleis grana secernit, id est, discrecione, vasa complere pertusa
laboramus, id est, animos insaciabiles, quorum adulterauit ambicio fundum, qui sorbent quod infunditur instar Caribdis, et sine
plenitudinis apparencia non cessant haustus perdere vanos.
20 Cribrum hoc non colat a liquido | turbidum, a sereno spissum, 72 a, col. 1.
cum ad hoc creatum sit, nec retinet *aquam fontis in uitam* Jo. 4. 13, 14.
eternam salientis ; non aquam *quam qui biberit non siciet iterum*,
sed aquam Lethis, cuius non meminit bibitor, que guttur infatuat,
que sitire dat iterum, que furtim ad animam ingreditur, que cum
25 ea congreditur et in limum impellit intrare profundum.

Cerberus ibi canis triceps ianitor. Iste quos in omni silencio Dist. I. c. viii.
mitis inducit, exire volentes trina voce terribilis arguit. Ianitor *lost.*
ille Ditis aulam auido ditat ingressu, recessu non uacuat ; retinet,
non effundit. Habet eciam Dis huius curie, quos tradit reos
30 carceri, qui quasi compacientes eis simulate conducunt in

13 Belus] *MS.* Belis. 30 simulate] *MS.* simulata. conducunt]
MS. conducit.

foueam, cum autem ex benignitate principis exire licet, trinis
oblatrant auidissimis terroribus, peticione, cupiditate cibi, potus,
et uestis, nudosque pro direpcione omnium que non habent promittere cogunt; vere quidem Cerberi, quia carnes compedi-
torum uorantes, et recte canes, qui norunt ex afflictis hiatus 5
implere triplices. Hi *famem paciuntur ut canes*, non discernunt
cuius cibos rapiant, nec inter carnes et cadauera, recencia a situ,
fetorem ab odore separant, quid liceat necligentes.

In fuliginoso Ditis obscuri palacio Minos, Radamantus, et
Eacus sortem mittunt in urnam, iudicesque presunt censura 10
miseris. Mala statim pensant, bona differunt, aut uana faciunt.
Si sors seua ceciderit, animaduertunt seuius; si mitis, obtrectant,
peruertunt ut uirtus in culpam exeat; si fuerit ambigua, deteriorem interpretantur in partem. Laudem uero iusticie meruerunt
ab iniquo domino, quia de malis meritis non remittunt quippiam. 15
Dicitur tamen quod si respiciuntur a transeuntibus, rigor eorum
uelut incantacio⟨ne⟩ perit; si non, culpis inherent, et malefacta
trutinant, et mactant, et perdunt: | bona preterlabi compellunt,
Ditisque placant tyrannidem offensa Dei; excusabiles tamen
aliquatenus sunt isti iudices, qui diri principis imitantur argucias. 20
Habemus et nos censores sub serenissimo iudice, quorum iusticiam domini sui iusticia remordet, quia iurati coram ipso quod
equitate seruata censebunt, ut predicti tres Plutonis arguti
iudices, si respexerit eos reus, iustus est; si non respexerit iustus,
reus est. Hoc autem *respicere* glosatur more domini pape, qui 25
dicit, ' Nec in persona propria neque per nuncium visitauit nos
neque respexit,' id est, non dedit.

Hi sortes in urnam mittere videntur, id est, causarum casus
in inuolucrum, obuoluentes calumpniis ydiotas, districto culpas
examine censentes, quarum nulla veniam consequitur, nisi pro 30
qua mater ore rugato loquitur bursa. Hec est illa cuntorum

3 pro] *qu.* pre?

hera, que culpas ignoscit, *iustificat impium,* et *non uult mortem* Prov. 17. 15.
peccatorum, nec sine causa *eicit venientem ad se,*

      stabilisque manens dat cunta moueri.

Cp. Ezek.
33. 11.
Jo. 6. 37.
Boeth. *Cons.*

Locus tamen unicus est scaccarium in quo non est miraculosa, *Phil.* iii.
5 nam semper iusti regis oculus ibi videtur esse recens.   Unde met. 9. 3.
cum ego semel ibi iudicium audissem compendiosum et iustum
contra diuitem pro paupere, dixi domino Randulfo summo iudici,
' Cum iusticia pauperis multis posset diuerticulis prorogari, felici
'cel⟨er⟩ique iudicio consecutus es⟨t⟩ eam.'   Tum Randulfus, 'Certe
10 nos hic longe velocius causas decidimus, quam in ecclesiis episcopi
vestri.'   Tum ego, 'Verum est; sed si rex noster tam remotus esset
a vobis, quam ab episcopis est papa, vos eque lentos crederem.'
Ipse vero risit, et non negauit.   Non illos dico bursarios quos
elegit rex ut sint omnium summi, sed illos quos in rostra propria
15 cupiditas et procuracio perduxit, nec mirum si, quos Simon
in regimen prouexit, Simoni supputant.   Mos est negociatorum,
ut quod emunt vendant.

    Probacio fortis et argumentum iusticie regis nostri est, quod
quicunque iustam habet causam coram ipso cupit experiri ; qui-
20 cunque prauam non uenit | ad ipsum nisi tractus.   Regem Henri- 72 *b*, col. 1.
cum secundum dico, quem sibi iudicem elegit Hispania veteris et
crudelis controuersie que vertebatur inter reges Toletanorum et
Nauarre, cum ab antiquo mos fuerit omnium regnorum eligere
curiam Francie preferreque ceteris ; nunc autem merito nostri
25 regis nostra prelata fuit omnibus, et causa vetusta venuste decisa.
Et cum ipse fere solus in hac valle miserie iusticie sit minister
acceptus, sub alis eius venditur et emitur.   Ipsi tamen fit a ministris iniquis reuerencia maior quam Deo; quia quod ei non possunt
abscondere recte facient inuit[at]i ; quod autem Deo manifestum
30 sciunt, peruertere non verentur ; Deus enim serus est ultor, hic

      4 miraculosa] *qu.* maculosa ?

p. 6, l. 3 sqq. uelox. Non in omnes loquor *iudices,* sed in *maiorem* et [in] *nsaniorem* partem.

p. 8, l. 4. Audistis infernum et parabolas; *obuoluciones autem ignium,* nebulas *et fetorem, anguium* ⟨et⟩ *viperarum* sibila, *gemitus* et lacrimas, feditatem et *horrorem per singula si* secundum *allego-* 5 *riam aperire* fas est, non deerit quid dicatur. *Sed* parcendum est *curie;* *sunt* eciam longioris spacii quam mihi vacare videam; sed a predictis inferri potest *quod curia locus est penalis;* infernum eam non dico, *sed fere tantam habet ad ipsum similitudinem quantam equi ferrum ad eque.* 10

Rex autem huius, si bene nouit eam, non est a calumpnia liber, quia qui rector est tenetur esse corrector. Sed forte qui cum ipso presunt nolunt eam accusare, ne fiat ab ipso purior, quoniam in aqua turbida piscantur uberius, et ipsi nesciunt quod sub eis

Lc. 22. 25. fit, nec ipse rex quod ipsi faciunt. *Qui potestatem habent,* ait 15 Dominus, *benefici uocantur,* ab adulatoribus intellige. Certe qui potestatem habent hic rectius venefici vocantur, quoniam et inferiores opprimunt et superiores fallunt, ut hinc inde faciant *quocunque modo rem.* Omnes autem turpitudines ab ipso celant rege, ne corrigantur et minus prosint, et ipsi corripiantur, ne 20 subditis obsint. Hic autem rex in curia sua marito similis est|

72 b, col. 2. qui nouit ultimus errorem uxoris. Ad ludendum in auibus et canibus eum foras fraudulenter eiciunt, ne videat quod ab eis interim intro fit. Dum ipsum ludere faciunt, ipsi seriis intendunt, rostris insidunt, et ad unum finem iudicant equitates et iniusticias. 25 Cum autem rex a uenatu vel aucupio redit, predas suas eis ostendit, et partitur; ipsi suas ei non reuelant. Sed ex his unde laudant strenuitatem eius in aperto, condempnant eum in occulto. Nunquid mirum est, si fallitur qui familiaribus habundat inimicis? Flaccus ait, 30

Hor. *Ep.* i.
6. 45.
　　　Exilis domus est ubi non et multa supersunt,
　　　Et dominum fallunt, et prosunt furibus.

Hic dat intelligere, quod quo domus maior est, hoc magis periculi personarum et rerum in ea versatur. Hinc in predicta tam numerosa familia multus est tumultus et error super numerum, quod Ille solus cum tempus acceperit sedabit, *qui sedet* Ps. 9. 5.
5 *super tronum et iudicabit iusticiam.*

⟨Capitula⟩

Explicit distinc⟨c⟩io prima.   Incipit secunda.

Explicit distinccio secunda.   Incipit tercia.

Explicit distinccio tercia.   Incipit quarta.

Explicit distinccio quinta libri Magistri Gauteri Mahap de nugis curialium.

APPENDIX

I

In the manuscript this text follows the capitula immediately. It is in the same hand.

Causa excidii Cartaginencium.

Narrat Flaccensius in hystoriis Carthaginensium quod Hanibal dux Cartaginis in tantum preualuit Romanis quod in uno bello tres modios impleuit de anulis nobilium interfectorum, quos colligi precepit pro numeracione occisorum; unde qui de 5 Romanis remanserunt tributarii eorum facti sunt. Sed Cartaginenses in tantum de victoria superbierunt quod uirtutibus abdicatis omni viciorum et voluptatum generi se dederunt. In quorum vindictam viciorum Romani contra eos excitati tributa eis negauerunt, dicentes eis pocius a Cartaginensibus tributa 10 deberi. Quod Cartaginenses non ferentes cum maxima indignacione ad debellandum Romanos festinauerunt. Et licet contra

quemlibet de Romanis | essent decem de Cartagine, tamen ab eis deuicti sunt et usque ad Cartaginem fugati et post obsidionem capti et in tributarios redacti sunt. Unde Hanibal de tam 15 inopinata victoria admirans, causam ab Apolline Delphico sciscitatus est. Qui respondit ei per hos uersus :

> *Ter triples ternam senam denam decanonam*
> *Sic cito percipies urbs tua quare ruit.*

Quos uersus exponens Uirgilius Hanibalem duxit ad unam de 20 portis ciuitatis et iussit erigi in introitu porte unum lapidem latum et ostendit duci hanc scripturam cum literis aureis :

> *Caritas compassio castitas refrigescunt,*
> *Census caro crudelitas inualescunt,*
> *Consilium concordia coniugium euanescunt.*

25

Consimili modo in secunda porta inuenit hanc scripturam :

> *Fortes fideles faceti regnauerunt,*
> *Ficti falsi fatui successerunt,*
> *Fures pharisei feminei succreuerunt.*

5 In tercia porta inuenit :

> *Lux laus lex*
> *Latet languet liquet*
> *Sub liuore labore latore.*

Quod sic exponitur : *lux ueritatis latet sub liuore,*
10   *laus sanctitatis languet sub labore,*
    lex equitatis liquet sub latore.

In quarta uero porta habebatur :

> *Vxor voluptas usus preualuerunt,*
> *Virtus vigor ualor emarcuerunt,*
15 *V[n]sura vath vanitas insonuerunt.*

Et sic patet exposicio versuum, quia in prima porta C que est tercia littera alphabeti fuit ter ⟨tri⟩plicata ; in secunda porta F que est sexta littera fuit eciam ter ⟨tri⟩plicata ; in tercia porta L que est decima littera ter triplicabatur ; in quarta porta V que est 20 littera decimanona simili modo ⟨ter⟩ triplicabatur, ut patet superius per ordinem.

II

In the manuscript Corpus Christi College Oxford 130 is a quire of eight leaves (ff. 93 sqq. of the volume) of cent. xiii with 32 lines to a page. It contains part of a collection of numbered stories, beginning with the end of no. xvi and running to no. xlix. In this are two attributed to Walter Map. Wright (p. 244) prints the first. I give both.

xxv.   Ex dictis W. Map.   Cerua fugiens a facie uenatorum, diuertit in curiam cuiusdam diuitis, stetitque ad presepe inter

boues. Cui unus bos ait, 'Veniet bubulcus et cum uiderit te
occidet te.' Respondit cerua, 'Non timeo bubulcum, cecus enim
est.' Venit bubulcus, bobus apposuit cibos, et ceruam non
uidens pertransiit. Iterum dixit bos ad ceruam, 'Veniet prepositus et occidet te.' At illa, 'Non timeo prepositum, uidet 5
quid paululum, sed subobscure.' Venit prepositus clamans ad
bubulcum, 'Quomodo sunt boues?' Ait, 'Optime.' Ingressus
et excutiens cibos eorum et quasi hortatus ut comedant, recessit.
Tertio dixit bos ad ceruam, 'Veniet dominus noster et cum
uiderit te occidet.' Dixit cerua, 'Absit! absit! nunquam huc 10
ueniat dominus domus! nihil enim fallere potest oculos illius.'
Vespere igitur facto dixit dominus seruo, 'Accende lucernam,
uadam uidere boues meos.' Introgressus igitur per ordinem
singulos boues adiit, cibos excussit, manum per spinam dorsi
quasi applaudendo et fouendo duxit, proprio nomine ut come- 15
derent monuit. Ad extremum ueniens ubi cerua stetit in
angulo ait, 'Quid facis, o cerua, inter boues meos? rea es
mortis'; et statim data sententia occidit eam. Hinc liquido
apparet quod dominus domus ceteris uidet limpidius.

    xxvi. Quidam clericus Regis Henrici diues redditibus sed 20
auarus ait Waltero Map cum ioco, 'Magister W⟨altere⟩, bene
portas etatem.' Respondit ille, 'Quid est hoc?' et ille, 'Bene
portare etatem est habere multos annos et non apparere senem.'
Respondit ei W. Map, 'Hoc modo tu portas redditus. Multos
enim habes et parum expendis.'
                                                                         25

NOTES

PAGE 2^{22}. As Wright points out, the gigantic stature of Adam was a subject of Rabbinic legend; but I have not identified Map's source.

3^{16}. *qui septingentis, etc.* So Josephus (*Ant.* i. 3. 9) as quoted in *Historia Scholastica*, 36 (*P. L.* 198, col. 1087).

4^{3}. *poscit apte.* Richard James read this as 'possit aperire', but the MS. is quite clear.

5^{3}. *nullus.* Read 'nullius', as 250^{28}.

$13^{sqq.}$ F. Liebrecht in his notes on the folk-lore of the *de Nugis* (*Zur Volkskunde*, Heilbronn, 1879, pp. 25–52) cites parallels. In his opinion Herlething (=Todtenheer) is the earliest form of the name, as opposed to Hellequin, &c.

20^{27}. *in quacunque hora ingemuerit peccator, saluus erit.* This is probably a reminiscence of Ezek. 33^{12}. Fabricius (*Cod. Pseud. V. T.* p. 111), quotes a work of Richard Simon's (*Novae observationes ad text. et verss. N. T.*, cap. 20) as treating of it. I have not been able to find the passage in Simon. The phrase is quoted by Robertus Pullus (*P. L.* 186, 911), and Petrus Comestor (Sermons, *P. L.* 198, 1757), and occurs in very nearly this form in Ps. Aug. *de conflictu vit. et virt.* It may be coloured by the Old Latin of Isa. 30^{15} which is quoted by Lucifer of Cagliari (Vienna ed. p. 63): 'cum conuersus ingemueris tunc saluus eris et scies ubi fueris'.

$25^{10\,sqq.}$ (I. xvi). Compare Giraldus Cambrensis, *Spec. Ecclesiae*, iii. 20 (Rolls, iv. 248 sqq.).

26. (I xvii). Compare Gir. Cambr. *Spec. Eccl.* iii. 21 (Rolls, iv. 254 sqq.)

27^{15}. I suppose 'nec piger' should be read, but this does not remedy the whole corruption.

29^{15}. (I. xx). Liebrecht gives parallels. Compare *Legenda aurea*, p. 590, ed. Graesse.

30. foot-note. For '*al.* fomi' read '*al.* fomite'.

31^{15}. Read 'deueniet'.

32^{17}. Read 'Patrem'. Cf. 1 Pet. 1. 17.

36[1]. *maliciei.* Clearly so in the MS., but perhaps 'malicie' (-ae) should be read.

38[13]. *Nominalium.* The MS. has mon*i*alium .

38[16 sqq]. The reference is to Ep. 189 (ed. Paris, 1719), addressed to Innocent in 1140, where Bernard says: 'Procedit Golias procero corpore . . . antecedente quoque ipsum eius armigero Arnaldo de Brixia'.

39[23]. *Nemuriensis.* Read 'Neuernensis' with the MS. The *annales Nivernenses* (*M. G. H.* SS. xiii. 91), record the death of 'Guillelmus pater comes' at Chartreuse in 1149.

40[1]. *Robert de Burneham.* The note in *M. G. H. in loc.* identifies him as a friend of Gilbert Foliot. Cf. Gilbert's letter in *Epp. S. Thomae,* ed. Giles, v. 112: 'Amico suo Ro' de Burnham.' Le Neve and Hardy, *Fast. Angl.,* anno 1188, call him archdeacon of Buckingham.

40[15]. *eum* should be deleted: it appears to be lined through in the MS.

41[5]. *honerentur* is clear in the MS., but perhaps 'honorentur' should be preferred.

41[17]. I rather doubt whether 'non' should be retained.

42[15]. *Spoliamus Egypcios.* The phrase is quoted by Gir. Camb. *Spec. Eccl.* iii. 12 (Rolls, iv. 204).

43. foot-note. For $\overline{ve}$ read $\overline{vt}$.

46[20]. A note of interrogation is wanted after 'lucis'.

50[6]. *gomor,* an omer. Map confuses it with the manna itself. Cf. *Hist. Schol.* in loc. (col. 1150).

50[6]. *uirum iustum Ur.* *Hist. Schol., P. L.* 198, col. 1189, on the making of the Golden Calf. 'Aaron vero et Hur restiterunt. Sed indignatus populus spuens in faciem Hur, sputis ut traditur eum suffocauit. Unde timens Aaron,' etc. The incident is used in the *Speculum humanae salvationis* as one of the types of the mocking of Christ.

50[10]. *de arbore.* The story is in Gir. Cambr. *Spec. Eccl.* iii. 15 (Rolls, iv. 225).

50[13]. *de prato.* Gir. Cambr. l.c. (iv. 228).

50[17]. The field ploughed up. Gir. Cambr., l.c. (iv. 225).

51[11]. *Wlanstune* is not identifiable by my present lights.

52[1]. *lege deperiit aque* (aq̄. MS.). Does this mean that he was kept without water until he confessed?

52[9 sqq]. *The squeezed flitches.* Gir. Cambr. *Spec. Eccl.* iii. 16 (Rolls, iv. 231) tells the story of a Lincolnshire abbey.

52[31]. *Ely,* i.e. Eli. 1 Reg. 3. 13.

55⁹. Cf. Gir. Camb. (Rolls, viii. 192, 255). Henry bequeathed 3,000 marks to the order.

55²⁰ ˢqq. Cf. Gir. Cambr. *Spec. Eccl.* iii. (Rolls, iv. 184, sqq.).

56.⁴ *et* is the reading of the MS., 'at' would perhaps be better. It marks a break.

57¹⁰. *erantque.* 'errantes' would be preferable, but there is very probably a small lacuna.

64¹. *adversus.* Read 'aduersus'

65¹⁰. *templo.* Read 'Templo.'

65²⁰. The sojourn at Limoges was in February 1173. Peter of Tarentaise died in 1174.

67¹⁶. *Cisterciensis*, sc. 'abbatis': not 'conuentus', as suggested in *M. G. H.* ad loc.

68 (II. vi). Liebrecht compares the dragon in Ragnar Lodbrokssaga. Thora in Westgothland found a tiny 'Lindorm' in an eagle's egg which her father Herraud had brought from Bjärmeland. It grew, with the box in which she put it, until it filled the whole house: finally Ragnar slew it.

69¹²,¹³. *Hugo †vⁱ†.* I have not identified this bishop. Gams (*Series Episcoporum*) records, after Rufinus, an unnamed successor who died at Acre in 1190: the next, also unnamed, perished at sea in 1200.

69¹³. *Acrenss.* Read 'Acrensis'.

71²². *non ex decimacione aliqua*, 'not from any connexion with tithes'.

p. 72⁶ ˢqq· The story of Cadoc and the conversion of Iltut is told, somewhat differently, in W. J. Rees, *Lives of the Cambro-British Saints* (Cadoc, 16), p. 45; and also, again with differences, in Iltut, 3 (l. c., p. 160).

72²¹. *caumate.* Evidently meant to mean 'chasmate'.

72²². *Brenin =* king. Cadoc, as is said in l. 7, was 'Wallie rex'.

72²⁴ ˣᶜ. (II. xi). One of the favourite *motifs* of folk-lore, that of the swan-maidens, contributes to the story.

p. 74¹⁹. *Vestra terre reynos, id est Brecheniauc, non pugnent amodo quasi animalia desunt.* Sir John Rhys, whom I consulted as to the passage, kindly refers me to W. J. Rees's *Lives of the Cambro-British Saints*, p. 77 (Cadoc, 38): 'quodam tempore Margetud rex Reinuc'. Again, p. 79: 'Aliquando rex Reinuc vocamine Cinan'. In his note on the English version (p. 373) Rees explains Reinuc as 'an ancient name for Herefordshire'. In our text it is equated with Brecheniauc'. The word should clearly have been printed with a capital initial: but even with this elucidation I can make nothing of the sentence.

75 ˢqq. On these chapters compare Liebrecht's illustrations, and also those given n his earlier notes on Gervase of Tilbury (Hanover, 1856).

81¹. *De G(r)adone.* This chapter is usually supposed to preserve an episode of the saga of the mythical hero Wade.

82¹⁴. Cf. *M. G. H. ad loc. Cunnanus* may be for 'Conradus'.

89²⁸. *reuerenciam.* Read 'reuerencia'.

89²⁹. *queret* is probably right: compare the curious use of the future in *affliget*, 91¹⁷.

91 (II. xxii). Liebrecht cites parallels, e.g. the judgement of Bocchoris. Clem. Alex. *Strom.* iv. 115 (Stähelin, ii. 298).

91²². *defecti* seems to have the sense of 'foiled'.

92²². The custom of stealing on New Year's Eve and listening to auguries is illustrated by Liebrecht *ad loc.*

97 (II. xxv). Liebrecht notes this story as belonging to the cycle of the Master-thief.

101 (II. xxix). From the *Historia* of Turpin, cap. 7.

101 (II. xxx). Compare the famous miracle of St. Augustine of Canterbury at Compton. (*Nova Legenda Angliae*, Horstmann, i. 100).

102 (II. xxxi). *The Three Counsels.* Compare Liebrecht's parallels, and those given by Oesterley to *Gesta Romanorum*, cap. 103.

109⁵. I am unable to remedy the corruption.

111¹⁷. *percurrit.* Doubtful in the MS.: it may be 'pertractat'.

117³¹. *saluatum.* Does this mean the space of ground reserved for the combat —the lists?

122 (III. iii). *Parius and Lausus.* This is the story of Fridolin. Compare *Gesta Romanorum*, ed. Oesterley, cap. 283, and parallels.

130 (III. iiij). *Raso.* Liebrecht gives parallels from Slavonic, Polish, Servian and other sources. The type of story is known to folklorists as the 'Raso-cycle'.

135. *Rollo.* This is identical with the plot of a Novel of Ser Giovanni treating of Messer Sticca (the husband), Galgano, and Minoccia. It is quoted in Liebrecht's *Dunlop*, p. 259.

136³¹. *leoniorem.* So the MS.: perhaps we should read 'leoniniorem'.

139⁴. *secundo.* The date is wrong: it should be 'tercio'. It is impossible to be sure whether Map himself mistook the year in which he wrote, or whether a copyist has corrupted a numeral '111⁰' into the word 'secundo'.

141²⁷. *Curii . . . Rusones.* As a sample of the slight foundation which underlies many of Map's classical allusions these lines of Martial (v. 28. 3) may be cited here:

> pietate fratres Curvios (*codd.* Curios) licet vincas
> quiete Nervas, comitate Rusones.

143 sqq. *Epistola Valerii ad Ruffinum.* The separate MSS. and the commen-

taries are noticed in the Preface. The sources of the allusions are given in most cases in the margin of the text.

Much of the mythology is derived from Ovid's *Metamorphoses*, e.g. Circe, lib. xiv; Scylla, lib. viii; Myrrha, lib. x; Jupiter, lib. vi. 103; Leucothoë, lib. iv, 190 sqq.; Mars and Venus, lib. iv. 170 sqq.; Nessus and Deianira, lib. ix. 110 sqq.

149^{5}. *Tongillo* or *Zongillo*. The best attested name for the diviner is Vestricius Spurinna. The man who gave Caesar the letter which he did not read was Artemidorus. I have not discovered the source of the name given here.

150^{3}. *Phoroneus*. The *Historia Scholastica* on Gen. xv. says: 'Eo tempore Phoroneus filius Inachi et Niobes primus Graeciae leges dedit'. Leoncius, the brother, is no doubt a pure invention.

150^{10}. *Valencius* or *Valentinus* is also due to fancy. Nothing similar seems to be recorded of Valens or Valentinian.

$151^{1\ sqq}$. Elter in the *Rheinisches Museum* 63, pp. 472 and 640, explains the allusion here, citing Martial, i. 61. 3 *censetur Aponi Livio suo tellus* ('Apona' is the conjecture here: 'aponi' of the MSS. gives 'peno' of our text) and 9 *gaudent iocosae Canio suo Gades*. He also reminds us that in Plin. *Ep.* ii. 3. 8 a man from Gades comes to see Livy.

151^{18}. *Pacuvius and Arrius*. Elter points out that the names are borrowed from Gellius xiii. 2 (Pacuvius and Accius.)

152^{6}. The passage of the sermon to which reference is made in my margin is: 'Attendite quod dixit magnus ille Cato de feminis: si absque femina esset mundus, conversatio nostra absque diis non esset'. It is named by Hertz, *Gellius*, II, p. xxx.

152^{12}. I have not detected the source of the repartee ascribed to Metellus; but it may well be a mediaeval invention fitted out with classical names.

153^{13}. By Livia is meant the wife of Drusus: by Lucilia the wife of Lucretius the poet. The name of Lucilia given to her here does not seem to rest on authority. This passage is quoted as the source by P. Crinitus in his life of the poet.

156^{16}. The imagery is derived from Martianus Capella.

157^{17}. *lege Aureolum Theofrasti*. This is a work named by St. Jerome *contra Iovinianum*. The passage in which he speaks of it is found in MSS. as a separate tract under the title of Aureolus Theophrasti.

161^{9}. I do not know the source of the hexameter 'expauit merito,' &c. It may possibly be accidentally metrical. There are similar lines in 116^{3}, 119^{17}.

163^{11} &c. The story told here is a conflation of two well-known mediaeval tales, the Painter and the Devil (in which the Virgin's picture puts forth a hand

and saves the painter from falling when the devil has pulled down his ladder or scaffold under him) and the Sacristan and the Lady, of which the best known version is that by Rutebeuf. Both figure in the principal collections of Miracles of the Virgin; see Ward, *Catalogue of Romances*, ii. 628, 654. The two stories are 'contaminated' by other authorities, as well as by Map.

166^{16}. The source of the name Olga for a demon is obscure to me.

168^{14}. The name Berith for a demon is possibly taken from the *Passio Bartholomaei*, in which Berith figures as an Indian deity. (Cf. Gir. Cambr., Rolls, ii. 68, 71.) Leviatan, which occurs elsewhere in the text, is of course from Job.

168^{30}. The twelve divisions of the Red Sea are mentioned in the *Historia Scholastica*, col. 1158 'et diuisum est mare in xii diuisiones ut quaeque tribus per turmas suas incederet'.

174^{11}. *Henno cum dentibus.* Liebrecht cites parallels; e. g. Gervas. Tilbur. iii. 57 'de domina castri de Esperver' (dioc. Valence), and *Gesta Rom.* 160. It is in essentials the tale of Melusine.

177^{3}. *a matre Morphoseos doctus obliuisci.* Liebrecht on this says: 'In den Worten *matre morphoseos* liegt offenbar der Titel der apuleischen *Metamorphoseon* versteckt, wie aus dem nachfolgenden *asinum* hervorgeht'. He is probably right. I had been inclined to suggest 'matre Morpheos', but there seems to be no tradition whatever about the mother of Morpheus. Apuleius was known to some writers of this period. In the poem *Metamorphosis Goliae Episcopi* (Wright, *Poems of W Mapes*) Cupid and Psyche are coupled together, and Apuleius and Pudentilla are mentioned (ll. 161, 183). I take it that the sense of the clause is: 'being taught by the mother of (Meta)morphosis to forget, he does not refuse to submit to her poison': *morem non abnegat* = 'morem gerit'

183. *De sutore Constantinopolitano.* The story is in Gervas. Tilb. ii. 12, (Liebrecht, pp. 11, 92); Hoveden (709, ed. Savile); and Brompton (col. 1216); but only here is the hero a *sutor*.

185. *De Nicholao Pipe.* Gervas. Tilb. ii. 12 (cf. Liebrecht, pp. 11, 94) calls him Nich. Papa. In Alexander ab Alexandro (*Dies geniales*, 2. 21), he is Cola Pesce.

186^{2,3}. William I of Sicily died in 1166, William II in 1189. Either may be meant here.

186$^{27\ sqq}$. Similarly Peter of Blois, speaking of court life, compares the followers of the Court to 'milites Herlewini' (Ep. 14).

188^{12}. *admirandi maioris* = 'admirabilis' or 'Emir'.

189. *De Alano rege Britonum.* The personages in this story can in part be identified, but the chronology is hopelessly confused.

Alanus Rebrit is Alan the Great, Rébras or Rébres, 877–907.

Remelinus may be Rivallonus. Two of this name occur: one the brother of Erispoë and father of Salomon, the other the son of Salomon.

Wiganus may be Guego or Wegonus, son of Salomon.

Ilispon is Erispoë, son of Nominoë, killed by Salomon in a church (as Alanus by Wiganus in our story) in 857.

Salomon himself succeeded Erispoë as king of Brittany and was killed in 874. was canonized.

Hoel of Nantes is also historical.

It will be seen that here Alan Rebrit is made to precede Salomon in defiance of history.

197. *De Sceua et Ollone.* Liebrecht compares a play of Hieronymus Justesen (1476–1577) called *Karrig Niding*, edited by S. Birket Smith, Copenhagen, 1876.

197[24]. *collarius* = a packman, *bigarius*, a pedlar with a cart.

200[1]. I take *commenta* to be accusative after *instruere*, which also governs *omnes*.

200[18]. *Te scio seruum, etc.*, 'I know *you* are a slave: possession is a monomania with you', or 'as to owning me, that is sheer madness'.

203[11]. *gemine lingue* = forked tongues.

204[10]. *Menestratem.* I cannot see who is meant. There is a Menecrates in Livy, xliv. 24 (and Florus), but he is not a distinguished character.

204[25]. *Usula.* Perhaps the *alosa* which Gesner says is susceptible to music.

205[4]. *Appollonides.* Possibly Henry II: at any rate a king (of England or France) contemporary with Map. The name illustrates the author's *penchant* for substituting classical for modern names; cf. Valerius, Ruffinus.

206[13,21]. The mistakes *ante* for *post* and *Sarracenis* for *Francis* are very curious, but I do not see that they can be denied.

207[10]. *consilium . . . quia nullius erat negocii.* I suppose 'consilium' is here sharply opposed to 'negotium': he was always deliberating and never acted.

212[10]. *cum breui cognicionis*: 'breue' is here a brief, a letter or statement; as also in 217[7,25].

213[5]. *que tristes alterutrum timores, etc.* I now believe that for 'alterutrum' (which is certainly the text of the MS.) we should read 'alternatim'.

214[30]. *quos inuidia.* Read 'quos non inuidia' with the MS.

221[1,2]. *Gurmundi cum Ysembardo.* The story of the battle is told by Geoffrey of Monmouth (xi. 8): I owe the reference to *M. G. H.*

223[6,7]. *Galterus camerarius* is Gautier de Nemours: *Bucardus Molosus* is Buchard le veautre (1165–79).

225 ⁹ ˢqq. The story is also told by Giraldus Camb. (*de princ. instr.* iii. 30, Rolls viii. 317) in these terms: 'In eius namque praesentia de variis regum et imperatorum diuitiis factus sermo quandoque fuit, nulla prorsus de Francorum regno mentione facta.' Greece, Sicily, Spain, Germany, England were discussed . . . 'Rex . . . prorupit "Inter caetera uero regna de Francia quoque nil dicetur ?" Statimque subiungens . . . "Et nos certe panem" inquit "habemus et vinum et gaudium."' Giraldus must have heard it from Map.

228 ⁴ ˢqq. The accident happened in 1131.

231 ⁴ ˢqq. This story is told rather differently by Giraldus Cambr. (*de princ. instr.* i. 20, Rolls, viii. 135).

232²¹. *penetrans*: read 'pertransiens' or 'preteriens'.

232 ²² ˢqq. Giraldus (l.c. iii. 30, Rolls viii. 322 sqq.) tells this and also another vision.

237³⁰. *preferens*: read 'perferens' with the MS.

237³¹. *quasi duplomate* ⟨utens⟩. I add 'utens' on the strength of two passages in Peter of Blois, viz. *Ep.* 52 'Dominus Rex in Guasconiam tendit, ego autem diplomate utens eum e uestigio sequor'; *Ep.* 59 'ad nos in eadem tempestatis insania diplomate utens remeauit.' Budaeus's note explains the phrase: 'Unde fit ut diplomata vocati sint illi codicilli qui dabantur cursoribus ut liceret eis uti equis et vehiculis publicis. Nostrates vocant *postes*,' etc.

238³⁰. *regem ytalie*, i.e. Conrad, son of the emperor Henry IV, *d.* July 27, 1101.

239¹. *paupera communia*. Read 'pauper a'.

241⁹ ˢqq. The murder took place in 1192: but the victim was not Boniface but Conrad. Boniface succeeded, and lived till 1207.

242¹⁶. *Turstinus filius*. Dr. J. H. Round, in *The King's Serjeants*, &c., 1911, p. 192, supplies the word 'Simonis' after *filius*, giving evidence which completely proves the addition to be right. In l. 23 he prefers 'ad scannum': this also is very likely right; though I *think* 'stancium' is the reading of the MS. Dr. Round also points out that Adam of Yarmouth was a justice in eyre in 1169 and 1173 and that Thurstan fil. Simonis was similarly employed in 1173 and had for a colleague Walter Map himself.

243¹² ˢqq. The date was 1182. Cf. *Gesta Henrici* II, ed. Stubbs, i. 291. The text there says 1183: the year presumably began at Christmas.

247⁹. *Eswaella*. Most likely Ashwell in Herts., which was then in the Lincoln diocese.

248¹⁶,¹⁷. *sue quondam prebende canonicus . . . Lundoniis*. The words 'sue quondam preb.' mean 'of the prebend once held by Geoffrey'. It was the prebend of Mapesbury in the cathedral church of St. Paul. The printed authorities differ somewhat as to the date at which Map acquired it.   Dugdale's *Hist. of St. Paul's* (ed. 1818, p. 259) says that Walter Map 'occurs' as a prebendary 'about 1150'. The *Dict. Nat. Biog.* gives 1176 as the date, referring to Le Neve's *Fasti*, ii. 82, 406.   Le Neve, however, only refers to 'Liber L. f. 57' (a register now at St. Paul's).

It is, I suppose, the fact that Map gave his name to the prebend : the alternative form Maplebury does not seem to have much authority.   The 'corps' of the prebend is in the parish of Willesden : the manor house was near Kilburn.

251¹ ˢᵠᵠ. As is noted on p. 5 the paragraphs dealing with Tityus, the Danaids, Cerberus, and Charon doubtless contain portions of the lost text of Dist. I. vi–ix.

253²⁰. The Spanish dispute was in 1177.   Cf. Gir. Cambr. *de princ. instr.* (Rolls, viii. 159, 218).

Appendix, p. 260.   *Causa excidii Cartaginensium.*   This story is in the same hand as the *de Nugis*.   Another copy is in a Cotton MS., Vespasian E. xii.   I do not know what is intended by the name of the supposed writer Flaccensius.   The matter of the story reminds one of that told of the Venerable Bede interpreting certain letters, P. P. P. S. S. S. &c., inscribed on a monument, when he visited Rome.   In recognition of his acumen the Pope (or the Roman people) conferred the title of Venerable upon him.   The story is told e.g. from Radulphus Remington by John Caius, *de antiq. Cantebr. acad.* lib. i, p. 104.

The Cotton MS. is of the fifteenth century, early.   Mr. J. A. Herbert, of the department of Manuscripts, has kindly examined it for me.   The variants are slight and unimportant.

INDEX I

OF NOTEWORTHY WORDS

vauassor, 130^{22}, 235^{25}.
ventaculum, 113^{16}.
venustare, 144^{18}.
vicanus, 206^6.
viritim, 17^{18}.
vispilio, 166^{14}.
vitanter, 189^{10}.
vitricus, 171^{30}.

werra, 81^{14}.

xenium, 14^{31}, 163^{31}, 207^{14}, 235^5, 242^{26} ; .
   xeniolum, 105^{16}, 216^{20}.

yconiae, etc., *see under i.*

zabulus, 68^{24}, 210^3 etc.
zelotipus, 135^3; -ia, 199^3.
zonula, 105^{16}, 209^{29}.

INDEX II

OF PROPER NAMES

Julius Caesar, **149** sq.

Juno, **151**, 251.

Jupiter, 6 note, **116**, 136, 146, 147, 215, 219.

Karolus magnus, 37, 95, 101, 203, 225.

Kimelec (Britanny), 195 sq.

Laci, Gilb. de (fl. 1150), 65.

Lais, 109 sqq.; L. Corinthia, 153.

Lata Quercus, 80.

Lateranense concilium(1179), 34, 225[26]; S. John Lateran, 182.

Lausus and Parius, story of, 122 sqq.

Laudun, Will., 99.

Lazarus, 24, 39.

Ledbury, North, 75, 77, 176.

Leicester (Lucestria), 218.

Le Mans, *see* Cenomannum.

Lemovica, *see* Limoges.

Lene, river in Wales, 73.

Leo papa (III), 37; (? IV), 182.

Léon (St. Pol de), 189.

Leontius, 150.

Lethe, 249 sqq.

Leucius, 197.

Leucothoe, 147.

Leviathan (= Satan), 5, 57, 168.

Lewi, S., church of, 193.

Libanus, 156.

Libya, 36.

Limoges, 47, 65, 139.

Lincoln, 218, 246.

Livia, 153.

Livius Poenus, 151.

Llewelyn, *see* Luelinus.

Lodovicus, Ludovicus, 204.

— fil. Karoli M. (†840), 95, 220.

— grossus (VI, 1108–37), 85, 210 sqq.

— filius eius (le Jeune VII, 1137–80), 221 sqq., 245.

London, Londoniensis, Lundunensis, 18, 39, 76, 99, 158, 176, 211, 212, 215, 248.

Lotharingae, 80.

Louis, *see* Lodovicus.

Lovanum (Louvain), 80.

Luarc, 93.

Lucanus, 203.

Lucas Hungarus, 69.

Lucerna, 38.

Lucifer, 37, 38, 80, 122, 161.

Lucilia, 153.

Lucius papa (III, 1181–5), 86, 183.

Lucretia, 106, 146.

Luelinus (Llewelyn), king (? †1023), 91 sqq.

Lycaon (Lic-), 62.

Lyons (Lugdunum), 60, 65.

Maccabaeus, Judas, 97.

Macrobius, quoted, 249 sq.

Madauc, 73.

Maeonius (Me-), 159.

Maevius, 142.

Mamertus, 142.

Manselli (men of Maine), 139.

Manuel of Cpol. (1143–80), 85 sqq.

Map, Walter, stories of, 246 sqq., 261 sq.

Mare Graecum, 65, 184.

Maria, 24, 26, 36, 46, 54.

— virgo, 230.

— Magdalena, 231.

Marianna, 178 sqq. notes.

Marius, 152.

Marlborough (Merleburga), 246–7.

Marlin, *see* Merlin.

Maro, *see* Virgil.

Mars, 116, 136, 142, 147–8, 151, 214.

Marsus, 142.

Martel (Corrèze), 139, 140.

Martha, 25, 36.

Matilda (Matildis), empress (†1167), 236 sqq.

Maurienne, S. Jean de, 26.

Medea, 124, 149, 158.

Medusa, 184; -eum, *ib.*

Meilerius, 92.

Meilinus, 94.

Meinfelinus de Kimelec, 195 sqq.

Printed in Great Britain by
Amazon.co.uk, Ltd.,
Marston Gate.